나는 상처받지 않기로 했다

13 Things Mentally Strong People Don't Do:
Take Back Your Power, Embrace Change, Face Your Fears,
and Train Your Brain for Happiness and Success
by Amy Morin
First published by William Morrow, an imprint of HarperCollins Publishers

강철 멘탈을 가진 사람은 절대 하지 않는 13가지

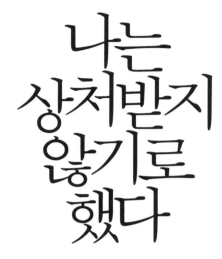

# 나는
# 상처받지
# 않기로
# 했다

에이미 모린 지음 | 유혜인 옮김

비즈니스북스

옮긴이 **유혜인**

경희대학교 사회과학부를 졸업했다. 글밥 아카데미 수료 후 바른번역에서 전문 번역가로 활동 중이며,
언제나 마음이 담긴 번역을 하고자 노력하고 있다. 옮긴 책으로는 《교황 연대기》 (공역), 《유령 호텔》,
《빅토리아 시대의 불행한 결혼 이야기》 등이 있다.

**나는 상처받지 않기로 했다**

1판  1쇄 발행  2015년 3월 31일
1판 20쇄 발행  2021년 5월 31일

**지은이** | 에이미 모린
**옮긴이** | 유혜인
**발행인** | 홍영태
**발행처** | (주)비즈니스북스
**등  록** | 제2000-000225호(2000년 2월 28일)
**주  소** | 03991 서울시 마포구 월드컵북로6길 3 이노베이스빌딩 7층
**전  화** | (02)338-9449
**팩  스** | (02)338-6543
**대표메일** | bb@businessbooks.co.kr
**홈페이지** | http://www.businessbooks.co.kr
**블로그** | http://blog.naver.com/biz_books
**페이스북** | thebizbooks
ISBN  978-89-97575-43-5  03190

어제보다 더 나은 오늘을 위해
노력하는 모든 이들에게

# 삶의 균형이 무너진 순간,
# 다시 일어서는 힘

스물세 살 되던 해, 나는 하루아침에 엄마를 잃었다. 뇌동맥류였다. 엄마는 어디 아픈 곳 하나 없이 열심히 일하며 활기차게 살고 있었고 마지막 순간까지도 삶을 사랑한 분이었다. 나는 돌아가시기 바로 전날 밤 엄마를 만났다. 농구장에서 함께 고등학교 농구 대회를 구경하는 동안 엄마는 언제나처럼 즐겁게 웃으며 이야기했다. 그러나 24시간 후 엄마는 이 세상에 없었다. 엄마를 잃은 충격은 너무도 컸다. 더 이상 엄마에게 조언을 얻지도, 엄마가 웃는 소리를 듣지도, 엄마의 사랑을 받지도 못한다고 생각하니 남은 인생을 어떻게 살아야 할지 눈앞이 깜깜했다.

당시 지역 정신건강센터에서 심리치료사로 일하고 있던 나는 몇 주간 휴가를 내서 조용히 슬픔을 감당하기로 했다. 내 감정 하나 제대로 다스리지 못하고서야 어떻게 다른 사람을 도와줄 수 있겠는가? 나는 엄마 없는 삶에 익숙해져야 했다. 쉽지 않았지만 어떻게든 다시 일어서려고 했다. 심리치료사 공부를 할 때, 시간은 만병통치약이 아니며 그 시간을 어떻게 보내느냐에 따라 상처의 치유 속도가 달라진다고 배웠다. 고통을 덜어내려면 슬픔을 피할 수 없었기에 나는 한껏 슬퍼하며 분노했고, 엄마가 돌아가시며 내가 진정 무엇을 잃었는지 고스란히 받아들였다. 그리움이 전부는 아니었다. 엄마가 내 인생의 중요한 순간을 함께할 수 없다는 사실이 괴로웠다. 은퇴를 하거나 할머니가 되는 것처럼 엄마가 손꼽아 기다렸던 순간들을 함께 맞이하지 못한다고 생각하자 가슴이 찢어졌다. 나는 가족과 친구들의 도움 속에서 마음의 안정을 찾았다. 그렇게 시간이 흘러 엄마를 떠올려도 슬퍼하지 않고 웃을 수 있게 되었다.

몇 년이 지나 엄마의 3주기가 다가오자 나는 남편 링컨과 가장 좋은 추모 방법이 무엇일지 의논했다. 마침 친구들이 토요일 저녁에 같이 보자던 농구 경기가 엄마를 마지막으로 본 농구장에서 열리고 있었다. 링컨과 나는 3년 전 엄마를 마지막으로 봤던 곳에 다시 가면 어떻겠냐고 이야기했다.

우리는 엄마를 추모하기에 그만한 방법이 없다고 생각했다. 그날 밤 엄마와 정말 즐거운 시간을 보냈기 때문이다. 우리는 신나게 웃으며 수많은 이야기를 나눴다. 엄마는 동생이 남자 친구와 결혼할 것이라는 예측도 했다. 그리고 훗날 그 예측은 사실이 되었다.

그렇게 우리 부부는 농구장을 다시 찾았고 친구들과 즐겁게 놀았다. 엄마도 그러기를 원했을 것이다. 다시 그곳에 가도 아무렇지 않은 나 자신이 대견했다. 그러나 엄마의 죽음을 극복했다며 안도의 한숨을 내쉰 그 순간, 내 인생은 다시 한 번 거꾸로 뒤집어졌다.

링컨이 농구 경기를 보고 집에 와서는 등이 아프다며 투덜댔다. 몇 년 전 교통사고로 척추뼈가 부러진 적이 있어서 대수롭지 않게 여겼다. 그러나 불과 몇 분 후, 링컨은 의식을 잃고 쓰러졌다. 신고를 받고 급히 도착한 구급대원이 링컨을 병원으로 옮겼다. 링컨의 가족도 연락을 받고 응급실에 모였다. 대체 무슨 문제인지 짐작조차 할 수 없었다.

우리는 잠시 응급실 내 대기실에서 기다리다 진찰실로 불려갔다. 나는 의사가 입을 떼기도 전에 어떤 말이 나올지 짐작할 수 있었다. 링컨은 이 세상 사람이 아니었다. 사인은 심장마비였다.

엄마의 3주기를 맞은 그 주말에 나는 남편을 잃었다. 이해할 수가 없었다. 링컨은 이제 겨우 스물여섯 살이었고 단 한 번도 심장에 문제가 있었던 적이 없다. 조금 전까지 여기 있던 사람이 어떻게 다음 순간 사라질 수 있단 말인가? 아직 엄마 없는 삶도 익숙하지 않은 내가 남편 없이 살아가는 법까지 배워야 했다. 어떻게 해도 이 상황을 극복하지 못할 것 같았다.

배우자를 잃은 사람은 비현실적인 경험을 한다. 나는 판단력이 완전히 흐려진 상태로 너무도 많은 결정을 내려야 했다. 몇 시간도 지나지 않아 장례식을 준비하고 부고를 어떻게 낼지 정해야 했다. 지금이 어떤 상황인지 받아들일 여유는 없었다. 제정신을 차리기도 힘들었다.

다행히 많은 사람이 힘을 보태주었다. 슬픔을 극복하는 과정은 온전히 당사자의 몫이지만 사랑하는 가족과 친구들은 든든한 버팀목이 된다. 조금씩 괜찮아지는가 싶다가도 어김없이 괴로움에 휩싸이는 날도 있었다. 슬픔을 잊을 만하다고 생각하며 한 걸음 나가면 감당하지 못할 더 큰 슬픔이 나를 기다렸다. 이렇듯 슬픔은 사람의 몸과 마음, 영혼을 피폐하게 만든다.

슬퍼할 일이 너무 많았다. 링컨의 가족이 링컨을 얼마나 사랑하는지 알았기에 그의 가족을 생각하면 슬펐다. 링컨이 영영 경험하지 못할 모든 일이, 우리가 앞으로 함께하지 못할 모든 일이 슬펐다. 그리움은 말할 필요도 없었다. 나는 복직을 최대한 미루었다. 일을 나가지 않은 몇 달은 그저 하루하루를 살아가는 데 온 신경을 집중해서인지 별다른 기억이 나지 않는다. 그러나 영원히 쉴 수는 없었다. 이제 혼자 생계를 꾸려야 하기에 나는 다시 일을 해야 했다.

휴직하고 몇 달이 지났을 때, 센터에서 언제쯤 돌아올 계획이냐는 연락이 왔다. 센터 측에서는 내가 급한 집안일 때문에 당분간 자리를 비운다고 고객들에게 알렸지만 어떻게 될지 몰라서 정확한 복직 시기는 얼버무린 상태였다. 그러나 이제는 내 대답이 필요했다. 나는 아직 슬픔을 다 비우지 못했고 '회복'은 어림도 없었다. 그렇지만 이제는 직장으로 돌아갈 때였다.

나는 엄마를 잃었을 때처럼 슬픔과 정면으로 마주해야 했다. 외면하거나 억지로 밀어낼 수는 없었다. 아프더라도 그 감정을 견디고 내 힘으로 슬픔을 치유해야 했다. 비관적인 감정에 파묻힌 채로 살 수는 없었다. 자기 연민에 빠지거나 과거의 기억에 얽매인 채 사는 편이 차라리 쉬웠겠지만 그래 봤자 나만 손해였다. 아무리 힘들어도 정신을 차리고 새로운 인생을 시작해야 했다.

나는 링컨과 함께 세운 목표가 여전히 내 목표일 수 있을지 생각해봤다. 우리는 몇 년 전에 아이를 위탁해 돌본 적이 있고 언젠가는 입양도 할 계획이었다. 그러나 혼자된 몸으로 아이를 입양한다고 생각하니 망설여졌다. 이후로도 몇 년은 급한 사정이 있을 때 위탁모로서 아이를 잠깐씩 맡았지만 링컨 없이도 아이를 입양하고 싶은지는 확신이 서지 않았다.

이제 나만을 위한 목표가 필요했다. 나는 용기를 내어 새로운 도전을 했다. 오토바이 면허를 따고 오토바이를 샀다. 글도 쓰기 시작했다. 처음에는 그저 취미였던 글쓰기가 어느덧 부업으로 변했다. 링컨의 친구 중 누구와 계속 연락할지, 링컨 없이 그의 가족과는 어떻게 지낼지 결정한 뒤 인간관계도 정리해야 했다. 다행히 링컨의 친구들은 대부분 나와 우정을 이어나갔고 시댁도 여전히 나를 한가족처럼 대해주었다.

## 단단한 삶을 위해 버려야 할 열세 가지 습관

그로부터 4년 후, 나는 운 좋게도 사랑을 다시 찾았다. 아니, 사랑이 나를 찾아왔다고 해야 할지 모르겠다. 그때 나는 싱글로서의 삶에 나름대로 익숙해져 있었다. 그러나 스티브와 사귀면서 모든 것이 바뀌었다. 몇 년 동안 알고 지내던 우리는 차츰 친구에서 연인으로 발전했다. 그러다 함께 미래를 꿈꾸기 시작했다. 다시 결혼하리라고는 생각도 안 했었지만 스티브와 함께라면 절대 후회하지 않을 것 같았다.

나는 링컨과의 결혼식을 어설프게 따라 하는 예식이나 피로연은 하고 싶지 않았다. 다시 결혼식을 올린다면 내 쪽 하객이야 무척 기뻐하겠지만 링컨을 기억하는 이들은 가슴 아플 것 같았다. 우울한 결혼식을 원하지 않았던 나는 평범한 결혼식은 하지 말자고 스티브와 의견을 모았다. 우리는 두 사람의 사랑과 행복만을 생각하며 라스베이거스에서 약식 결혼을 했다. 조촐했지만 더없이 행복했다.

결혼하고 1년쯤 지났을 때, 링컨과 함께 살던 집을 팔고 그곳에서 몇 시간 떨어진 곳으로 이사했다. 동생과 조카들 가까이에서 살며 새 삶을 시작할 기회였다. 나는 병원에 취직해 바쁘게 일했고 스티브와 행복한 미래를 꾸려나갈 기대에 부풀어 있었다. 인생이 아름답다고 느낀 그 순간, 스티브의 아버지가 암 진단을 받으며 행복은 다시 저만치 달아났다.

처음에 의사는 치료만 잘하면 몇 년은 암이 진행되지 않을 것이라고 했다. 그러나 몇 달이 지나자 몇 년은 고사하고 다음 해도 넘기지 못할 만큼 병이 깊어졌다. 몇 가지 항암 치료를 했지만 전부 허사였다. 그렇게 시간이 흐르는 동안 조금도 차도가 없자 의사들은 당혹스러워했다. 7개월 후에는 시도할 치료법조차 남아 있지 않았다.

그 소식을 듣자 누군가 내 머리를 망치로 내리치는 느낌이 들었다. 평소 아버님은 굉장히 기력이 넘치는 분이었다. 아이들을 보면 귀에서 동전을 꺼내는 마술을 할 정도로 장난기가 많았고, 입담이 뛰어나서 이야기를 정말 재미있게 해주곤 하셨다. 아버님은 미네소타 주에, 우리는 메인 주에 멀리 떨어져 살았지만 자주 왕래했다. 은퇴 생활 중인 아버님은 한 번 방문하면 몇 주씩 우리 집에 머물렀고 그럴 때면 나는 가장 좋아하는 손님이 왔다며 농담처럼 말하곤 했다.

누구보다 내 글을 좋아했던 아버님은 주제가 자녀 교육이든 심리학이든 내가 쓰는 글이라면 팬의 입장으로 빠짐없이 읽고, 틈틈이 전화로 조언하며 글감도 전해주셨다.

연세가 일흔둘이었지만 아프기에는 너무 젊게 살던 분이었다. 돌아가시기 바로 전 여름에도 오토바이로 전국일주를 하고 슈피리어 호(북아메리카 5대호 중 하나로 세계에서 가장 큰 담수호 — 옮긴이)에서 요트를 타셨다. 컨버터블 자가용의 지붕을 열고 시골길에서 드라이브도 하셨다. 그러나 지금은 중병으로 누워 있고 의사들은 병세가 더 심해질 일만 남았다고 확신했다.

이번은 내가 과거에 죽음을 마주했던 방식과 달랐다. 엄마나 링컨 때는 갑작스러워서 전혀 예상하지 못했다. 그러나 아버님의 경우는 앞으로 겪을 일을 미리 알 수 있었기에 두려움이 엄습했다.

나는 '또 시작이구나.'라고 생각했다. 또 누군가를 잃고 감당 못할 슬픔을 겪고 싶지 않았다. 불공평했다. 왜 나만 이토록 사랑하는 사람을 많이 잃어야 한단 말인가? 나는 책상에 앉아서 내 현실이 얼마나 부당하며 앞으로 얼마나 더 힘들어질지 생각했다. 정말로 이 상황을 바꾸고 싶었다.

다시 예전처럼 슬픔에 빠져 허우적대기는 싫었다. 처음 겪는 일도 아니니 전에 그랬듯 다시 괜찮아질 것이다. 어리석게 내가 처한 상황이 다른 사람보다 불행하다고 믿거나 슬픔을 견디지 못할 것이라 생각해봤자 아무 소용없었다. 현실만 직시하지 못할 뿐이었다.

그 자리에서 나는 '멘탈이 강한 사람은 하지 않는 열세 가지'라는 목록을 만들었다. 내가 고통으로 몸부림치면서도 그 틈에 나오지 못하게 억

누르고 억눌렀던 습관들이었다. 여기에 한 번 사로잡히면 회복하기가 정말 힘들다. 당연한 말이겠지만 평소 나는 상담 고객들에게도 그런 습관을 주의하라고 조언했다.

나 자신이 올바른 방향으로 계속 나아가려면 내 손으로 직접 적어야했다. 강한 멘탈을 스스로 선택하고 유지할 수 있다는 사실을 이런 식으로 잊지 말고 새겨두어야 했다. 그리고 나는 강해져야 했다. 그 목록을 쓰고 몇 주 후 아버님이 끝내 눈을 감으셨기 때문이다.

심리치료사는 더 나은 사람이 되려면 어떻게 해야 하고 무엇을 할 수 있는지 조언해 고객에게 힘을 실어주는 직업이다. 하지만 나는 심리치료사의 직함을 잠시 내려놓고 멘탈을 강하게 키우는 습관을 쭉 적어보았다. 무엇을 할 수 있는지가 아니라 무엇을 하지 '말아야' 할지에 초점을 맞추자 모든 것이 달라졌다. 물론 좋은 습관도 중요하다. 그러나 사람은 나쁜 습관 때문에 잠재력을 최대로 발휘하지 못하는 경우가 많다. 이 세상에 존재하는 좋은 습관을 다 가져도 나쁜 습관을 버리지 못하면 목표를 달성하기 어렵다. 이렇게 생각해보자. 최악의 습관은 그 사람의 거울이라고 하지 않던가?

나쁜 습관은 하루 종일 땅에 끌고 다니는 무거운 족쇄나 다름없다. 좀처럼 속도가 나지 않으니 피곤하고 짜증만 난다. 아무리 열심히 일하고 재능 있는 사람도 그런 생각과 행동, 감정에 얽매이면 잠재력을 온전히 발휘하지 못한다.

매일 체육관에 가겠다고 결심한 남자가 있다. 그는 두 시간 가까이 운동을 하고 변화를 눈으로 확인할 수 있도록 어떤 운동을 했는지 기록한다. 그렇게 6개월이 지나지만 변화는 눈에 보이지 않는다. 체중이 줄어들지 않고 근육도 붙지 않자 남자는 좌절한다. 그는 하루도 빠짐없이 운동을 했는데 왜 몸이 날씬해지거나 가뿐해지지 않는지 이해할 수 없다며 가족과 친구들에게 한탄한다. 그러나 남자가 계산에서 빠뜨린 사실이 하나 있다. 날마다 운동을 하고 집으로 가는 차 안에서 간식을 즐긴다는 것이다. 그는 운동을 마친 후 배가 고파지면 '열심히 운동했잖아. 이 정도면 상을 받을 만하지!'라고 생각한다. 그래서 집으로 돌아오는 길에 도넛을 열 개씩 먹는다.

다들 그가 어리석다고 손가락질할 것이다. 그러나 우리는 모두 그런 실수를 한다. 더 나은 사람이 되려고 노력하지만 공든 탑을 무너뜨리는 실수에는 관심이 없다.


내가 말하는 열세 가지 습관은 슬픔을 극복하는 과정 외에도 도움이 된다. 이 습관에서 벗어나면 멘탈을 강하게 만들 수 있다. 그리고 강한 멘탈은 우리가 살면서 겪는 크고 작은 문제에 대처할 때 꼭 필요하다. 멘탈이 강하다고 느껴야 잠재력을 최대한 발휘해 목표를 달성할 수 있다.

# 강한 멘탈은
# 어떻게 만들어지는가?

사람의 멘탈은 무조건 강하지도, 무조건 약하지도 않다. 모든 사람은 어느 정도 멘탈의 힘을 갖고 있고 얼마든지 그 이상 계발할 수 있다. 강한 멘탈을 만들려면 어떤 상황에서든 감정을 조절하고 생각을 다스리며 긍정적으로 행동하는 능력부터 길러야 한다.

상대적으로 체력을 더 쉽게 키우는 사람이 있듯이 어떤 사람은 강한 멘탈을 타고난다. 멘탈을 쉽게 키울 수 있는지 판단할 때 고려해야 할 몇 가지 요인이 있다.

- 유전 – 정서 장애와 같은 정신 건강 문제에 더 취약한 유전자가 있다.
- 성격 – 더 객관적으로 생각하고 긍정적으로 행동하는 성격이 있다.
- 경험 – 살면서 어떤 경험을 하느냐에 따라 자신과 타인, 세상을 바라보는 관점이 달라진다.

물론 이 요인 중 일부는 바꿀 수 없다. 불행한 유년 시절은 지우지 못한다. 유전적으로 타고난 주의력결핍 과잉행동장애ADHD도 바꾸지 못한다. 하지만 그렇다고 멘탈을 키우지 못한다는 뜻은 아니다. 이 책에서 소개하는 자기계발 훈련에 시간과 에너지를 쏟는다면 누구나 멘탈을 강화할 수 있다.


## 멘탈의 세 가지 요소

새로운 사람을 만나면 심하게 긴장을 하는 남자가 있다. 그는 긴장하고 싶지 않아서 웬만하면 직장 동료에게 말을 걸지 않는다. 먼저 말을 하지 않으니 동료들도 그에게 말을 걸지 않는다. 남자는 휴게실에 들어가거나 복도에서 사람들과 마주칠 때 아무도 말을 걸지 않자 '나는 사회성이 없나 봐.'라고 생각한다. 자기가 부족하다고 생각하니 다른 사람에게 말을 붙이기는 더욱 두려워진다. 불안감이 커지자 동료를 피하고 싶은 마음도 커진다. 결국 남자는 영원히 돌아가는 쳇바퀴에 스스로 갇혀버린다.

멘탈을 이해하기 전에 사람의 생각과 행동, 감정이 전부 하나로 이어져 있다는 사실을 알아두어야 한다. 이 세 가지는 대개 함께 작용해서 위의 이야기와 같은 악순환을 만든다. 따라서 멘탈을 강화하려면 세 갈래로 나누어 접근할 필요가 있다.

• 생각 – 비이성적인 생각을 객관적인 생각으로 바꾼다.

- 행동 – 어떤 상황에서도 긍정적으로 행동한다.
- 감정 – 감정에 통제당하지 않도록 내가 감정을 통제한다.

우리는 '낙천적으로 행동하라.'는 말을 시도 때도 없이 듣는다. 그러나 낙관론만으로는 잠재력을 최대로 발휘할 수 없다.

**이성적인 생각으로 감정의 균형을 잡은 후 행동하라**

나는 뱀을 몹시 무서워한다. 하지만 내 뱀 공포증은 이성적인 생각과 거리가 멀다. 내가 사는 메인 주에는 야생 독뱀이 한 마리도 없기 때문이다. 어쩌다 뱀을 보면 가슴이 쿵 내려앉으면서 전속력으로 도망치고 싶어진다. 하지만 보통은 달아나기 전에 극심한 공포를 가라앉히고 감정의 균형을 잡을 수 있다. 나는 뱀을 무서워할 이유가 없다고 이성적으로 생각하며 마음을 달랜다. 일단 이성적으로 생각하기 시작하면 걸어서 그 옆을 지나갈 수 있다. 물론 안전거리를 유지하는 한 말이다. 지금도 나는 뱀을 만진다거나 키우고 싶지는 않다. 그러나 최소한 비이성적인 공포로 하루를 망치지 않고 가던 길을 갈 수는 있다.

사람은 이성적인 생각으로 감정의 균형을 잡을 때 인생에서 가장 훌륭한 결정을 내린다. 화가 머리끝까지 났을 때 자신이 어떻게 행동하는지 잠시 생각해보자. 논리가 아니라 감정에 치우쳐서 후회할 말과 행동을 할 것이다. 물론 이성적인 생각만으로 최선의 결정이 나오지는 않는다. 우리는 로봇이 아니라 인간이다. 가슴과 머리가 함께 몸을 움직여야 한다.

내 상담 고객 중에는 자신의 생각과 감정, 행동을 통제하는 게 가능하냐고 묻는 사람이 많다. 그들은 "내 감정을 나도 어떻게 못하겠어요.", "머릿속이 비관적인 생각으로 가득해서 떨쳐낼 수 없어요.", "목표를 이루고 싶다는 의욕이 도무지 생기지 않아요."라고 한다. 그러나 멘탈이 강해지면 전부 가능한 일이다.

## 멘탈에 대한 오해와 진실

멘탈에 관해 잘못 알려진 정보와 오해는 한두 가지가 아니다. 지금부터 멘탈을 둘러싼 진실을 알아보자.

- **거칠게 행동한다고 해서 멘탈이 강해지지는 않는다** – 멘탈을 강하게 키운다고 로봇처럼 행동하거나 겉모습을 강하게 꾸밀 필요는 없다. 그보다는 자신의 가치관에 따라 행동해야 한다.
- **감정을 무시한다고 해서 멘탈이 강해지지는 않는다** – 멘탈을 강화하겠다고 감정을 억누를 필요는 없다. 그 대신 자신의 감정 상태를 정확히 파악하는 능력이 필요하다. 감정이 어떻게 생각과 행동에 영향을 주는지 해석하고 이해해야 한다.
- **몸을 기계처럼 다룬다고 해서 멘탈이 강해지지는 않는다** – 고통을 견디는 능력을 증명하려고 몸을 한계치까지 몰아붙여도 멘탈은 강해지지 않는다. 강한 멘탈을 원한다면 자신의 생각과 감정을 충분히 이해하고 언제 그 생각과 감정에 반대할지, 언제 귀를 기울일지 판단해야 한다.

- **도움을 받지 않는다고 해서 멘탈이 강해지지는 않는다** – 강한 멘탈을 원한다면 나 혼자서 해답을 찾지 못할 때도 있음을 인정해야 한다. 필요할 때 도움을 요청하고 나보다 강한 존재에게서 힘을 얻을 수 있다는 사실을 받아들이자.

- **긍정적인 생각만 한다고 해서 멘탈이 강해지지는 않는다** – 지나치게 긍정적인 생각은 지나치게 부정적인 생각만큼 해롭다. 객관적이고 이성적으로 생각해야 멘탈이 강해진다.

- **행복하려 노력한다고 해서 멘탈이 강해지지는 않는다** – 멘탈이 강해지면 삶은 더 만족스러워진다. 그러나 매일 일어나서 행복을 억지로 느끼려 한다고 멘탈이 강해지지는 않는다. 그보다는 잠재력을 최대한 발휘할 수 있는 결정을 내려야 한다.

- **멘탈은 최신 심리학 트렌드가 아니다** – 건강 분야에 온갖 다이어트 요법과 운동이 유행하듯 심리학 분야에도 최상의 자아를 찾는 방법이 밀물처럼 나왔다가 썰물처럼 사라지지만 멘탈은 한순간의 유행이 아니다. 심리학계는 이미 1960년대부터 생각과 감정, 행동을 바꾸는 법을 연구하고 있다.

- **멘탈과 정신 건강은 별개다** – 의료계에서는 정신 건강과 정신 질환을 대비해 이야기하지만 멘탈은 차원이 다르다. 당뇨병 같은 질병을 갖고도 체력이 강인한 사람이 있는 것처럼, 우울증이나 불안장애 같은 정신 건강 문제가 있어도 멘탈이 강한 사람이 있다. 정신 질환이 있다고 그 사람의 습관이 나쁘다는 뜻은 아니다. 그럼에도 건강한 습관을 키울 수 있다. 더 많이 도전하고 집중하고 노력해야겠지만 불가능은 없다.

# 강한 멘탈은 삶을 바꾼다

인생이 잘 풀릴 때는 멘탈이 강하다고 느끼기 쉽다. 그러나 살다 보면 어려움에 처하는 때도 있다. 일자리를 잃기도 하고 자연재해로 피해를 입기도 한다. 가족이 병에 걸리거나 사랑하는 사람이 죽는 일도 언젠가는 겪어야 한다. 하지만 멘탈이 강하다면 이러한 시련이나 위기의 순간에 더 잘 대처할 수 있다. 다음은 멘탈이 강해졌을 때 얻는 이점들이다.

- 스트레스가 해소된다. 멘탈은 위기 상황뿐만이 아니라 일상에서도 도움이 된다. 문제를 더 효율적이고 효과적으로 처리할 수 있고 전반적인 스트레스 수치도 줄어든다.
- 삶의 만족도가 높아진다. 멘탈이 강해지면 자신감도 커진다. 자신의 가치관에 따라 행동하니 마음이 평온해지고 자기 인생에서 무엇이 진정 중요한지 깨닫는다.
- 더 큰 성과를 낸다. 좋은 부모가 되고 싶든 직장에서 일을 잘하고 싶든 운동선수로서 좋은 결과를 내고 싶든 간에 멘탈이 강해지면 잠재력을 최대치로 발휘할 수 있다.

어떤 운동 종목에 관한 책을 많이 읽는다고 뛰어난 운동선수가 될 수 없으며, 다른 음악가의 공연을 자주 본다고 실력이 늘어 일류 음악가가 되지는 않는다. 연습도 필요하다.

이제부터 펼쳐질 13장의 내용은 내가 이렇게 행동하는지, 행동하지 않는지 확인하는 체크리스트가 아니다. 살다 보면 누구나 한번씩은 사로잡혀 헤어나지 못하는 습관들을 설명한 것이다. 인생의 한계나 난관에 직면했을 때 더 능숙하게 대처하는 방법을 소개해 독자 여러분이 그런 함정에 빠지지 않도록 도와주고자 한다. 어제보다 성장하고, 발전하고, 노력해서 더 나은 사람이 되는 길을 이제부터 안내하려 한다.

## 제1장

# 자기 연민에 빠져
# 시간을 낭비하지 마라

스스로 불행하다고 생각하는 동안은 내가 진정 무엇을 두려워하는지 똑바로 보지
않고 자기 행동에 책임도 지지 않으려 한다. 이런 사람은 자기 연민으로 시간만 축
낸다. 행동에 나서거나 앞으로 나아가는 대신 현재 상황이 얼마나 끔찍한지 과장하
면서 그 상황을 벗어날 필요 없다고 자기 합리화를 한다.

자기 연민이란 그 어떤 약보다 사람을 망가뜨리는 마약이다.
쉽게 중독되고 찰나의 쾌락을 주며
그 덫에 걸린 사람은 현실을 바로 보지 못한다.

_존 가드너John Gardner

잭이 사고를 당하고 나서 몇 주가 지나도록 잭의 엄마는 '끔찍한 사고' 이야기를 입에 달고 살았다. 엄마는 잭이 어떻게 스쿨버스에 치여 두 다리가 부러졌는지 매일 이야기하고 또 이야기했다. 그 자리에서 아들을 보호해주지 못했다며 자책했고 몇 주나 휠체어 신세가 된 아들을 보면서 견딜 수 없이 괴로워했다.

의사는 잭이 완전히 회복될 것이라고 했지만 엄마는 잭에게 다리가 평생 낫지 않을 수 있다고 누누이 일렀다. 엄마는 혹시 잘못될 경우 잭이 다시는 친구들처럼 축구를 하거나 뛰어다니지 못할 가능성도 염두에 두기를 바랐다.

다시 학교에 가도 좋다는 의사의 진단을 받고 나서도 잭의 부모는 잭을 학교에 보내지 않았다. 대신 엄마가 직장을 그만두고 남은 학기 동안 홈스쿨링으로 잭을 가르치기로 했다. 그들은 잭이 날마다 스쿨버스를 보고 그 소리를 들으면 쓸데없이 나쁜 기억만 많이 떠오르리라 생각했다. 그리고 쉬는 시간에 뛰어노는 친구들을 잭이 휠체어에 앉아 멀뚱멀뚱 바라보는 일도 막고 싶었다. 부부는 잭이 집에 있으면서 몸도 마음도 더 빨리 회복하기를 기대했다.

잭은 보통 오전에 홈스쿨링 공부를 끝내고 오후에는 텔레비전을 보거나 비디오게임을 하며 시간을 때웠다. 몇 주가 지나자 부모는 잭의 감정 상태가 달라졌음을 눈치 챘다. 잭은 원래 활달하고 긍정적인 아이였지만 지금은 툭하면 짜증을 부리고 우울해했다. 부모는 잭이 사고를 겪으며 상상 이상으로 마음을 많이 다쳤기 때문이라고 걱정했다. 그들은 잭의 마음을 치유하는 데 도움이 되기를 바라며 심리치료를 받기로 했다.

잭의 부모는 아동 정신외상을 전문으로 하는 유명 심리치료사에게 잭을 데려갔다. 심리치료사는 잭을 담당한 소아과 의사에게 소개를 받았던 터라 잭이 어떤 일을 겪었는지 만나기 전부터 조금은 알고 있었다.

엄마가 미는 휠체어를 타고 심리치료사의 상담실에 들어섰을 때 잭은 입을 꾹 다물고 바닥에서 눈을 떼지 않았다. 엄마는 심리치료사에게 이렇게 설명했다.

"얼마 전 끔찍한 사고를 당한 후로 온 가족이 정말 힘든 시기를 보내고 있어요. 사는 것도 말이 아니고 잭도 마음을 다쳐서 문제가 이만저만이 아니네요. 예전의 우리 애와 완전히 딴판이에요."

엄마의 예상과 달리 심리치료사는 위로의 말을 건네지 않았다. 오히려 한껏 쾌활한 목소리로 잭에게 말했다.

"이야, 너를 만난다고 해서 얼마나 기대했는지 몰라, 잭! 스쿨버스를 무찌른 아이는 처음 보거든! 대체 어떻게 스쿨버스와 싸워서 이겼는지 선생님한테 들려줄래?"

그 순간, 잭은 사고 이후 처음으로 웃음을 보였다.

잭은 이후 몇 주 동안 심리치료사와 함께 자기 경험을 담은 책을 썼다. 책에 《스쿨버스를 이기는 법》이라는 그럴듯한 제목도 붙였다. 잭은 스쿨버스와 싸워서 뼈만 몇 대 부러지고 무사히 탈출한 이야기를 멋지게 만들어냈다.

잭은 사고 당시 목도리를 얼른 붙잡고 번개같이 그 위를 넘어 몸의 대부분이 버스에 치이지 않게 방어했다면서 이야기에 살을 붙였다. 여기저기 과장이 섞여 있었지만 잭이 강한 아이였기 때문에 살아남았다는 이야기의 핵심은 그대로였다. 잭은 자화상으로 책의 마지막을 장식했다. 잭이 그린 그림 속에서 그는 슈퍼히어로로 망토를 두르고 휠체어에 앉아 있었다.

심리치료사는 잭의 부모도 함께 상담하며 잭이 큰 사고에서 살아남은 것이 얼마나 행운인지 일깨워주었다. 그리고 더 이상 잭을 가엾게 여기지 말라고 조언했다. 잭을 몸과 마음이 강하고 엄청난 역경을 극복할 능력이 있는 아이로 보라고 했다. 설령 다리가 완전히 낫지 않더라도 잭이 사고 때문에 못하게 된 일들이 아니라 앞으로 살아가면서 이룰 수 있는 일들에 부모가 관심을 쏟아주기를 바랐다.

심리치료사와 잭의 부모는 학교 교직원들과 힘을 모아 잭을 다시 학교로 보낼 준비를 했다. 잭이 아직 휠체어를 타야 하니 특별히 편의를 부탁하는 한편, 다른 아이들과 선생님이 잭을 불쌍한 눈으로 보지 말아달라고도 당부했다. 그리고 스쿨버스를 물리친 잭의 무용담을 친구들이 전해듣고 잭을 동정할 이유가 없다고 깨달을 수 있도록 잭이 쓴 책을 학급 친구들과 나눠보게 했다.

# 우리는 왜 자기 연민에 빠지는가

살아가는 동안 슬프고 고통스러운 경험을 하지 않는 사람은 없다. 그러나 슬픔이 지극히 건전하고 정상적인 감정이라 해도 눈앞에 닥친 슬픔과 불행에 매달리다 보면 제 발로 파멸의 길에 들어서고 만다. 다음 중 그렇다고 응답하는 항목이 하나라도 있는지 살펴보자.

- ☐ 내 문제가 다른 사람의 문제보다 더 심각하다.
- ☐ 운이 나쁘지 않았다면 나는 아무 문제도 겪지 않았을 것이다.
- ☐ 다른 사람보다 내 문제가 훨씬 빠르게 불어난다.
- ☐ 내가 얼마나 힘들게 사는지 진심으로 이해하는 사람은 없다.
- ☐ 간혹 여가 활동이나 약속을 취소하고 집에 틀어박혀 내 문제에 대해 혼자 고민한다.
- ☐ 다른 사람에게 하루 중 잘 풀린 일보다는 잘못된 일을 더 많이 이야기한다.
- ☐ 내 상황이 불공평하다고 푸념하는 때가 많다.
- ☐ 아무리 애써도 감사할 만한 일이 좀처럼 생각나지 않는다.
- ☐ 다른 사람은 타고난 복이 많아서 인생을 더 쉽게 사는 것 같다.
- ☐ 세상이 내게 일부러 시련을 안겨주는 게 아닌지 궁금할 때가 있다.

위의 예시에서 자신의 모습이 보이는가? 자기 연민에 빠지면 그 감정에 사로잡혀 결국 생각과 행동까지 변한다. 하지만 우리는 스스로 통제권을 잡을 수 있다. 나를 둘러싼 상황을 바꾸지 못할지라도 자신의 태도는 바꿀 수 있다.

자기 연민이 그토록 사람을 망가뜨린다면 자기 연민에 빠지는 근본적인 이유는 무엇일까? 그리고 왜 연민의 늪에 쉽게 빠지고 그럴 때 안도감마저 들까? 잭의 부모님에게 연민은 앞으로 닥칠지 모를 위험에서 아들과 자신을 보호하기 위한 방패막이었다. 그들은 잭이 장래에 직면할 문제를 전부 차단하기 위해 아이가 하지 말아야 할 일에만 관심을 기울였다.

잭의 부모는 여느 때보다 아들의 안전을 걱정할 수밖에 없었다. 그들은 잠시라도 잭을 눈 밖에 두고 싶지 않았다. 그리고 잭이 다시 스쿨버스를 봤을 때 감정적으로 반응할까 봐 염려했다. 부부가 잭에게 쏟아붓고 있는 연민이 잭의 자기 연민으로 발전하는 결과는 불 보듯 뻔하다.

자기 연민은 너무도 쉽게 사람을 집어삼킨다. 스스로 불행하다고 생각하는 동안은 내가 진정 무엇을 두려워하는지 똑바로 보지 못하고 자기 행동에 책임도 지지 않으려 한다. 이런 사람은 자기 연민으로 시간만 축낸다. 행동에 나서거나 앞으로 나아가는 대신 현재 상황이 얼마나 끔찍한지 과장하면서 그 상황을 벗어날 방법이 없다고 자기 합리화를 한다.

자기 연민으로 타인의 관심을 끌려는 사람도 많다. '나는 불쌍한 사람이야.'라고 떠들어대면 적어도 처음에는 다른 사람에게 다정하고 친절한 말을 들을 수 있다. 거절을 두려워하는 사람은 상대가 나를 도와줬으면 하는 마음에 자기 연민을 은근히 내세우며 내가 얼마나 불행한지 이야기한다.

안타까운 일이지만 자기 연민에 빠진 사람들은 너도나도 불행을 부풀려 말하는 '불행 경쟁'을 벌이기도 한다. 어느덧 대화는 경쟁의 장으로 변해 가장 끔찍했던 경험을 털어놓는 사람이 승리한다. 어떤 이는 자기 연민을 면죄부로도 삼는다. 상사에게 내 인생이 불행하다고 말한다면 나에 대한 기대감을 낮춰달라고 돌려 말하는 것이나 다름없다.

자기 연민으로 저항을 하는 사람도 있다. 그런 사람은 제자리에 버티고 서서 이 세상을 향해 나는 더 많은 것을 누려야 한다고 외치면 상황이 달라지리라 생각하는 듯하다. 그러나 이 세상은 그렇게 돌아가지 않는다. 하늘에서 홀연히 내려와 모든 사람에게 공평한 삶을 안겨줄 신은 없거니와 그럴 능력이 있는 사람도 없다.


## 더 이상 불행 경쟁에 뛰어들지 마라

자기 연민에 빠진 사람은 스스로를 망가뜨린다. 자기 연민은 문제를 키워서 더 심각한 결말을 가져오기 때문이다. 잭의 부모는 잭이 사고에서 살아남았다는 사실에 감사하지 않고 아들이 사고로 하지 못하게 된 일들만 걱정했다. 결국 잭은 부모 탓에 사고로 훨씬 많은 것을 잃고 말았다.

잭의 부모가 아이를 사랑하지 않았다는 말은 아니다. 부부는 잭을 안전하게 지켜주고 싶어서 그렇게 행동했다. 하지만 그들이 잭을 가엾게 여기면 여길수록 잭의 감정은 부정적으로 변했다.

자기 연민에 사로잡히면 다음과 같은 이유에서 삶을 만끽하지 못한다.

- 시간을 낭비한다. 자기 연민은 정신적 에너지만 많이 소모할 뿐 상

황은 전혀 바꾸지 못한다. 사람은 문제를 해결하기 힘든 상황에서도 삶의 장애물에 긍정적으로 맞설 힘을 지니고 있다. 나를 불쌍하게 여긴다고 문제가 더 빨리 해결되지는 않는다.

• 부정적인 감정이 커진다. 자기 연민에 지배당하면 그 밖의 부정적인 감정까지 폭풍처럼 휘몰아칠 것이다. 분노나 원망, 고독과 함께 비관적인 생각이 걷잡을 수 없이 많아진다.

• 불길한 생각이 현실이 된다. 자기 연민에 빠지면 인생이 비참해진다. 자기 연민을 느끼는 사람이 자기 능력을 최대로 발휘할 리가 없다. 결과적으로 더 많은 문제와 실패를 야기해 자기 연민도 더 커질 것이다.

• 다른 감정을 다스리지 못한다. 자기 연민을 느끼면 슬픔이나 비애, 분노를 비롯한 감정을 다스리지 못한다. 현재 상황을 있는 그대로 받아들이지 않고 이 상황이 달라져야 한다는 생각에만 매달리기 때문에 마음의 상처를 치유하고 앞으로 나아가지 못한다.

• 삶의 행복을 놓친다. 하루에 다섯 가지 행복한 일과 한 가지 불행한 일이 일어났을 경우, 자기 연민에 빠진 사람은 불행한 일 하나에만 신경을 곤두세울 것이다. 이렇듯 자기 연민은 삶의 긍정적인 면을 못 보고 지나치게 한다.

• 인간관계를 망친다. 스스로 피해자라고 생각하는 성격은 남에게 호감을 주기 어렵다. 사람들은 자기 인생이 얼마나 비참한지 불평하는 상대에게 금방 질려버린다. "그 사람은 늘 불행하다고 자학하는 면이 정말 마음에 든단 말이지."라고 말하는 사람은 어디에도 없다.

# 자기 연민의 늪에서 빠져나오는 법

멘탈을 강하게 키우는 세 가지 요소를 기억하는가? 자기 연민을 없애려면 비관적인 행동과 비관적인 생각을 버려야 한다. 잭을 예로 들어본다면 매일 집에만 틀어박혀 비디오게임을 하거나 텔레비전만 보는 것을 그만둬야 했다. 잭은 또래 아이들과 어울려야 했고, 학교를 다니는 것처럼 다친 다리로도 할 수 있는 일을 시작해야 했다. 상담 후 잭의 부모는 생각을 바꾸어 잭을 희생양보다는 생존자로 보기 시작했다. 일단 아들과 사고에 대한 관점을 바꾸자 자기 연민 대신 감사하는 마음을 가질 수 있었다.

## 자기 연민이 찾아들 틈을 주지 마라

링컨이 가고 나서 넉 달쯤 뒤, 그의 스물일곱 번째 생일이 다가왔다. 나는 몇 주 전부터 그날을 생각만 해도 두려웠다. 시댁 가족과 무엇을 하며 보내야 할지 전혀 알 수가 없었기 때문이다. 온 가족이 티슈 상자 하나를 가운데 놓고 빙 둘러앉아 링컨이 영영 스물일곱 번째 생일을 맞지 못한 현실이 얼마나 부당한지 이야기하는 상상만 할 뿐이었다.

마침내 용기를 내어 어머님께 그날 어떻게 해야 할지 묻자 어머님은 조금도 주저하지 않고 "스카이다이빙은 어떠니?"라고 하셨다. 게다가 어머님은 진심이었다. 생각해보니 내 상상처럼 슬픔에 빠져 허우적대느니 비행기에서 뛰어내리는 스카이다이빙이 훨씬 좋은 생각 같았다. 모험을 좋아했던 링컨을 추억하기에 더없이 좋은 방법이었다. 링컨은 항상 새로운 사람을 만나고 새로운 장소에 가고 새로운 경험을 하기를 좋아했다. 충동적으로 주말여행을 가자고 했어도 무엇 하나 이상하지 않은 사람이었다. 링컨은 밤 비행기를 타고 돌아오자마자 출근해야 할지라도 직장에서 온종일 피곤한 것쯤이야 우리가 만든 추억에 비하면 대수롭지 않다고 말했을 것이다. 링컨이 살아 있었다면 무척이나 좋아했을 스카이다이빙은 그의 삶을 추모하는 방법으로 제격이었다.

비행기에서 뛰어내리는 순간에는 낙하산이 없다면 모를까 자기 연민을 느낄 겨를이 없다. 우리는 스카이다이빙을 하며 즐거운 시간을 보냈고, 그 후로도 링컨의 생일이 돌아오면 연례행사처럼 모여 삶과 모험을 사랑했던 링컨을 추억했다. 상어가 있는 바다에서 수영도 하고 그랜드캐니언에서 노새를 타며 다양한 모험에 도전했다. 곡예용 그네 타는 법을 배운 날도 있었다.

해마다 온 가족이 링컨의 생일을 기념하는 모험에 참여한다. 몇 년간은 카메라를 들고 옆에서 지켜보기만 했던 할머님도 2년 전에는 88세 나이로 누구보다 앞장서서 나무의 높이를 껑충 뛰어넘는 케이블카에 올랐다. 이 전통은 내가 재혼한 후에도 이어졌고 이제는 남편 스티브도 우리와 함께한다. 링컨의 생일은 매년 우리가 손꼽아 기다리는 날이 되었다.

하루를 즐겁게 보냈다고 해서 우리는 고통을 외면하거나 슬픔을 감추지 않는다. 슬픔에 빠져 행동하지 않고 의식적으로라도 삶이 얼마나 은혜로운지 축복하는 방법을 선택했을 뿐이다. 잃은 것에 자기 연민을 느끼는 대신 내게 주어진 몫에 감사하기로 했다.

자기 연민이 삶에 스며들기 시작한다면 의식적으로 그 감정과 반대

되는 행동을 하라. 자기 연민을 떨쳐내려고 비행기에서 뛰어내릴 필요는 없다. 때로는 행동을 조금만 바꿔도 큰 변화가 나타난다. 그 예를 몇 가지 살펴보자.

- 뜻깊은 일에 자원봉사를 한다. 고민거리를 잊을 수 있고 다른 사람을 도우면 기분도 좋아진다. 무료 급식소에서 굶주린 사람에게 음식을 나눠주거나 요양원에 사는 어르신들과 시간을 보내면 자기 연민을 느낄 새가 없다.
- 선행을 베푼다. 이웃집 잔디를 깎거나 지역 동물보호소에 사료를 기부하는 등 선행을 하면 하루를 더 의미 있게 보낼 수 있다.
- 적극적으로 활동한다. 몸을 움직이거나 머리를 쓰는 활동을 하면 불행한 생각이 달아난다. 운동이나 독서, 강좌 듣기, 새로운 취미 배우기를 통해 행동을 바꾸면 마음가짐도 새로워진다.

자기 연민을 사라지게 하려면 우선 그 감정을 바꿀 행동부터 찾아야 한다. 그 과정에서 시행착오를 겪을 수도 있다. 모든 사람이 행동을 똑같이 바꾼다고 해서 동일한 효과를 얻지는 못하기 때문이다. 지금 하는 활동이 효과적이지 않다면 새로운 시도를 해보자. 올바른 방향으로 한 걸음도 내딛지 않는다면 영원히 그 자리에만 머물 것이다.

**상황을 객관적으로 바라보라**
언젠가 슈퍼마켓 주차장에서 가벼운 접촉 사고를 목격했다. 자동차 두

대가 동시에 후진하다가 범퍼끼리 부딪친 사고였다. 양쪽 모두 피해는 경미해 보였다. 한 운전자는 자기 차에서 튀어나와 이렇게 말했다.

"기막히군 그래. 왜 허구한 날 나한테만 이런 일이 생기는 거지? 하루 종일 재수 없는 일뿐이잖아!"

한편 다른 운전자는 차에서 내리며 가슴을 쓸어내렸다. 그는 침착한 목소리로 말했다.

"와, 아무도 안 다쳐서 정말 다행이네요. 얼마나 멋진 날입니까? 사고가 나고도 상처 하나 없이 무사하다니요."

두 사람은 같은 사고를 경험했다. 하지만 그 사고를 보는 관점은 확연히 달랐다. 한 남자는 자신을 끔찍한 사고의 피해자로 여겼지만 다른 남자는 자신을 행운아로 보았다. 관점이 다르니 반응도 다를 수밖에 없었다.

우리가 살면서 겪는 일은 여러 관점에서 볼 수 있다. '나는 더 많은 것을 받아야 해.'라고 생각하는 사람은 자기 연민을 자주 느낀다. 반대로 불행 속에서 희망을 찾는 사람은 좋지 않은 상황에서도 기쁨과 행복을 훨씬 자주 누린다.

모든 상황에는 한 가닥 희망이 존재한다. 이혼한 부모를 둔 아이에게 가장 좋은 점이 무엇이냐고 물으면 "크리스마스 선물을 더 많이 받아요!"라고 대답할 것이다. 물론 부모의 이혼으로 즐거울 일이 얼마나 있겠는가마는 선물을 두 배로 받을 수 있다는 사실은 일부 아이들이 즐거워하는 이혼의 한 단면이다.

상황을 보는 관점을 바꾸기는 쉽지 않다. 내가 마치 자석인 양 부정적인 감정과 생각을 끌어당기고 있는 기분이라면 더욱 그렇다. 그럴 때는 다음의 질문들에 스스로 답을 찾으며 부정적인 생각을 더 객관적인 생각으로 바꿔보자.

- 내 상황을 다르게 보는 방법은 없을까? 이 질문은 '물이 반밖에 없는 컵과 물이 반이나 남은 컵'의 사고방식과 일맥상통한다. 만약 물이 반밖에 없다는 관점에서 보고 있다면 물이 반이나 남은 관점에서는 같은 상황을 어떻게 볼지 잠시 생각해본다.
- 사랑하는 사람이 같은 문제로 고민한다면 어떻게 조언할까? 우리는 자기 자신보다는 다른 사람을 잘 위로한다. 다른 사람에게 "네 인생은 정말 최악이다. 뭐 하나 제대로 풀리지 않잖아."라고 말하지는 않는다. 그보다는 "어떻게 해야 할지 알게 될 거야. 너라면 이겨낼 수 있어. 나는 너를 믿으니까."처럼 어떤 식으로든 희망적인 조언을 건넬 것이다. 다른 이가 나와 같은 상황에 처했다면 어떻게 조언할지 생각한 후 내게 적용해보자.
- 내가 이 난관을 극복할 수 있다는 증거가 있을까? 자기 연민은 문제를 해결할 수 있다는 자신감이 부족할 때 찾아든다. 사람은 시작해보기도 전에 자신이 어떤 문제를 절대 극복하지 못한다고 생각하는 경향이 있다. 예전에 문제를 해결하고 불행한 일에 대처했던 적이 있다면 그때 기억을 떠올려보자. 내게 어떤 능력이 있고, 나를 도와주는 사람들은 누구이며, 과거에 어떤 경험을 했는지 돌이켜보면 자신감이 붙어서 부정적인 생각이 사라질 것이다.

혼자 생각에 사로잡혀 자기 상황을 잘못 해석할수록 기분은 더 울적해진다. 다음은 흔히 자기 연민을 부르는 생각들이다.

- 문제가 하나만 더 생겨도 끝장이다.
- 좋은 일은 다른 사람에게만 일어난다.
- 나쁜 일은 내게만 일어난다.
- 내 인생에는 내리막길밖에 없다.
- 나만 이런 일 따위를 겪는다.
- 나는 한시도 편한 날이 없다.

부정적인 생각이 걷잡을 수 없이 불어나기 전에 고삐를 붙들어야 한다. '나쁜 일은 내게만 일어난다.'라는 생각이 들면 자신에게 일어났던 좋은 일들도 떠올려보자. '내게 나쁜 일이 닥치기도 하지만 그만큼 좋은 일도 많이 있다.'와 같이 더 객관적인 생각으로 바꾸려면 연습과 노력이 필요하지만 자기 연민을 잠재우는 데 그만한 방법은 없다. 부정적인 생각을 현실과 동떨어질 만큼 낙관적으로 바꿔야 한다는 말은 아니다. 그보다는 현재 내가 처한 상황을 현실적으로 보는 방법을 찾도록 노력하자.

### 감사하는 마음을 표현하라

말라 러년Marla Runyan은 다재다능한 여성이다. 박사학위 소지자에 책도 쓰고 올림픽에도 나갔다. 2002년 뉴욕마라톤대회에서는 미국 여성 최초로 2시간 27분이라는 놀라운 기록으로 결승선을 통과했다. 하지만 러년이 특별한 이유는 따로 있다. 시각장애인임에도 이 모든 업적을 이루었던 것이다.

러넌은 아홉 살 때, 아이들에게 주로 나타나는 시력감퇴증인 슈타르가트 병 진단을 받았다. 러넌은 앞이 보이지 않는 상황 속에서도 달리기의 매력에 빠졌다. 그녀는 한 번도 결승선을 본 적이 없지만 몇 년 후에는 세계 정상급 육상선수로 등극했다.

처음에는 장애인 올림픽에서 높은 성적을 거두었다. 1992년과 1996년에 연속으로 출전하여 총 금메달 다섯 개와 은메달 한 개를 획득했고 세계신기록도 몇 개나 세웠다. 그러나 러넌은 거기서 멈추지 않았다.

1999년 그녀는 팬아메리칸대회(4년마다 북·중·남미 국가들이 치르는 국제 스포츠 대회 — 옮긴이) 1,500미터 달리기에서 금메달을 목에 걸었다. 2000년에는 법적 시각장애인 선수 최초로 올림픽에 출전했다. 1,500미터 달리기에서 미국 선수 중 가장 먼저 결승선을 끊었고 전체 성적은 8위를 기록했다.

러넌은 앞이 보이지 않는 것을 장애라 생각하지 않았다. 그러기는커녕 시력 상실이라는 선물이 있었기 때문에 장거리와 단거리 달리기를 모두 제패할 수 있었다고 믿었다. 러넌은 저서 《결승선은 없다》No Finish Line: My Life as I See It에서 다음과 같이 이야기한다.

"나는 앞이 보이지 않았기에 남들보다 열심히 내 능력을 증명하고 성공하기 위해 채찍질해야 했다. 그 덕분에 의지와 헌신 같은 정신을 항상 기억할 수 있었다."

러넌은 시력을 잃었기 때문에 못 하게 된 일들에 얽매이지 않았다. 그

대신 앞이 보이지 않아서 얻은 것들에 감사하기로 했다.

자기 연민을 느끼는 사람은 '나는 더 많은 것을 받아야 해.'라고 생각하지만, 감사하는 사람은 '나는 내 몫보다 많이 받았어.'라고 생각한다. 감사하는 마음을 가지려면 많은 노력이 필요하지만 그렇게 어렵지도 않다. 우선 내게 다정하고 친절했던 사람에게 고마움을 표현해보자. 이 세상에도 좋은 면이 있음을 알게 되면 내게 주어진 몫에 만족할 수 있다. 돈이 많거나 널리 성공하거나 완벽한 인생이 아니어도 감사하는 마음을 가질 수 있다. 연간 3만 4,000달러를 벌면서 본인의 수입에 만족하지 못하는 사람도 있겠지만 사실 그는 전 세계 상위 1퍼센트에 속하는 부자다. 이 책을 읽고 있는 여러분은 글을 읽을 줄 몰라 가난에서 벗어나지 못하는 전 세계 10억여 명보다 운이 좋은 사람이다.

일상 속에서 당연하다고 생각했던 사소한 행복을 찾고 감사하는 마음을 키우려 노력하자. 다음의 몇 가지 간단한 습관을 들이면 무엇에 감사할지 쉽게 찾을 수 있다.

- 감사 일기를 쓴다. 날마다 최소한 한 개씩은 감사한 일을 기록한다. 맑은 공기나 밝은 햇빛처럼 사소한 기쁨도 좋고, 일이나 가족같이 크나큰 축복도 좋다.
- 무엇에 감사한지 말한다. 일기를 꾸준히 쓰지 못하겠다면 무엇에 감사한지 말하는 습관을 들인다. 매일 아침 일어났을 때나 잠들기 전, 감사해야 할 선물 하나를 찾는다. 혼잣말이라도 좋으니 소리 내어 말해보자. 감사하는 말을 듣기만 해도 감사하는 마음은 커진다.

- 자기 연민이 들면 생각을 전환한다. 자기 연민에 빠지기 시작한다면 다른 곳으로 주의를 돌린다. 삶이 불공평하다거나 지금과 다르게 살아야 한다는 생각에서 벗어나야 한다. 살아가는 동안 감사해야 하는 사람과 상황, 경험을 그 자리에서 쭉 나열해본다. 일기를 쓰는 사람은 일기에 그 목록을 적어두고 자기 연민에 휩싸일 때마다 읽어보자.

- 다른 사람은 무엇에 감사하며 사는지 묻는다. 감사를 주제로 대화를 나누며 다른 사람은 무엇에 고마움을 느끼는지 배운다. 다른 사람이 어떤 점을 감사히 여기는지 듣고 있으면 자신의 삶에서 감사해야 할 점이 더 많이 떠오를 것이다.

- 자녀에게 감사하는 법을 가르친다. 아이에게 주어진 몫에 감사하라고 가르치면 부모도 아이를 거울삼아 자신의 태도를 계속해서 확인할 수 있다. 매일 습관처럼 아이에게 무엇이 감사한지 물어보자. 가족 구성원이 저마다 감사하는 점을 적어서 감사 상자에 넣거나 게시판에 걸어두어도 좋다. 그러면 가족 모두 재미가 붙어 일상생활에서 감사하는 마음을 잊지 않을 것이다.

## 자기 연민을 버리면 강해진다

제러마이어 덴튼Jeremiah Denton 중령은 베트남 전쟁 당시 미 해군 조종사였다. 1965년 그가 타고 있던 전투기가 격추되면서 덴튼은 비행기에서

강제로 끌려나와 북베트남 군에 전쟁 포로로 붙잡혔다.

덴튼과 장교들은 하루도 빠짐없이 굶주림 속에서 모진 고문을 당하면서도 함께 잡힌 포로들에게 계속 지시를 내렸다. 그는 북베트남 군이 정보를 캐내려 하면 저항하라고 다른 포로들을 설득하다 수차례 독방에 감금되기도 했다. 그러나 덴튼은 포기하지 않았다. 그는 순서에 따라 기침을 하거나 벽을 두드리는 등의 신호를 이용해 다른 포로와 소통하는 방법을 궁리해냈다.

포로가 된 지 열 달 후 덴튼은 북베트남 군의 선전용 텔레비전 인터뷰 참가자로 뽑혔다. 그는 질문에 대답 도중 카메라에서 나오는 밝은 빛에 눈이 부신 척 눈을 깜박였다. T-O-R-T-U-R-E(고문)라는 말을 모스 부호로 보내 포로들이 학대받고 있다고 은밀히 메시지를 전했던 것이다. 또한 인터뷰 내내 미국 정부를 지지한다는 주장도 굽히지 않았다.

덴튼 중령은 포로 생활 7년 만인 1973년에 석방되었다. 자유의 몸으로 비행기에서 내린 후 그는 이렇게 말했다.

"어려운 환경에서도 조국에 충성할 수 있어서 영광이었습니다. 오늘 같은 날을 맞게 해준 대통령과 국민 여러분께 깊은 감사를 드립니다. 미국에 하나님의 축복이 있기를."

그는 1977년에 제대했고 이후 앨라배마 주 상원의원으로 선출되었다.

제러마이어 덴튼은 상상도 못할 최악의 상황에 직면했지만 자기 연민에 빠져 시간을 낭비하지 않았다. 오히려 침착함을 잃지 않고 그에 대처하는 방법을 찾았다. 석방 후에도 7년을 잃어버렸다고 자신을 가엾게 여기는 대신 조국을 위해 몸 바칠 수 있었다는 사실에 감사하기로 했다.

사람이 정신적인 고통에 몰두할 때와 감사한 마음에 집중할 때 어떤 차이가 나타나는지 조사한 연구가 있다. 하루하루 감사한 점을 몇 가지만 확인해도 변화는 극적으로 일어난다. 감사하는 마음을 가지면 정신 건강은 물론이고 신체 건강도 증진된다고 한다. 2003년《성격사회심리학저널》Journal of Personality and Social Psychology에 발표된 연구에 의하면 다음과 같은 사실을 알 수 있다.

- 감사하는 사람은 더 건강하다. 감사하는 사람은 면역력이 높으며 아파하거나 고통을 호소할 확률이 낮다. 혈압도 높지 않고 보통 사람보다 운동을 많이 한다. 건강관리에 철저하고 숙면을 취하며 잠에서 깨어나면 더 상쾌한 기분을 느낀다.
- 감사하는 사람은 긍정적인 감정을 자주 느낀다. 감사하는 사람은 일상적으로 행복과 기쁨, 쾌락을 많이 경험한다. 정신이 더 또렷하고 활력이 넘치기도 한다.
- 감사하는 사람은 사회생활을 잘한다. 감사하는 사람은 다른 이를 더 기꺼이 용서하고 사교성이 높아 외로움과 고립감을 덜 느낀다. 다른 사람을 더 자주 돕고 넓은 마음으로 남들에게 베풀 줄 안다.

스트레스에 시달릴 때 자기 연민에서 벗어나지 않으면 해결책을 실행에 옮길 의욕도 생기지 않는다. 자기 연민에 사로잡히고 있다는 적신호에 촉각을 곤두세우고 첫 번째 신호가 감지되면 주도적으로 자신의 태도를 바꿔야 한다.

☺ 이 렇 게 해 보 자

▷ 객관적으로 현실을 직시하고 실제 상황보다 과장해서 불평하지 않는다.
▷ 자신의 상황을 지나치게 부정적으로 생각하지 않는다.
▷ 주도적으로 문제를 해결하고 상황을 개선한다.
▷ 자기 연민을 느낄 틈이 없도록 적극적으로 행동한다.
▷ 매일 감사하는 마음을 갖는다.

☹ 이 렇 게 하 지 말 자

▷ 다른 사람보다 내 인생이 불행하다고 믿는다.
▷ 내 삶이 얼마나 어려운지 지나치게 부정적으로 본다.
▷ 수동적인 태도로 내가 할 수 있는 일은 외면하고 내 기분에만 신경 쓴다.
▷ 기분이 좋아질 만한 일이나 활동에 참여하지 않는다.
▷ 가진 것보다 가지지 못한 것에 집착한다.

제2장

# 타인에게
# 휘둘리지 마라

내가 어떤 사람에게 시간과 에너지를 소모 중인지 자세히 살펴보라. 그토록 많은 시간과 에너지를 쏟을 만한 사람인가? 그렇지 않다면 상대에게 필요 이상으로 힘을 내주고 있는 셈이다.

적을 증오하는 사람은
수면과 식욕, 혈압, 건강, 행복을 좌우할 힘을
적에게 빼앗긴다.

_데일 카네기Dale Carnegie

로렌은 하나부터 열까지 간섭하는 시어머니 재키 때문에 결혼 생활은 물론 인생 자체가 분명히 파탄에 이를 것이라고 했다. 원래도 시어머니를 좋아하지 않았지만 두 아이가 생기고부터는 도무지 감당할 수가 없었다.

시어머니는 일주일에도 몇 번이나 들이닥쳤고 올 때마다 몇 시간씩 있는 게 기본이었다. 안 그래도 퇴근 후 딸들과 보낼 시간이 부족하다고 느끼던 로렌은 시어머니가 가족의 오붓한 시간을 방해한다고 생각했다.

사실 시어머니가 손녀들 앞에서 며느리의 위신을 떨어뜨리지만 않았어도 로렌이 이렇게까지 화가 나지는 않았을 것이다. 재키는 아이들에게 "텔레비전 조금 본다고 나쁠 것 없단다."라거나 "할머니 마음 같아선 간식을 주고 싶지만 너희 엄마가 단것을 먹이지 말라고 고집하니 어쩌겠어."라고 말하기 일쑤였다. 로렌의 '신세대 자녀교육법'에 트집을 잡으며 당신은 자식들에게 텔레비전을 보여주고 과자를 먹였어도 아무 탈 없이 잘 키웠다고 일침을 놓는 때도 있었다.

로렌은 시어머니가 어떤 말을 해도 공손하게 웃으며 고개를 끄덕였지만 속에서는 천불이 났다. 그녀는 시어머니에 대한 원망을 남편에게 쏟아부었다. 그러나 로렌이 불평할 때마다 남편은 "어머니는 원래 그러시

잖아." 아니면 "그냥 한 귀로 듣고 흘려. 다 잘되라고 하는 말씀인데."라고 말했다. 로렌은 마음을 달래려 친구들에게 불만을 토로했고 친구들은 로렌의 시어머니를 '마귀할멈'이라고 불렀다.

그러던 어느 날, 곪을 대로 곪은 갈등이 터지고 말았다. 시어머니가 로렌에게 살이 찐 것 같으니 운동 좀 하라고 한 마디 던진 것이다. 로렌은 더 이상 참을 수 없었다. 그녀는 집을 뛰쳐나가 언니 집에서 하룻밤을 보냈다. 다음 날이 밝았어도 집에 가고 싶지 않았다. 집을 나갔다고 시어머니에게 한바탕 잔소리를 들을까 봐 두려웠다. 그 순간 로렌은 깨달았다. 결혼 생활을 지켜내려면 도움을 청해야 했다.

처음에는 시어머니에게 어떤 말을 들어도 화를 내지 않도록 분노 조절 방법을 배울 생각이었다. 그러나 몇 차례 상담을 받자 시어머니의 말에 반응하지 않는 방법만으로는 최선이 아니라는 사실을 깨달았다. 로렌스스로 갈등을 막기 위해 더 적극적으로 노력해야 했다.

나는 로렌에게 일이나 수면, 여가 생활, 가족, 시어머니같이 일상의 다양한 부분에 시간과 에너지를 얼마씩 쏟고 있는지 동그라미 표에 그려 보라고 했다. 그런 다음 두 번째 동그라미 표에는 각 부분이 실제로 차지하는 시간을 나타내보라고 했다. 두 번째 표가 완성되자 로렌은 깜짝 놀랐다. 에너지를 쏟는 시간과 실제 활동하는 시간이 생각보다 훨씬 차이가 많이 났다. 시어머니를 보는 시간은 일주일에 다섯 시간 남짓이었지만 시어머니 일로 원망하고 불평하는 시간은 그보다 다섯 시간이 더 많았다. 그녀의 일상을 좌우할 힘을 시어머니에게 내주고 있는 꼴이었다. 로렌은 남편과 단둘이 함께하거나 아이들을 보살필 시간과 에너지로 시어머니를 얼마나 싫어하는지만 생각하고 있었다.

시어머니에게 많은 힘을 내주고 있음을 확인한 로렌은 달라지기로 결심했다. 로렌과 남편은 네 식구만 들어갈 수 있는 '건강한 경계선'healthy boundaries(타인에게 휘둘리거나 이용당하지 않도록 신체적·감정적으로 자신을 보호하는 경계 — 옮긴이)을 세웠고 시어머니에게 휘둘리지 않을 규칙을 세웠다. 시어머니에게 앞으로는 우리 쪽에서 어머니가 보고 싶을 때 저녁 식사에 초대할 테니 아무 때나 불쑥 찾아오지 말라고 전했다. 또한 엄마로서 로렌의 권위를 떨어뜨리지 말아야 하며, 그렇지 않다면 댁으로 돌아가야 한다고 했다. 로렌도 더는 시어머니 문제로 불평하지 않기로 했다. 남편이나 친구들에게 화풀이해봤자 짜증만 늘고 시간과 에너지를 낭비할 뿐이었다.

로렌의 일상과 가정은 느리지만 확실하게 제자리로 돌아오고 있었다. 로렌은 함부로 무시당할 일이 없다고 생각하자 시어머니가 온다 해도 두렵지 않았다. 이제 로렌은 자기 집의 일을 통제할 수 있게 되었다.


## 우리는 왜 타인에게 나를 휘두를 힘을 내주는가

다른 사람에게 내 생각과 감정, 행동을 휘두를 힘을 내주면 멘탈이 강해질 리 없다. 다음 중 자신에게 해당하는 항목이 하나라도 있는지 살펴보자.

□ 누구의 말이든 부정적인 반응이나 비판을 들으면 기분이 상한다.

- ☐ 다른 사람에게 화가 나면 나중에 후회할 말과 행동을 한다.
- ☐ 다른 사람의 말을 듣고 삶의 목표를 변경한 적이 있다.
- ☐ 나의 하루는 다른 사람의 행동이 좌우한다.
- ☐ 다른 사람이 일을 떠넘길 때 싫어도 마지못해 한다.
- ☐ 평판이 곧 내 가치이기 때문에 다른 사람에게 잘 보이려 노력한다.
- ☐ 마음에 들지 않는 사람이나 상황에 대해 푸념하는 때가 많다.
- ☐ '살면서 꼭 해야 하는' 일에 대해 불평한다.
- ☐ 슬픔이나 창피함같이 거북한 감정을 느끼지 않으려고 애쓴다.
- ☐ 스스로 경계선을 설정하지 못하면서 내 시간과 에너지를 빼앗는 상대를 원망한다.
- ☐ 내 기분을 상하게 하거나 내게 상처 준 사람을 계속 미워한다.

위의 예시에서 자신의 모습이 보이는가? 멘탈이 강한 사람은 주변 사람이나 상황에 상관없이 자신감이 넘치고 당당한 선택을 한다.

로렌은 분명 좋은 사람이 되고 싶었다. 그리고 좋은 아내라면 시어머니를 무조건 참고 견뎌야 한다고 생각했다. 무례하게 보이기 싫어 집에 그만 와달라는 말을 속으로만 삼켰고, 마음이 상해도 대꾸하지 못했다. 그녀는 누군가에게 푸대접을 받으면 '반대편 뺨도 내미는' 사람이 되었다. 그러나 상담을 통해 건강한 경계선을 설정하는 것이 얄밉거나 무례한 행동이 아니라는 사실을 배웠다. 집안에서 허용되는 선이 어디까지인지 정하자 가족은 더 행복해졌고 로렌도 스트레스를 덜 받았다.

몸과 마음에 건강한 경계선을 설정하지 않으면 다른 사람에게 쉽게 휘둘리게 된다. 그런 사람은 이웃의 부탁을 차마 거절하지 못한다. 주구장창 불평하는 친구의 전화가 귀찮으면서도 전화벨이 울리자마자 수화기를 든다. 이렇듯 우리는 정말로 하기 싫다는 뜻을 제대로 표현하지 않을 때마다 상대에게 힘을 내주고 만다. 내 뜻대로 행동하지 않으면 다른 사람에게 내 힘을 빼앗아가도 좋다고 허락하는 것이나 다름없다.

마음에 경계선을 설정하지 않아도 문제다. 다른 사람의 태도가 못마땅하면서도 의사 표현을 똑바로 하지 않으면 그 사람에게 내 삶을 좌우할 힘을 빼앗기고 만다.


## 남이 나의 가치를 정하도록 내버려두지 마라

로렌은 늘 시어머니가 하자는 대로 저녁 시간을 보냈다. 그래서 시어머니가 찾아오면 아이들과 함께할 시간이 모자라 화가 나고 억울했다. 시어머니가 오지 않는 날에는 마음이 훨씬 편했다. 로렌은 시어머니 때문에 딸들은 물론 남편과도 오붓한 시간을 보낼 수 없었다.

그녀는 여가 시간이면 남편이나 친구들과 즐겁게 대화하지 않고 시어머니를 헐뜯느라 기운을 낭비했다. 시어머니가 집에 왔다는 소식을 들으면 집에 가고 싶지 않아 야근을 자원하는 때도 있었다. 이렇듯 시어머니에게 힘을 내주는 시간이 길어질수록 상황을 바로잡을 의지는 사라졌다.

타인에게 힘을 내주지 말아야 할 이유는 다음과 같이 많다.

- 상대에게 감정을 휘둘린다. 힘을 내주는 사람은 순전히 타인이나 외부 상황에 따라 감정이 변한다. 그런 사람의 인생은 롤러코스터 같다. 일이 잘 풀릴 때는 기분이 좋다가도 상황이 달라지면 생각과 감정, 행동도 따라서 달라진다.
- 다른 사람의 판단으로 내 가치를 결정한다. 자기 가치를 판단할 힘을 타인에게 내주면 스스로 충분히 가치 있다고 느끼지 못한다. 가치 판단을 다른 사람에게 맡길 때는 그 사람의 의견이 곧 내 가치가 되고 어떤 칭찬이나 긍정적인 말을 들어도 만족하지 못한다.
- 문제를 해결하지 않고 회피한다. 힘을 내주면 그 자체로 무력해진다. 문제 해결에 최선을 다하지 않고 문제를 정당화할 핑계만 찾는다.
- 환경 탓을 한다. 운전석에서 자기 인생을 주도적으로 이끌지 않고 조수석에 앉아 방관만 한다. 이런 사람은 타인이 내 기분을 망쳤다거나 원하지 않는 행동을 강요했다고 말한다. 자기 선택을 책임감 있게 받아들이지 않고 다른 사람만 원망한다.
- 비판에 극도로 예민해진다. 비판을 제대로 판단하지 못하고 누구의 말이든 마음에 담아둔다. 결국 그 말에 필요 이상의 힘을 실어준다.
- 목표를 잃는다. 타인의 뜻대로 목표를 잡는 사람은 원하는 삶을 이루지 못한다. 목표로 가는 과정에 타인이 개입하면 자기 목표를 제대로 이룰 수 없다.
- 인간관계를 망친다. 내 감정을 상하게 한 사람에게 당당히 말하지 않거나 인생에 불필요하게 참견하는 사람을 막지 않으면 상대를 미워하게 된다.

# 빼앗긴 힘을 되찾는 법

자신감이 없는 사람은 오로지 다른 사람의 평가에 따라 자신의 가치를 결정한다. 이들은 나 때문에 다른 사람이 불쾌해하면 어쩌나 걱정한다. 그 사람이 더 이상 나를 좋아하지 않을까 두려워한다. 우리가 건강한 경계선을 세우려 할 때 상대는 조금 발끈할지 모른다. 그러나 자신의 가치에 자신감이 있다면 그 정도 반발은 감수할 수 있다.

로렌은 시어머니에게 공손하면서도 단호할 수 있음을 배웠다. 시어머니와 맞서려니 겁이 났지만 남편과 함께 그들의 생각을 잘 설명했다. 시어머니는 저녁에 갑자기 방문하면 안 된다고 하자 언짢아했고 로렌의 양육법을 함부로 지적하지 말라는 말에는 반박하려 했다. 그러나 아들 집에 가고 싶다면 그 규칙을 따라야 한다는 사실을 차츰 받아들였다.

## 건강한 경계선을 세워라

스티브 맥도널드Steven McDonald는 타인에게 휘둘리지 않고 자신의 힘을 지켜낸 모범 사례다. 1986년 뉴욕 시 경찰이었던 맥도널드는 한 무리의 십대 청소년에게 최근 일어난 자전거 절도 사건에 대해 물었다. 그런데 그중 열다섯 살짜리 소년이 총을 꺼내들고는 맥도널드 경관의 머리와 목에 방아쇠를 당겼다. 충격으로 그는 목 아래부터 사지가 마비되었다.

맥도널드 경관은 기적적으로 목숨을 건졌고 18개월간 입원 치료를 받으며 사지마비 환자로 사는 법을 배웠다. 사고 당시 그는 결혼 8개월 차 새신랑이었고 그의 아내는 임신 6개월째였다.

하지만 맥도널드 경관 부부는 열다섯 살 소년에게 **빼앗긴** 것들에 연연하지 않았다. 그들은 진심으로 소년을 용서했다. 실제로 몇 년 후 가해자 소년이 맥도널드 경관을 감옥으로 불러 사과하기도 했다. 경관은 사과를 받아주었고 다시는 그와 같은 피해자가 나오지 않도록 언젠가는 소년과 함께 전국을 돌아다니며 그들의 이야기를 전하자고 했다. 그러나 그 바람은 이루어지지 않았다. 출소 사흘 후 소년이 오토바이 사고로 목숨을 잃었기 때문이다.

맥도널드 경관은 화해하고 용서하자는 메시지를 널리 퍼뜨리기 위해 홀로 길을 나섰다. 《내 마음을 찢는 우는 사자를 몰아내라》Why Forgive? 라는 책에서 그는 "내 척추에 박힌 총알보다 더 끔찍한 것은 내 가슴에 피어나는 복수심이다."라고 말했다. 맥도널드 경관은 총을 맞아 전신마비 환자가 되었지만 끔찍한 사고와 가해자에게 자신의 삶을 망칠 힘을 내주지 않았다. 현재 그는 강연 요청이 쇄도하는 유명 강연자가 되어 사랑과 존경, 용서에 대해 가르치고 있다. 맥도널드 경관은 무자비한 폭력 사건의 피해자임에도 가해자에게 더 많은 힘을 내주며 시간을 낭비하지 않았다는 점에서 귀감이 되는 인물이다.

몸이든 마음이든 내게 상처 입힌 사람을 용서한다고 해서 그 사람의 행동을 정당화시켜주는 것은 아니다. 다만 분노를 버리면 더 가치 있는 일에 에너지를 마음껏 쏟을 수 있다.

평생 상황 탓만 하는 사람은 자기 힘을 깨닫기 어려우며 삶의 방향을 자발적으로 선택하지 못한다. 우선 내가 언제 나의 생각과 감정, 행동을 외부 환경이나 다른 사람 탓으로 돌리는지 파악해 스스로 각성해야 한다. 내가 어떤 사람에게 시간과 에너지를 소모 중인지 자세히 살펴보라. 그토록 많은 시간과 에너지를 쏟을 만한 사람인가? 그렇지 않다면 상대에게 필요 이상으로 힘을 내주고 있는 셈이다.

상사가 얼마나 재수 없게 구는지 직장 동료와 한탄하는 순간순간 상사에게 더 많은 힘을 주고 있는 것이다. 시어머니가 얼마나 제멋대로인지 친구에게 이야기할 때마다 시어머니는 나를 휘두를 힘을 조금씩 더 얻는 것이다. 내 인생에서 그 사람이 차지하는 비중을 줄이고 싶다면 마음을 단단히 먹고 그에게 시간과 에너지를 그만 쏟도록 하자.

### 상황을 보는 관점을 바꿔라

힘을 되찾으려면 상황을 보는 방식을 바꿔야 한다. 다음 같은 말을 한다면 내가 상대에게 힘을 내주고 있다는 뜻이다.

- "상사 '때문에' 화가 나 죽겠어." 상사의 행동이 못마땅할 수 있지만 정말로 그 사람 '때문에' 화가 나는가? 상사의 행동으로 기분이 나빠질 수는 있지만 그렇게 느끼라고 상사가 강요하지는 않는다.
- "내가 '부족해서' 남자 친구가 나를 떠났어." 정말로 내가 부족한가? 아니면 남자 친구의 의견일 뿐인가? 백 명에게 설문 조사를 했을 때 전부 같은 의견이 나올 리는 없다. 한 사람이 어떻게 생각한다고 해서 그것이 곧 진실은 아니다. 단지 한 사람의 의견에 내가 누구인지 판단하는 힘을 실어주지 말자.
- "맨날 내 트집을 잡는 엄마 '때문에' 내가 정말 나쁜 사람 같아." 왜

성인이 엄마의 비판을 계속 듣고만 있는가? 엄마가 싫은 소리를 했다는 이유로 그렇게까지 자존감이 낮아질 필요가 있는가?

- "일요일 밤마다 시댁 식구들을 저녁 식사에 '꼭' 초대해야 해." 시댁 식구들이 초대를 강요하는가? 아니면 가족에게 중요한 자리라고 생각해서 내가 선택한 것인가?

## 반응하기 전에 한 번 더 생각하라

레이첼은 말을 듣지 않는다는 딸과 함께 상담실을 찾았다. 레이첼이 시키는 일이라면 딸이 무조건 하지 않으려 든다고 했다. 나는 레이첼에게 딸이 말을 듣지 않을 때 어떻게 반응하느냐고 물었다. 그녀는 화가 나서 고함을 지르며 딸과 언쟁을 벌인다고 대답했다. 딸이 "싫어!"라고 할 때마다 레이첼은 "당장 해!"라고 외쳤다.

레이첼은 자기도 모르는 사이 딸에게 많은 힘을 내주고 있었다. 말싸움이 길어지는 만큼 딸은 방 청소를 미루었다. 레이첼은 화를 내는 순간마다 딸에게 휘둘렸던 것이다. 딸의 행동을 통제하려다 딸에게 그녀를 통제할 힘을 주고 있었다.

만약 기분 나쁜 말을 한 사람에게 소리를 지르거나 말싸움을 건다면 그 사람의 말에 훨씬 많은 힘이 실린다. 다른 사람에게 반응하기 전에 어떻게 행동하고 싶은지 의식적으로 생각하라. 내가 이성을 잃을수록 상대는 힘을 얻는다. 부정적인 반응을 보이려 할 때 다음의 방법으로 마음을 침착하게 가라앉히자.

- 심호흡을 한다. 짜증과 분노가 치밀어오르면 호흡이 가빠지고 심박수가 높아지며 땀이 나는 등 신체 반응이 일어난다. 이때 천천히 심호흡을 하면 근육의 긴장이 풀리고 신체 반응이 가라앉으며 감정도 함께 가라앉는다.
- 그 상황에서 벗어난다. 감정이 강해지면 이성적으로 생각하지 못한다. 몸이 떨리거나 얼굴이 달아오르는 것처럼 내가 화를 내고 있다는 신호를 알아두었다가 이성을 잃기 전에 그 상황을 빠져나온다. "지금은 이 문제로 이야기하고 싶지 않아."라고 말해도 좋고 말없이 그 자리를 떠나도 좋다.
- 주의를 돌린다. 지나치게 감정이 흔들릴 때는 다른 사람과 문제를 해결하려 하거나 논쟁을 벌이지 말자. 그보다는 산책이나 독서 같은 활동으로 주의를 돌려 마음을 가라앉힌다. 골칫거리를 잠시라도 잊고 있으면 마음이 편해지며 이성적으로 생각할 수 있다.

## 상대의 말을 객관적으로 평가하라

앨범 발매를 앞두고 마돈나Madonna는 음반사 밀레니엄레코드 사장에게서 "이 음반은 실속이 없다."는 거절 편지를 받았다. 만약 마돈나가 그 편지로 자신의 가창력과 작곡 능력을 판단했다면 가수의 길을 포기했을 것이다. 다행히 그녀는 꺾이지 않고 가요계에서 기회를 찾아다녔다. 그리고 거절 편지를 받고 얼마 지나지 않아 음반 계약을 맺고 가수 활동을 시작했다. 그리고 몇십 년 후, 마돈나는 음반을 가장 많이 판 여성 가수로 기네스북에 올랐다. 역대 최다 투어를 한 여성 가수 등의 기록도 무수히 세웠고 빌보드에서 선정한 역대 최고의 아티스트 100인 중 비틀즈Beatles 에 이어 2위를 차지했다.

성공한 사람이라면 마돈나처럼 거절을 당한 경험이 있을 것이다. 앤 디 워홀Andy Warhol은 뉴욕현대미술관에 작품 한 점을 전시하려 했지만 공 짜라도 걸지 않겠다며 거절당했다. 그러나 세월이 흘러 1989년에는 워 홀의 전용 미술관이 생길 정도로 성공했다. 앤디워홀미술관은 한 사람의 작품만을 전시하는 미술관으로 미국 최대 규모를 자랑한다. 분명 모든 사람에게는 각자의 의견이 있다. 하지만 성공한 사람은 한 사람의 의견 으로 자신을 판단하지 않는다.

힘을 되찾고 싶다면 내가 들은 말이 정당한지 평가해야 한다. 친구가 나쁜 습관을 지적해주거나 배우자가 이기적인 행동을 일깨워줬다면 내 가 다른 사람 눈에 어떻게 비치는지 깨닫고 긍정적으로 변할 수 있다. 그 러나 비판이 비난일 때도 있다. 화가 많은 사람은 독설로 스트레스를 풀 기도 한다. 자존감이 낮아서 다른 사람을 깎아내려야만 만족하는 사람도 있다. 그러니 다음 행동을 결정하기 전에 그 말을 누가 했는지 깊이 생각 할 필요가 있다.

다른 사람에게 비판이나 부정적인 말을 들으면 일단 반응하지 말고 기다리자. 화가 나거나 반발심이 든다면 잠시 동안 마음을 가라앉힌다. 그리고 나서 다음과 같은 질문을 던져본다.

- 그 말이 사실이라는 증거는 무엇인가? 상사에게 게으르다는 말을 들었다면 내가 언제 일을 열심히 하지 않았는지 찾는다.

- 그 말이 거짓이라는 증거는 무엇인가? 언제 열심히 노력하고 최선을 다해서 일했는지 생각한다.
- 왜 그런 말을 했을까? 부정적인 말을 들은 이유를 한걸음 물러서서 생각한다. 내 행동의 일부만 보고 판단한 것일까? 예를 들어 내가 감기 걸린 날에 봤다면 상사는 내가 일을 게을리 한다고 판단할 수 있다. 그렇다면 상사의 판단은 정확하지 않을 것이다.
- 내 행동을 바꾸고 싶은가? 다른 사람의 비판을 받아들여 행동을 바꿀 때도 있다. 상사에게 게으르다는 말을 듣고 보니 그동안 회사에서 열심히 일하지 않았던 것 같다. 이제부터는 일찍 출근하고 늦게 퇴근하기로 결심한다. 하지만 이것만은 기억해야 한다. 내가 어떤 행동을 하든 그것은 상사의 강요 때문이 아니다. 그래야 해서가 아니라 '그러고 싶기' 때문에 변하기로 선택한 것이다.

나를 보는 한 사람의 의견이 곧 사실은 아니다. 타인의 마음을 바꾸려고 시간과 노력을 쏟기보다는 그 사람의 생각을 정중히 거부하고 내 길을 갈 수도 있다.

## 자신의 선택을 인정하라

살면서 '꼭' 해야만 할 일이 그리 많지 않음에도 우리는 스스로 선택권이 없다고 생각한다. "내일 회사에 '꼭' 가야 해."라고 말하지 말고 내가 선택해서 회사에 간다고 생각하자. 회사에 가지 않으면 대가가 따를 것이다. 월급을 받지 못할 수 있고 회사에서 잘릴 수도 있다. 하지만 그것도 내

선택이다. 내 행동과 생각, 감정을 내 뜻대로 선택하자고 다짐하면 마음
이 자유로워진다.


## 힘을 되찾으면 강해진다

힘을 내주는 사람은 영향력 있는 인물이 될 수 없다. 오프라 윈프리Oprah
Winfrey를 보라. 그녀는 찢어지게 가난한 집에서 태어나 유년 시절 내내
여러 사람에게 성적 학대를 받았다. 윈프리는 엄마와 아빠, 할머니 집을
전전하며 살았고 십대 때는 가출을 일삼았다. 열네 살에 임신을 했고 아
이는 태어나자마자 죽었다.

윈프리는 고등학생 시절부터 지역 라디오 방송국에서 일했고 방송가
에서 다양한 경력을 쌓은 끝에 텔레비전 뉴스 앵커가 되었지만 얼마 후
해고되었다.

윈프리는 그녀가 방송에 적합하지 않다는 한 사람의 의견으로 좌절하
지 않았다. 도리어 단독 토크쇼를 시작했고, 서른두 살 무렵 그녀의 토크
쇼는 전국적으로 인기를 휩쓸었다. 마흔 살에는 알려진 순자산만 3억
4,000만 달러에 달했다. 자신의 이름을 건 잡지, 라디오 프로그램, 텔레
비전 방송국이 생겼고 책도 다섯 권이나 공동 집필했다. 남아프리카 소
녀들을 위한 리더십 아카데미를 비롯한 자선사업도 무수히 벌이고 있다.

윈프리는 불우한 유년 시절이나 그녀를 해고한 방송국 관계자에게 힘
을 빼앗기지 않았다. 감자 포대로 옷을 만들어 입을 만큼 가난해서 놀림

을 받던 소녀가 CNN과 《타임》Time 지가 선정한 '이 세상에서 가장 영향력 있는 여성'이 되었다. 윈프리의 유년 시절을 통계학적으로 분석했다면 불행한 미래가 예측되었을 것이다. 그러나 윈프리는 통계대로 살지 않았다. 그녀는 남에게 힘을 내주지 않고 어떤 사람으로 살아갈 것인지 자기 힘으로 선택했다.

아무도 내 감정을 휘두를 수 없다고 생각하면 힘이 솟아오를 것이다. 힘을 되찾으면 다음과 같은 이유에서 멘탈이 강해진다.

- 타인의 반발을 막는 선택이 아니라 자신에게 최선인 선택을 하면 자의식이 높아진다.
- 자기 행동에 책임을 지면 목표를 이루는 과정을 주도할 수 있다.
- 죄책감이나 타인의 뜻에 이끌려 싫은 일을 해야 한다는 압박감이 사라진다.
- 내가 선택한 일에 시간과 노력을 쏟을 수 있다. 시간을 낭비하거나 하루를 망쳤다며 다른 사람을 탓하지 않아도 된다.
- 힘을 되찾으면 우울증, 불안장애 등의 정신 건강 문제와 멀어진다. 정신 건강 문제는 주로 절망감과 무기력에서 온다. 타인이나 외부 환경에 감정과 행동을 휘둘리지 않기로 결심하면 정신 건강을 지킬 힘이 생긴다.

누군가에게 분노나 원망 같은 감정을 품는다고 상대의 인생이 불행해지지는 않는다. 그 사람에게 내 인생을 불행하게 만들 힘을 줄 뿐이다.

용서를 하면 정신 건강은 물론 신체 건강을 좌우할 힘을 되찾을 수 있다. 한 연구에 따르면 용서는 다음과 같은 점에서 건강에 이롭다.

- 스트레스가 줄어든다. 앙심이 있으면 몸이 스트레스 상태에서 벗어나지 못한다는 연구 결과가 많다. 용서를 하면 혈압이 낮아지고 심박 수가 줄어든다.
- 통증을 견디기 쉬워진다. 2005년 만성 요통 환자를 대상으로 연구한 결과, 분노할 때는 정신적 고통이 증가하고 통증을 견디기 힘든 반면, 용서를 베풀 때는 통증을 참기 쉬워졌다고 한다.
- 조건 없는 용서는 장수의 지름길이다. 2012년 《행동의학저널》 Journal of Behavioral Medicine 에 발표된 연구를 보면 상대가 사과하거나 다시는 그러지 않겠다고 약속하는 등의 조건이 있어야 용서하는 사람은 조기 사망 확률이 더 높았다. 우리는 상대가 사과할지 여부를 통제하지 못한다. 사과를 받을 때까지 용서를 미룬다면 그의 손에 내 삶뿐만 아니라 죽음까지 넘겨주고 만다.

자신의 힘을 관찰하며 어떻게 힘을 내주고 있는지 찾는다. 쉽지 않겠지만 멘탈을 강하게 키우려면 내 힘을 마지막 한 방울까지 갖고 있어야 한다.

### ☺ 이 렇 게 해 보 자

▷ "나는…."처럼 자신의 선택을 인정하는 말을 한다.
▷ 몸과 마음에 건강한 경계선을 설정한다.
▷ 타인에게 어떤 식으로 반응할지 신중하게 생각한 후 행동한다.
▷ 어떻게 시간과 노력을 쏟을지 결정했으면 전적으로 책임을 진다.
▷ 상대가 반성하지 않아도 기꺼이 용서한다.
▷ 성급하게 결론짓지 말고 부정적인 반응과 비판을 철저하게 분석한다.

### ☹ 이 렇 게 하 지 말 자

▷ 남에게 당하는 사람처럼 "이 일을 '꼭' 해야 해."라거나 "상사 '때문에' 미치겠어." 같은 말을 한다.
▷ 내 권리를 침해하게 내버려두고는 분노하며 상대를 원망한다.
▷ 다른 사람에게 먼저 반응해놓고 그 사람 때문에 그렇게 행동했다고 탓한다.
▷ 원하지 않는 일을 하고 나서 다른 사람이 '억지로' 시켰다며 원망한다.
▷ 분노와 원망을 계속 마음에 담아둔다.
▷ 부정적인 반응과 비판에 감정을 휘둘린다.

## 제3장

# 변화를
# 두려워하지 마라

담배를 처음 피운 사람과 20년 피운 사람 중 누가 더 끊기 쉽겠는가? 어떤 사람들은 적당한 시기가 올 때까지 변화를 미룬다. 그러나 완벽한 시기는 오지 않을 때가 많다. 변화를 미룰수록 실행에 옮기기 더 힘들어진다.

사람은 의지력이 있는 자와 의지력이 없는 자로 나뉘지 않는다.
변화할 준비가 된 자와 그렇지 않은 자가 있을 뿐이다.

_제임스 고든 James Gordon

리처드는 건강관리를 해도 별다른 성과가 없다며 심리치료를 신청했다. 마흔넷인 리처드는 정상 체중보다 35킬로그램이 더 나갔고 얼마 전에는 당뇨병 진단도 받았다.

리처드는 당뇨병 진단을 받은 직후 영양사를 찾아가 살을 빼고 혈당을 낮출 식습관을 배웠다. 처음에는 삼시 세끼 입에 달고 살던 인스턴트 식품을 모조리 끊으려고 했다. 집에 남아 있는 아이스크림이며 쿠키, 달콤한 음료수를 전부 갖다 버리기도 했다. 그러나 이틀도 지나지 않아 군것질거리를 더 많이 사고 예전의 습관으로 돌아갔다.

건강해지려면 운동량을 늘려야 한다는 사실도 알고는 있었다. 사실 리처드는 운동과 거리가 먼 사람이 아니었다. 고등학생 시절에는 미식축구 선수이자 농구 선수로 운동장을 날아다녔다. 그러나 요즈음은 온종일 컴퓨터 앞에 앉아 일을 하고 근무 시간이 길다 보니 운동할 짬을 내기 어려웠다. 체육관에 회원 등록을 해도 이틀 나가고 끝이었다. 보통 퇴근을 하면 녹초가 되어 집에 돌아왔고 가족과 보낼 시간도 부족했다.

리처드는 벽에 부딪힌 기분이었다. 건강해지려면 체중이나 혈당 수치를 관리해야 한다고 생각하면서도 건강에 나쁜 습관을 버릴 의욕은 없었다.

리처드처럼 너무 빠른 속도로 한 번에 많은 것을 바꾸려 하면 당연히 실패한다. 한 번에 하나씩 바꿔보라고 내가 조언하자 리처드는 사무실에서 오후 간식으로 먹는 과자를 일주일 동안 끊겠다고 말했다. 그렇다면 현재 습관을 대신할 습관을 찾아야 한다. 리처드는 과자 대신 당근을 먹기로 했다.

나는 더 건강해질 수 있게 도움을 받아보라고 권했다. 리처드는 당뇨병 지원 모임에 참석하겠다고 했다. 그리고 리처드의 아내도 몇 차례 같이 상담을 받으며 남편의 건강을 위해 아내로서 할 수 있는 일을 배웠다. 그녀는 장을 볼 때 인스턴트식품을 줄이기로 했고 리처드와 머리를 맞대고 더 건강한 식단을 짰다.

우리는 현실적인 운동 스케줄도 의논했다. 리처드는 아침에 출근할 때마다 퇴근 후에는 체육관에 가겠다고 마음먹지만 항상 변명거리를 만들어 집으로 온다고 했다. 그는 일주일에 세 번 체육관에 가기로 나와 약속했고 체육관에 가는 날을 미리 일정으로 잡았다. 그리고 체육관에 가야 하는 이유를 목록으로 뽑아서 차에 붙여두었다. 체육관이 아니라 곧바로 집에 가고 싶을 때면 그 목록을 읽으며 싫어도 체육관에 가야 한다고 다짐했다.

그로부터 두 달, 리처드는 살이 빠지기 시작했다. 그러나 혈당 수치는 아직도 높은 편이었다. 그는 여전히 저녁에 텔레비전을 보면서 인스턴트식품을 많이 먹는다고 털어놓았다. 손에 닿기 힘든 곳에 과자를 두라고 조언하자 리처드는 과자를 지하실에 보관하기로 했다. 그렇다면 저녁에 부엌을 기웃거려도 몸에 좋은 간식을 먹을 가능성이 컸다. 과자를 먹고 싶다면 굳이 지하실까지 내려갈 정도로 먹고 싶은지 생각해야 했고, 대개는 그냥 몸에 좋은 간식을 선택했다. 이렇게 성과가 나타나자 다른 변화도 쉬워졌다. 살을 빼고 혈당을 낮춰야겠다는 리처드의 의욕은 커져만 갔다.

## 우리는 왜 변화를 두려워하는가

변하고 싶다는 말을 하기는 쉽지만 실제로 변하기는 힘들다. 변해서 삶이 윤택해진다 해도 자신의 생각과 감정에 어긋나면 선뜻 행동을 바꾸지 못한다. 자신의 삶이 극적으로 나아지는데도 변화를 망설이는 사람은 많다. 다음 중 그렇다고 응답하는 항목이 있는지 살펴보자.

□ 내 행동이 '그렇게 나쁘지는 않다.'라고 믿으며 나쁜 습관을 정당화한다.

□ 정해진 일상을 바꾸려 하면 많이 불안하다.

□ 아무리 상황이 나빠도 변화하면 상황이 더 악화될까 걱정한다.

□ 변화를 시도하지만 유지하지는 못한다.

□ 상사나 친구, 가족의 변화가 내게 영향을 미치면 적응하기 어렵다.

□ 변하고 싶다는 생각은 많이 하지만 행동은 나중으로 미룬다.

□ 변해도 오래가지 못할 것 같다고 미리 걱정한다.

□ 익숙한 상태를 벗어난다는 생각만으로도 두렵다.

□ 확실한 변화를 보기까지는 너무 힘들어서 의욕이 생기지 않는다.

☐ "운동을 더 하고 싶지만 아내가 같이 가지 않는다."처럼 온갖 핑계를 댄다.

☐ 발전하려고 도전한 때가 마지막으로 언제인지 잘 모르겠다.

☐ 새로운 일을 하려면 그 일에 전념해야 할 것 같아 망설여진다.

위의 예시에서 자신의 모습이 보이는가? 환경은 순식간에 바뀌지만 인간은 그보다 훨씬 느린 속도로 변한다. 새로운 일을 하려면 그에 맞춰 생각과 행동을 길들여야 하니 다소 불편할 것이다. 하지만 그렇다고 변화를 두려워해서는 안 된다.

리처드는 처음부터 지나치게 많이 그리고 빨리 변하려다 금세 부담을 느꼈다. 그는 '이거 너무 힘들겠는데.'라는 생각이 들 때마다 포기했다. 그러나 확실한 변화가 나타나기 시작하자 생각도 변하고 의욕도 꺾이지 않았다. 보통 우리는 새로운 일에 도전하면 지나치게 위험하거나 불편해진다고 생각해 변화를 두려워한다.

신년 계획은 쉽게 깨진다. 진심으로 변화할 준비를 하지 않고 그저 날짜에 맞춰 바뀌려 하기 때문이다. 준비가 되지 않았다면 변화를 유지하지 못한다. 매일 치실 사용하기, 자기 전에 간식 먹지 않기 등 사소한 습관이라 해도 변화에 충실해야 한다.

## 변화의 유형

변화의 유형은 다양하고, 유형에 따라 받아들이기 좀 더 쉬운 것도 있다.

- **양자택일형 변화** – 조금씩 단계별로 진행하는 변화가 있는가 하면 기본적으로 모 아니면 도인 변화도 있다. 아이를 갖기로 결정했다면 한 단계씩 밟아가며 변하지 않는다. 한 번 아이가 생겨서 인생이 변하면 돌이킬 수 없다.

- **습관형 변화** – 늦잠같이 나쁜 습관을 없애는 변화도 있고, 주 5회 운동같이 좋은 습관을 들이는 변화도 있다. 습관형 변화의 경우는 새로운 습관을 잠시 시도했다가 언제든 과거의 습관으로 돌아갈 수 있다.

- **새로운 시도형 변화** – 병원에서 자원봉사를 하거나 바이올린 레슨을 받는 등의 새로운 시도를 하거나 판에 박힌 일상을 깨뜨리는 행동도 변화의 일종이다.

- **행동 변화** – 행동을 바꾸어도 습관이 되지 않는 변화다. 자녀의 운동 경기를 빠짐없이 참관한다거나 남들에게 더 친절하게 행동하는 변화를 말한다.

- **감정 변화** – 모든 변화가 눈에 보이지는 않는다. 감정이 변할 때도 있다. 만성적인 짜증을 줄이고 싶다면 어떤 생각과 행동 때문에 짜증이 나는지 알아봐야 한다.

- **인지 변화** – 생각을 바꾸고 싶은 경우도 있다. 과거를 생각하고 싶지 않을 때도, 불안한 생각을 떨치고 싶을 때도 있다.

# 변화의 5단계

1 고려 이전 단계 – 아직 변화를 고려하지 않는 사람은 왜 변해야 하는지 모른다. 지난 몇 년 동안 리처드는 건강을 위해 변화할 생각을 하지 않았다. 병원에 가거나 체중계에 올라가지 않았고 아내가 걱정하는 말을 전부 한 귀로 듣고 흘려버렸다.

2 고려 단계 – 변화의 장점과 단점을 적극적으로 심사숙고한다. 내가 리처드를 처음 봤을 때 그는 고려 단계에 있었다. 그는 식습관을 바꾸지 않으면 심각하게 위험해진다는 사실을 알았지만 어떻게 달라져야 할지 확신하지는 못했다.

3 준비 단계 – 변화를 준비하는 단계다. 이 단계에서는 어떤 식으로 변할지 구체적으로 확인하고 계획을 세운다. 리처드는 준비 단계에 접어들었을 때 운동할 계획을 세웠고 조금 더 몸에 좋은 간식으로 바꿨다.

4 행동 단계 – 구체적으로 행동을 바꾸는 단계다. 리처드는 체육관에 가기 시작했고 오후 간식을 과자에서 당근으로 바꿨다.

5 유지 단계 – 이 단계는 가볍게 여기기 쉽지만 꼭 필요하다. 리처드는 명절이나 휴가 같은 변수가 있어도 생활 습관을 유지할 수 있도록 미리 계획을 짜두었다.

## 변화를 망설이는 이유1 – 두려움

앤드류를 처음 만났을 때 그는 일하는 보람도 없고 보수도 낮은 직장을 그만두지 못하고 있었다. 대학을 졸업했지만 지금 일하는 분야에서는 능력을 제대로 발휘할 기회가 없었다.

앤드류는 첫 번째 상담을 하기 몇 달 전에 교통사고를 당했다. 자동차는 폐차되었고 만만찮은 병원비를 부담해야 했다. 건강보험과 자동차보험이 없었기 때문에 금전 사정이 심각하게 어려워졌다. 그는 돈 문제로 엄청난 스트레스를 받으면서도 구직 시장에 나가기를 주저했다. 다른 일이 마음에 들지 않으면 어떡하나 걱정했고 본인의 능력에 자신감도 없었다. 그리고 새로운 직장, 새로운 상사, 새로운 동료에 적응해야 한다는 생각만으로도 끔찍하게 두려웠다.

나는 앤드류에게 직장을 옮겼을 때의 장점과 단점을 살펴보라고 했다. 일단 예산을 짜자 현실이 똑바로 보였다. 지금 하던 일을 계속하면 매달 들어가는 병원비를 제때 낼 수 없었다. 갑작스러운 지출이 하나만 생겨도 병원비가 200달러나 부족해졌다. 이런 현실을 직시하자 새로운 일을 구해야겠다는 마음이 생겼다. 월급을 많이 준다고 해도 새로운 직장은 여전히 두려웠지만 병원비를 내지 못한다는 두려움이 그보다 더 컸다.

늘 해오던 일상에서 벗어나면 상황이 더 나빠질 것이라고 우려하는 사람은 앤드류 말고도 많다. 어떤 사람은 지금 살고 있는 집이 별로지만 이사하면 새 집에 더 큰 문제가 있을까 봐 걱정한다. 더 좋은 사람을 만나지 못할까 두려워 연인과 헤어지지 못하는 사람도 있다. 그래서 이들은 행복하지 않아도 현 상태를 유지해야 한다고 굳게 믿는다.

### 변화를 망설이는 이유2 - 불편함

많은 사람들이 변화를 불편하게 여긴다. 또한 변화에 수반되는 불편함을 견디지 못할 것이라고 스스로를 과소평가한다. 리처드는 건강해지려면 어떻게 변해야 하는지 알았지만 좋아하는 음식을 포기하거나 힘들게 운동을 하고 싶지는 않았다. 살을 빼려면 배고픔에 시달려야 한다는 걱정도 했다. 그는 이러한 현실이 두렵기만 했다. 하지만 조금 불편하면 그만이라는 사실은 몰랐다. 리처드는 불편해도 참을 수 있다는 자신감이 붙기 시작하자 비로소 더욱더 변하고 싶다는 마음이 간절해졌다.

### 변화를 망설이는 이유3 - 슬픔

티파니는 소비 습관을 바꾸고 싶다며 심리치료를 시작했다. 그녀는 무절제하게 쇼핑을 하고 나서 거액의 신용카드 고지서를 볼 때마다 스트레스를 받았다. 무리한 지출을 하고 싶지는 않았지만 변할 마음도 없었다. 예산대로 소비하면 어떻게 될지 이야기하던 티파니는 한 가지 사실을 깨달았다. 그녀는 친구와 만나는 시간을 포기하고 싶지 않았다. 티파니는 토요일이면 주로 친구들과 쇼핑을 했다. 과소비를 막으려면 친구들과 만나지 않는 수밖에 없다고 생각한 티파니는 외톨이가 될까 두려워했다.

행동을 바꾸려면 무언가를 포기해야 한다. 대개 포기하는 과정에서 슬픔을 느끼고 결국에는 그 슬픔을 피하기 위해 변하지 않기로 결심한다. 티파니는 빈털터리 신세를 피하기보다는 친구들과 쇼핑을 즐기는 토요일을 선택하고 싶었던 것이다.

# 변화를 미룰수록 실천은 더 어려워진다

변화를 두려워하면 심각한 결과를 초래할 수 있다. 리처드는 현재 습관을 버리지 않아서 건강을 크게 해치고 있었다. 변화를 미룰수록 피해는 돌이킬 수 없이 커졌다. 변화를 피하면 건강만 잃어버리는 것이 아니다. 한 상태에 머물러 있으면 삶의 다른 부분에서도 발전하지 못한다.

- **변하지 않으면 쳇바퀴 안에 갇힌다.** 평생 같은 행동만 하는 인생은 지루하다. 재미없는 일상을 고수하는 사람은 풍요롭고 충만한 삶을 즐기지 못하고 우울해진다.
- **새롭게 배우지 못한다.** 내가 변하지 않아도 세상은 변한다. 내가 변하지 않는다고 다른 사람도 변하지 않을 것이라는 생각은 금물이다. 죽을 때까지 지금과 같은 행동만 한다면 앞서 가는 다른 이들을 뒤에서 지켜볼 수밖에 없다.
- **삶이 나아지지 않는다.** 변하지 않으면 아무것도 해결되지 않는다. 지금 닥친 문제를 해결하려면 지금과 다르게 행동해야 한다.
- **좋은 습관을 들이려 노력하지 않는다.** 나쁜 습관을 들이기는 쉽지만 나쁜 습관을 버리려면 새로운 행동에 도전할 의지가 있어야 한다.
- **다른 사람에게 뒤처진다.** 나는 상담을 하면서 "남편은 30년 전 나와 결혼한 그 남자가 아니에요."라는 말을 숱하게 듣는다. 그리고 보통은 "그러기를 바라야죠."라고 대답한다. 모든 사람은 30년이라는 시간 동안 달라지고 성장한다. 스스로 도전하고 발전할 마음이

없는 사람은 상대를 질리게 할 수 있다.

• 오래 기다릴수록 힘들어진다. 담배를 처음 피운 사람과 20년 피운 사람 중 누가 더 끊기 쉽겠는가? 같은 습관이라도 오래 유지하면 버리기 힘들어진다. 적당한 시기가 올 때까지 변화를 미루는 사람들이 있다. 이들은 "새 직장은 상황이 잠잠해지면 찾을래."라거나 "살 뺄 걱정은 명절 지나고 해야지." 같은 말을 한다. 그러나 완벽한 시기는 오지 않을 때가 많다. 변화를 미룰수록 실행에 옮기기 힘들어진다.


## 내가 변하면 다른 사람의 삶도 바뀐다

내가 메리 데밍Mary Deming을 처음 알게 된 것은 그녀의 친구를 통해서였다. 데밍의 친구는 입만 열면 데밍 칭찬이었다. 나는 데밍과 직접 대화를 나눠본 후에야 친구의 마음을 절감할 수 있었다.

데밍이 열여덟 살 때 그녀의 어머니는 유방암 판정을 받았고 불과 3년 후 세상을 떠났다. 데밍은 어머니를 잃은 후 현실을 외면했다고 고백했다. 그녀는 자기 연민을 느끼다가도(이미 십대 때 아버지를 잃었던 터라 스물한 살에 '고아'가 된 현실이 불공평하다고 생각했다) 현실을 직시하기 싫어서 되도록 바쁘게 활동하며 보냈다고 한다.

그러나 2000년, 데밍은 쉰 살(아버지가 돌아가실 때와 같은 나이였다)을 맞으며 언젠가는 죽어야 한다는 운명에 대해 생각하기 시작했다. 고등학교 교사였던 데밍은 학교에서 후원하는 암 연구 기금 모금 행사를 맡아 진행하면서 암으로 사랑하는 사람을 잃은 이들과 만났고 변화를 일으키고 싶다는 열정을 느꼈다. 그날 이후로 데밍은 암 연구를 위한 다양한 기금 모금 행사에 참여하고 다녔다.

우선 미국 암학회에서 주관하는 '릴레이 포 라이프Relay for Life'라는 기금 모금 달리기 행사에 참가했다. 2008년에는 유방암을 주제로 수전 코멘Susan G. Komen이 주최하는 걷기 행사에 참가해 3일 동안 96.5킬로미터를 걸었다. 원래 경쟁심이 강했던 데밍은 다른 사람이 올린 모금액을 보고 더 박차를 가했고 혼자 힘으로 3만 8,000달러를 모금했다. 어머니가 세상을 뜬 38년 전부터 1년에 1,000달러씩 계산한 액수였다.

데밍은 자화자찬하지 않고 자신이 사는 마을 사람들에게 공을 돌렸다. 데밍은 암 연구 기금 모금 운동이 이웃들에게 남 이야기가 아니라는 사실을 깨달았다. 조금 조사를 해봤더니 그녀의 고향 코네티컷 주는 미국에서 두 번째로 유방암 발병률이 높은 곳이었다. 그 순간 데밍의 머리에 아이디어가 번뜩였다.

데밍은 비영리 기금 모금 단체를 직접 만들기로 결심했고 지역사회 전체와 힘을 모았다. 단체 이름은 고향 마을인 코네티컷 주 시모어를 따서 '시모어 핑크Seymour Pink'라고 지었다. 매년 유방암 인식의 달인 10월이 되면 시모어는 주민 한 사람이라도 못 볼세라 마을에 '핑크색'을 더 많이 내건다. 온 가게를 핑크색으로 장식하고, 가로등 기둥에는 유방암 생존자를 칭송하고 유방암으로 세상을 뜬 이들을 추모하는 의미에서 핑크색 배너를 단다. 가정집도 핑크색 리본과 풍선으로 꾸민다.

몇 년 사이 데밍은 유방암 기금으로 50만 달러나 모금했다. 시모어 핑크는 모금액을 암 연구비로 기부하고 암 환자 가족에게 금전적인 지원을 한다. 데밍은 이런 일에 조금도 생색을 내지 않고(기금 모금 행사에 참여한 지역 주민들이 얼마나 대단한지 자랑할 뿐이다) 개인적인 성과도 입에 올리는 법이 없다. 나만 해도 데밍이 어떤 어려움을 이겨냈는지 다른 사람을 통해서야 알았다.

데밍은 기금 모금 활동에 열정을 바친 지 3년째 되던 해에 대형 교통사고를 당했다. 사고로 외상성 뇌손상을 입은 그녀는 심각한 언어 장애와 인지 장애를 갖게 되었다. 그러나 아무리 심각한 사고도 데밍을 꺾지는 못했다. 데밍은 매주 여덟 번씩 언어 치료를 받으며 유방암 기금 모금 운동을 다시 시작하겠다는 의지를 불태웠다. 보통 사람이었으면 포기할 상황에서 데밍은 "나는 그런 식으로 떠나지 않겠다."고 말했다. 회복하는 과정이 쉽지 않을 것을 알았지만 꿈에도 그만둘 생각은 하지 않았다. 5년이 흘러 2008년이 되자, 데밍은 학교로 돌아갔고 기금 모금 활동을 다시 시작했다.

데밍은 세상을 바꾸겠다고 나서지 않았다. 그보다는 변화에 기여할 방법을 생각했다. 자신의 삶을 바꾸기 시작하면 다른 사람의 삶도 바꿀 수 있다. 테레사 수녀Mother Teresa가 남긴 명언이 있다.

"나 혼자서 세상을 바꿀 수는 없지만 강물에 돌 하나를 던져 많은 잔물결을 일으킬 수는 있다."

메리 데밍도 전 세계를 바꾸려 하지 않았다. 하지만 그녀가 많은 사람의 인생을 바꾸었다는 사실은 분명하다.

## 변화의 장점과 단점을 확인하라

현재 상태에서 변하지 않을 경우 어떤 점이 좋고 어떤 점이 나쁜지 목록으로 만든다. 변해서 얻을 수 있는 좋은 결과와 나쁜 결과도 나열해본다. 장점과 단점의 개수만으로 결정하지 말고 목록을 꼼꼼히 살펴보자. 몇 번 반복해서 읽으며 현재 상태를 유지하면 어떻게 되고 변하기로 하면 또 어떻게 될지 생각한다. 이 연습을 하면 아직 변화를 망설이고 있을 때 마음의 결정을 내리기 쉬워진다.

변화만을 위한 변화는 의미가 없다. 새 집으로 이사하거나 새로운 연애를 시작하거나 직장을 옮기는 등의 변화는 본질적으로 멘탈의 힘을 키워주지 않는다. 왜 변하고 싶은지 유심히 살피고, 변하겠다는 결정이 궁극적으로 내게 이로울지 판단하는 것이 중요하다.

아직 갈팡질팡하고 있다면 시험 삼아 행동해보기 바란다. 양자택일형 변화만 아니라면 마음에 두고 있는 변화를 일주일간 시험하자. 일주일 후 진행 경과와 마음가짐을 평가하고 변화를 이어가고 싶은지 판단한다.

## 감정에 귀를 기울여라

마찬가지로 결정에 영향을 미치는 감정도 생각해야 한다. 변화를 고려할 때 어떤 기분이 드는가?

- 변화를 지속하지 못할까 긴장되는가?
- 다른 일을 한다는 생각만으로 피곤해지는가?
- 변화에 발맞추지 못할까 걱정되는가?

- 역효과가 일어날까 두려운가?
- 무언가 포기해야 해서 슬픈가?
- 문제를 인정하는 것만으로도 불편한가?

일단 감정을 확인하면 그런 감정에 반대로 행동해도 괜찮은지 결정한다. 위의 사례에서 리처드는 다양한 감정을 느꼈다. 새로운 일에 전념해야 해서 긴장했다. 운동 때문에 가족을 자주 볼 수 없어 미안했고 건강관리에 성공하지 못할까 걱정했다. 하지만 무엇보다도 변하지 않음으로 해서 자신에게 닥칠 결과가 두려웠다.

감정에 이끌려 최종 결정을 내리지는 말라. '그럴 기분'이 아니어도 변화할 마음을 먹어야 할 때가 있다. 이성적으로 생각하며 감정의 균형을 잡아야 한다. 새로운 일을 하자니 겁이 나고 그 일을 해봤자 삶이 크게 달라지지 않을 것 같으면 스트레스를 받으면서 변할 가치가 없다고 결정하기 쉽다. 그러나 변하는 쪽이 장기적으로 가장 이롭다고 이성에 따라 판단하면 불편을 감수해도 좋다고 납득할 수 있다.

**부정적인 생각을 다스려라**

현실을 벗어난 부정적인 생각에 영향을 받고 있는지 확인한다. 일단 변하기 시작하면 어떤 생각을 하느냐에 따라 의욕이 샘솟기도 하고 꺾이기도 한다. 변화를 주저하게 만드는 다음과 같은 생각을 철저히 경계하라.

- 이 일은 무조건 실패한다.

- 지금과 다른 일은 못 하겠다.
- 너무 힘들 것 같다.
- 좋아하는 일을 포기하면 스트레스가 엄청날 것이다.
- 지금 하는 일도 그렇게 나쁘지는 않다.
- 전에 비슷한 일을 해봤지만 별로 도움이 안 됐으니 굳이 다시 시도할 이유가 없다.
- 나는 변화에 잘 적응하지 못한다.

힘들어 보인다는 이유만으로 그 일을 회피하지는 말기 바란다. 사람은 열심히 도전해서 쟁취할 때 가장 큰 보람을 느낀다.

**변화에 성공할 계획을 세워라**

변화의 5단계 중에서는 준비 단계가 가장 중요하다. 어떻게 실행에 옮기고 어떻게 변화를 고수할지 계획하자. 계획을 세우면 한 번에 조금씩 행동을 바꿔나갈 수 있다.

리처드는 처음에 35킬로그램을 빼자고 다짐했지만 너무 높은 목표치가 부담스러웠다. 도무지 그만큼 빼지 못할 것 같았다. 날마다 일어날 때는 굳은 마음을 먹었지만 저녁이 되면 옛날 습관으로 다시 돌아왔다. 리처드는 '오늘' 가능한 일에 집중하고 나서야 건강하게 행동을 바꿀 수 있었다. 가령 2킬로그램처럼 목표를 작게 세우고 매일 단계별로 쪼개어 행동을 바꿨다. 식단 일기를 썼고 외식하는 대신 점심 도시락을 쌌다. 체육관에 가지 않는 날이면 가족과 가볍게 산책을 했다.

양자택일형 변화만 아니라면 단계별로 조금씩 변할 수 있다. 다음과 같은 단계에 따라 변화를 준비해보자.

- 30일 동안 이루고 싶은 목표를 세운다. 사람은 한 번에 전부 바꾸려 할 때가 있다. 그보다는 가장 먼저 전념하고 싶은 목표 하나를 세우고, 앞으로 한 달 동안 얼마나 변하고 싶은지 현실적인 기대치를 설정한다.
- 구체적인 변화를 매일 하나씩 정한다. 목표에 다가가기 위해 바꿀 행동을 적어도 하루에 하나씩 정해놓는다.
- 도중에 맞닥뜨릴 장애물을 예상한다. 어떤 어려움이 닥칠지 구체적으로 예상하고 대응 방안을 마련한다. 미리 계획을 해두면 흔들리지 않을 것이다.
- 책임감을 갖는다. 변화하는 과정에서 어떤 식으로든 책임감을 가질 때 최상의 결과가 나타난다. 가족과 친구들에게 내가 잘하고 있는지 응원하고 감시해달라고 부탁하자. 그날의 진행 과정을 기록으로 남기는 것도 자기 행동에 책임을 지는 방법이다.
- 진행 과정을 관찰한다. 진행 과정을 어떻게 기록할지 결정한다. 그날 노력한 점과 성취한 점을 기록하면 변화를 지속하고 싶을 것이다.

**내가 되고 싶은 사람처럼 행동하라**

더 외향적인 사람이 되고 싶다면 붙임성 있게 행동한다. 성공한 영업 사원이 되고 싶다면 성공한 영업 사원의 행동을 연구해서 그대로 따른다.

그럴 기분이 들거나 적합한 시기가 올 때까지 기다릴 필요는 없다. 지금 당장 행동을 바꾸자.

리처드는 건강해지고 싶었으니 건강한 사람처럼 행동해야 했다. 리처드가 목표를 이루기 위해 시작할 수 있는 두 가지는 바로 건강한 식사와 운동이었다. 내가 어떤 사람이 되고 싶은지 분명하게 확인한 다음, 적극적으로 그 사람이 되자. 나는 "친구가 더 많았으면 좋겠어요."라는 말을 자주 듣는다. 친구가 나를 찾아오기만을 기다리지 말라. 내가 먼저 붙임성 있게 행동하면 새로운 친구를 사귈 수 있다.

## 변화를 받아들이면 강해진다

그렉 마티스Greg Mathis 판사는 1960년대와 1970년대에 디트로이트 공단 주택가에서 자랐다. 청소년 시절 몇 번이나 체포되었고 학교를 자퇴한 후에는 조직 폭력단에 가입했다. 하지만 그는 열일곱 살 때 소년원에서 어머니의 대장암 소식을 듣는다. 어머니의 병이 깊어지면서 보호관찰을 조건으로 소년원에서 조기 출소했고 죽어가는 어머니에게 인생을 완전히 바꾸겠다고 약속했다.

보호관찰 기간 동안 일을 해야 했던 마티스는 맥도날드에 취직했다. 이후 이스턴미시간 대학교에 입학했고 로스쿨에 진학했다. 전과 때문에 변호사가 될 수는 없었지만 좌절하지 않고 디트로이트 시에 이바지할 방법을 찾았다. 마티스는 디트로이트 시민회관의 관리직을 맡았고 비슷한 시기에는 아내와 함께 청년들의 구직을 도와주는 비영리 단체인 청년자립지원센터를 만들었다. 몇 년 후 마티스는 판사에 출마하기로 결심했다. 경쟁 후보들은 마티스의 범죄 경력을 걸고넘어졌지만 디트로이트 시민들은 마티스가 변했다고 믿었다. 마티스는 20년간 재직한 후보를 물리치고 미시간 주 역사상 최연소 판사로 선출되었다. 이내 할리우드에서 마티스 판사의 사연에 주목했고, 1999년에는 소액 분쟁을 조정하는 텔레비전 프로그램의 진행을 맡아 인기를 끌었다.

마티스 판사는 범죄자였던 과거를 뒤로 하고 젊은이들이 더 나은 결정을 내리도록 돕는 데 시간과 노력을 바치고 있다. 전국을 돌아다니며 청년교육박람회를 열어 청년들이 미래를 위해 최선의 결정을 내릴 수 있도록 힘을 실어준다. 마티스 판사는 청년들이 자신과 같은 실수를 저지르지 않도록 지도한 공으로 상과 표창장을 무수히 받았다.

하나의 변화만으로 인생이 완전히 바뀌기도 한다. 빚 청산처럼 인생의 한 부분을 바꾸는 데 전념하면 자기도 모르게 살이 빠지고 결혼 생활도 순탄해진다. 확실한 변화를 경험하면 의욕이 높아지고 의욕이 높아지면 더욱 확실한 변화가 나타나기 때문이다. 이처럼 변화를 포용하면 일거양득의 효과를 누린다.

우리가 원하든 원하지 않든 인생은 변한다. 살다 보면 실직, 사랑하는 이의 죽음, 자녀의 독립으로 인한 변화를 겪기 마련이다. 작은 변화에 적응하는 연습을 한다면 언젠가 불가피하게 닥칠 큰 변화에 만반의 준비를 하고 대처할 수 있다.

내가 어떻게 변화에 대처하는지 유심히 관찰해보자. 더 나은 삶을 가져올 변화를 회피하고 있다는 경고에 귀를 기울여야 한다. 물론 변화하는 과정에서 불편할 수 있다. 그러나 성장하고 발전할 의지가 없다면 강한 멘탈을 가질 수 없다.

## ☺ 이 렇 게 해 보 자

▷ 변화할 준비가 되었는지 열린 마음으로 평가한다.

▷ 목표를 세우고 목표를 이룰 현실적인 기간을 정한다.

▷ 변화할 것인지 제대로 판단할 수 있도록 이성적인 생각으로 감정을 다스린다.

▷ 변화를 방해할 걸림돌을 구체적으로 예상한다.

▷ 변할 경우와 현상을 유지할 경우 각각 어떤 장단점이 있는지 검토한다.

▷ 행동을 단계별로 명확하게 정하고 한 번에 작은 변화 하나씩에 집중한다.

▷ 내가 되고 싶은 사람처럼 행동한다.

## ☹ 이 렇 게 하 지 말 자

▷ 변화를 생각조차 하지 않고 피한다.

▷ 특정 단계나 시기에 이를 때까지 변화를 미룬다.

▷ 변화를 결정할 때 논리적으로 생각하지 않고 감정에 휩쓸린다.

▷ 왜 다른 일을 할 수 없는지 변명한다.

▷ 변화의 부정적인 면만 생각한다.

▷ 어차피 실패할 테니 괜히 애써서 변화할 필요가 없다고 믿는다.

▷ 변하고 싶은 기분이 들 때까지 기다린다.

## 제4장

# 통제할 수 없는 일에 매달리지 마라

우리는 통제 불가능한 문제를 걱정할 때 정신적 에너지를 소모한다. 상황이 달라지기를 바라고, 다른 사람에게 내 방식대로 움직이라고 설득하고, 나쁜 일을 무조건 막으려다 보면 심신이 지치기 마련이다. 통제 가능한 문제를 적극적으로 해결할 에너지만 사라진다.

내게 일어나는 모든 일을 통제하지는 못한다.
하지만 그 일로 약해지지 말자고 결심할 수는 있다.

_마야 안젤루Maya Angelou

제임스는 계속되는 양육권 싸움에 화를 참지 못해 내 상담실 문을 두드렸다. 그는 지난 3년 동안 일곱 살짜리 딸의 양육권을 놓고 전 부인 카르멘과 갈등을 벌이고 있었다. 판사는 카르멘에게 양육 우선권을 주었고 제임스에게는 수요일 저녁과 주말에 딸을 만나도 좋다고 허락했다.

본인이 더 좋은 부모라고 확신한 제임스는 판결에 불복했다. 제임스는 카르멘이 일부러 그를 자극해서 부녀 관계를 망가뜨린다고 굳게 믿었다. 얼마 전 카르멘에게 딸과 고래 관광을 갈 계획이라고 말한 적이 있었다. 그러나 여행 날이 다가오자 딸이 바로 전 주말에 엄마와 고래 관광을 다녀왔다고 하는 것이 아닌가.

제임스는 격분했다. 그가 보기에 카르멘은 언제나 딸에게 성대한 생일 파티를 열어주고 비싼 크리스마스 선물을 사주고 호화로운 휴양지에 데리고 다니며 제임스를 제치고 딸의 환심을 사려 했다. 제임스는 카르멘보다 금전 사정이 좋지 않았고 누가 아이를 더 응석받이로 키우나 경쟁하고 싶지도 않았다. 카르멘은 딸이 늦게 자든 혼자 밖에서 놀든 인스턴트식품을 마음껏 먹든 가만 놔두었다. 제임스는 몇 번이나 한 소리 하려고 했지만 카르멘은 그의 의견이라면 귓등으로도 듣지 않았다. 딸이 아빠를 나쁜 사람으로 생각하기를 바랄 뿐이었다.

제임스는 카르멘이 다시 데이트를 한다는 사실도 마땅치 않았다. 딸 주변에 어떤 남자가 있을지 걱정스러웠기 때문이다. 카르멘이 남자 친구와 헤어지기를 바라며 그 남자가 다른 여자와 있는 모습을 봤다는 말까지 했다. 그러나 카르멘이 더 이상 귀찮게 하면 접근 금지를 신청하겠다고 으름장을 놓으면서 역효과만 낳았다.

사실 제임스는 감정을 다스리는 법을 배우려고 심리치료를 신청한 것이 아니었다. 처음에는 법적으로 자신을 도와줄 사람을 찾고 있었다. 그는 내게 자신이 왜 양육 전권을 가져야 하는지 판사에게 설명하는 편지를 써달라고 부탁했다. 내가 그럴 수 없다고 거절하자 제임스는 상담을 해도 소용없을 것 같다고 말했다. 하지만 그는 상담실을 나가지 않고 이야기를 계속했다.

나는 그동안 판사의 마음을 돌리려고 노력해서 효과가 있었냐고 물었다. 제임스는 원하든 원하지 않든 판사의 양육권 명령이 절대 바뀔 리 없다고 인정했다. 아무리 설득해봐야 카르멘을 바꿀 수 없었다는 사실도 인정했다. 상담이 끝날 즈음, 제임스는 다음 상담 일정을 예약했다.

두 번째 상담 시간에는 그가 상황을 통제하려 할수록 딸이 어떤 피해를 입고 있는지 이야기했다. 제임스는 카르멘에게 분노를 쏟을수록 딸과 멀어지고 있었다. 우리는 카르멘을 경계하는 대신 딸과 가까워질 수 있는 방법을 함께 생각해보았다.

세 번째이자 마지막 상담 시간에 제임스는 모든 것을 확실히 이해한 듯 이렇게 말했다. "딸과 고래 관광을 갔을 때 말입니다. 여행하는 내내

애 엄마에게 나를 이겨보려고 무슨 짓을 했냐고 문자로 따질 시간에 딸과 더 재미있게 보내야 했어요."

제임스는 카르멘의 교육 방식에 동의하지 않았지만 그녀를 법정으로 끌고 간다고 해도 문제를 해결하지 못한다는 사실을 깨달았다. 딸에게 쓸 수 있는 돈을 소송비로 낭비할 뿐이었다. 제임스는 온 힘을 다해 딸에게 긍정적인 영향을 주는 아빠가 되기로 결심했다.


## 우리는 왜 모든 것을 통제하려 하는가

모든 것을 마음대로 통제하면 마음은 편해지지만 언제든 내 뜻대로 할 수 있다고 생각하면 곤란하다. 다음 중 자신에게 해당하는 항목이 있는지 살펴보자.

□ 나쁜 일을 막으려고 시간과 노력을 쏟는다.

□ 다른 사람이 변하기를 바라며 애쓴다.

□ 힘든 상황에 직면했을 때 혼자 힘으로 바로잡을 수 있다고 생각한다.

□ 상황이 어떻든 내가 많이 노력한 만큼 결과가 나타난다고 믿는다.

□ 절대 운이 좋다고 성공하지 않는다. 미래는 오로지 내 손에 달려 있다.

□ '독재자'라고 손가락질 받을 때가 있다.

□ 다른 사람은 일을 똑바로 못 하기 때문에 흔쾌히 작업을 넘겨주지 않는다.

- [ ] 상황을 완전히 통제하지 못한다는 사실을 알아도 포기하기 힘들다.
- [ ] 실패는 무조건 내 책임이다.
- [ ] 도움을 요청하려면 마음이 불편하다.
- [ ] 목표를 이루지 못하는 사람은 다 본인 탓이다.
- [ ] 다른 팀원의 능력을 믿지 못해서 팀워크에 서툴다.
- [ ] 다른 사람을 믿지 않아서 인간관계를 깊이 맺지 못한다.

이 예시에서 자신의 모습이 보이는가? 모든 상황과 주변 인물을 내 사고방식에 맞출 수는 없다. 통제 불가능한 사소한 일은 떠나보내자. 그리고 통제 가능한 다른 일에 시간과 노력을 쏟는다면 놀라운 성과를 이루어낼 수 있다.

제임스는 이혼을 했다는 죄책감이 컸다. 그는 딸이 안정적인 가정에서 자라기를 원했기에 이혼하지 않고 카르멘과 잘해보려고 노력했다. 결국 결혼 생활이 끝났을 때는 딸이 고통받지 않기를 바랐다.

분명 제임스는 딸을 사랑하고 걱정하는 아빠였다. 그는 딸이 엄마와 있을 때 겪을 일을 통제하지 못해 불안했고, 불안한 마음을 달래기 위해 최대한 상황을 통제하려 들었다. 카르멘의 남자 친구부터 자녀교육법까지 사사건건 간섭할 수 있다면 기분이 한결 나아지리라 생각했다.

사람은 불안한 감정에 대처하려고 모든 것을 통제하려 한다. 전부 내 뜻대로 이루어진다면 걱정할 일이 어디 있겠는가? 그래서 불안감을 가라앉히기보다는 상황 자체를 통제하려 한다.

모든 문제를 해결하려는 욕구는 일종의 슈퍼히어로 콤플렉스다. 우리는 열심히 노력하면 전부 원하는 대로 이루어진다는 착각을 버리지 않는다. 다른 사람의 능력을 믿지 않기 때문에 동료에게 작업을 넘기거나 배우자에게 일을 맡기지 않고 직접 나서서 그 일을 '제대로' 처리하려 한다.

## 통제 소재

사람은 주로 주관적인 믿음에 따라 내가 무엇을 통제할 수 있고 통제할 수 없는지 결정한다. 심리학에서는 이 믿음을 '통제 소재'locus of control라고 일컫는다. 통제 소재가 외부에 있는 사람은 운명이나 숙명, 행운으로 인생이 달라진다고 믿는다. 그들은 '전부 운명대로 이루어질 것이다.'라고 생각할 가능성이 높다. 반면 통제 소재가 내부에 있는 사람은 자기 힘으로 미래를 바꿀 수 있다고 믿는다. 그들은 성공하든 실패하든 모든 책임을 진다. 그리고 앞으로의 재산이나 건강 같은 모든 것을 통제할 수 있다고 믿는다.

통제 소재가 다르면 상황을 보는 관점도 달라진다. 구직 면접을 보러 간 사람이 있다고 하자. 그는 회사가 원하는 자질과 학력, 경력을 갖췄지만 며칠 후 불합격 통보를 받는다. 통제 소재가 외부에 있다면 그는 '스펙이 더 좋은 사람들이 지원했겠지. 어차피 내게 맞는 일도 아니었잖아.'라고 생각할 것이다. 통제 소재가 내부에 있다면 '면접관들에게 좋은 인상을 남기지 못했나 봐. 역시 이력서를 다시 써야 했어. 면접 기술도 갈고닦아야겠군.'이라고 생각한다.

통제 소재에 영향을 주는 요인은 여러 가지다. 어린 시절 경험도 분명히 한몫을 한다. 근면 성실을 중요하게 여기는 가정에서 자란 사람은 열심히 일하면 보답이 있다고 믿기 때문에 통제 소재가 내부에 있다. 그러나 "네가 투표해도 세상은 바뀌지 않는다."라거나 "노력해봤자 이 놈의 세상에서는 성공하지 못한다."라고 주입하는 부모 밑에서 자란 사람은 통제 소재가 외부에 있다.

살면서 어떤 경험을 하느냐에 따라서도 통제 소재가 달라진다. 열심히 노력해서 성공한 적이 있다면 스스로 결과를 통제할 수 있다고 생각한다. 그러나 하는 일마다 제대로 풀리지 않는 사람은 자신에게 통제권이 얼마 없다고 생각한다.

보통은 내적 통제 소재가 '가장' 이상적이라고 한다. 많은 문화권에서는 '전심전력을 다하면 무엇이든 가능하다.' 같은 생각을 높이 평가한다. 실제로도 통제력이 강한 사람은 자기 힘으로 변화를 이끌 수 있다고 믿기 때문에 훌륭한 CEO가 되는 경우가 많다. 의사들도 내적 통제 소재가 강해서 치료나 질병 예방에 최선을 다하는 환자를 선호한다. 그러나 '전부' 통제할 수 있다는 믿음에도 문제는 숨어 있다.

## 통제하려 할수록 상황은 더 악화된다

제임스는 법정에 몇 번을 다시 서도 판결이 뒤집히지 않는다는 사실을 알았지만 양육권이 걸린 상황을 바꾸려고 돈과 시간, 에너지를 허비했다. 처음에는 상황을 통제하고 더 노력하면 스트레스가 줄어들 것이라 생각했다. 그러나 장기적으로는 통제하려다 실패하는 족족 스트레스만 늘어갔다. 통제하려 들수록 딸과도 멀어졌다. 함께 즐거운 시간을 보내고 부녀간의 애정을 돈독히 할 시간에 제임스는 딸이 엄마 집에서 어떻게 살고 있는지 더 많이 캐내려고 질문을 퍼부었다. 이처럼 모든 것을 통제하려고 할 때 발생하는 문제점은 많다.

- 통제하려 할수록 더 불안해진다. 불안감을 가라앉히기 위해 주변 상황을 전부 통제하려고 노력하면 역효과를 낳는다. 상황을 통제하려다 실패하면 불안감은 더 커진다. 결과를 완벽하게 통제할 수 없는 자신이 무능하다는 느낌마저 들 수 있다.

- 시간과 에너지를 낭비한다. 우리는 통제 불가능한 문제를 걱정할 때 정신적 에너지를 소모한다. 상황이 달라지기를 바라고, 다른 사람에게 내 방식대로 움직이라고 설득하고, 나쁜 일을 무조건 막으려다 보면 심신이 지치기 마련이다. 통제 가능한 문제를 적극적으로 해결할 에너지만 사라진다.

- 통제에 집착하면 인간관계를 망친다. 다른 사람에게 무엇을 해야 한다고 지시하거나 일을 똑바로 하라고 말하는 사람은 친구가 많을 수 없다. 통제 문제가 있는 사람은 다른 사람과 잘 가까워지지 못한다. 다른 사람을 믿지 않아서 어떤 일도 맡기지 못하기 때문이다.

- 타인을 엄격하게 판단한다. 내가 잘나서 성공했다고 생각하는 사람은 자신과 같은 성과를 내지 못한 사람을 비판할 것이다. 내적 통제 소재가 강하면 다른 사람이 자신의 수준을 맞추지 못해 짜증을 느끼므로 외로워지기 쉽다.

- 만사를 불필요하게 자기 탓으로 돌린다. 나쁜 일을 무조건 막을 수는 없다. 그러나 자신이 모든 것을 통제한다고 생각하는 사람은 삶이 계획대로 풀리지 않을 때마다 자책할 것이다.

## 통제력의 균형을 잡자

제임스가 해결책을 찾기 위해서는 자신이 양육권 문제를 완전히 통제하지 못한다는 사실부터 인정해야 했다. 일단 그 사실을 받아들이자 딸과 가까워지는 것처럼 실제로 통제 가능한 일에 관심을 쏟을 수 있었다. 전부인과도 최소한 호의적인 관계를 유지하고 싶었지만 그렇게 하려면 카르멘의 집에서 일어나는 일 역시 자신이 통제할 수 없음을 인정해야 했다. 딸을 엄마에게 맡겨두었다가는 큰일이 날 것이 확실하다면 행동에 나설 수 있다. 그러나 아이스크림을 먹거나 늦게까지 깨어 있는 것 정도는 양육권을 넘겨받을 만큼 위험한 일이 아니다.

내적 통제와 외적 통제의 균형을 정확히 잡는 사람은 내가 노력한 만큼 성공한다고 생각하는 한편, 시간이나 장소 등의 외부 요인도 인정한다. 한 연구에 따르면 이런 사람은 완전한 내적 통제 소재나 외적 통제 소재가 아닌 이중적 통제 소재를 갖는다고 한다. 이렇게 통제력의 균형을 잡고 싶다면 내가 무엇을 통제할 수 있고 무엇을 통제할 수 없는지 알아봐야 한다. 절대 바꿀 수 없는 사람이나 상황에 지나치게 많은 에너지를 쏟아붓는 때를 경계하자. 내 힘으로 통제할 수 없는 문제가 많다는 사실을 깊이 새겨두어야 한다.

- 멋진 파티를 열 수 있지만 손님이 재미있게 놀도록 강요하지는 못한다.
- 자녀에게 성공할 수단을 마련해줄 수 있지만 우등생으로 만들지는

못한다.
- 일에 최선을 다할 수 있지만 상사에게 내 노력을 인정하라고 강요하지는 못한다.
- 좋은 제품을 판매할 수 있지만 구매자에게 구입하라고 지시하지는 못한다.
- 어떤 장소에서 가장 똑똑한 사람이 될 수 있지만 다른 사람이 내 조언을 따르게 하지는 못한다.
- 잔소리나 애원, 협박은 할 수 있지만 배우자가 행동을 바꾸도록 강요하지는 못한다.
- 이 세상에서 가장 긍정적인 마음을 가질 수 있지만 불치병을 없애지는 못한다.
- 자기 관리를 철저히 할 수 있지만 언제까지 질병을 막지는 못한다.
- 내가 하는 일을 통제할 수 있지만 경쟁자를 통제하지는 못한다.

## 두려움을 확인하라

헤더 본 세인트 제임스Heather Von St. James는 2005년 세 살배기 딸을 두고 '중피종'(흉막, 복막, 심막 등의 표면을 덮고 있는 중피에서 발생하는 종양 ― 옮긴이) 진단을 받았다. 어린 시절 그녀는 아버지가 건설 현장에서 입는 재킷을 재미로 입어보곤 했다. 아버지의 재킷은 중피종의 원인인 석면에 노출되었을 테니 그것 때문에 제임스가 겨우 서른여섯 살에 '노인의 병'이라는 중피종에 걸렸을지도 모른다.

처음에 의사들은 제임스에게 15개월밖에 남지 않았다고 말했다. 방사선 치료와 항암 치료를 하면 최대 5년까지는 가능하다고 했다. 그러나 제임스는 폐 절제 수술에 가장 적합한 환자였다. 위험이 따르기는 했지만 살아남으려면 수술보다 좋은 기회는 없었다.

제임스는 암세포가 있는 폐와 주변의 내벽을 제거하고 횡격막 절반과 심장 내벽을 수술용 고어텍스로 교체하는 대수술을 받았고 한 달 동안 입원 치료를 했다. 퇴원한 후에는 친정에서 몇 개월 머무르며 남편이 직장에서 근무하는 동안 친정 식구의 도움으로 아기를 돌봤다. 석 달이 지나 집에 돌아오고부터는 방사선 치료와 항암 치료를 받았다. 거의 일 년이 지나서야 차도를 보이기 시작했지만 지금까지도 암세포는 다시 생기지 않았다. 폐가 한쪽밖에 없어서 신체 활동을 하면 숨이 금방 가빠지지만 제임스는 그 정도의 대가는 사소한 것이라고 생각한다.

제임스는 폐를 절제한 날을 기념하기 위해 매년 2월 2일 '폐와 작별한 날' 파티를 연다. 매년 '폐와 작별한 날'이 되면 암 재발처럼 그녀가 통제할 수 없는 두려움을 밖으로 끌어낸다. 두려워하는 점을 접시에 마커로 적은 후 접시를 깨뜨려 불 속에 던지는 의식을 통해 두려움을 떠나보낸다. 몇 년 사이에 의식의 규모가 커져서 요즈음에는 80명이 넘는 가족과 친구들이 참석한다. 손님들도 자신의 두려움을 적은 접시를 깨뜨려 불길에 던진다. 이 상징적인 의식은 중피종 연구를 위한 자금 모금 행사로도 발전했다.

"암에 걸리면 내 몸을 내가 어떻게 할 수 없다는 기분이 들어요."라고 제임스는 털어놓았다. 현재는 암세포가 없지만 언젠가 딸이 엄마 없이 살아야 할지도 모른다는 두려움은 사라지지 않는다고 했다. 그러나 제임스는 가장 큰 두려움을 접시에 적고 그것을 통제할 수 없다는 사실을 받아들이며 정면으로 승부를 건다. 그리고 매일 충만한 삶을 사는 것처럼 그녀가 통제할 수 있는 일에 전념한다.

현재 제임스는 중피종 환자의 대변인 역할을 하고 있다. 이제 막 진단을 받은 환자들과 대화하며 암에 대한 두려움을 극복하게 돕는다. 희망과 치유에 대한 메시지를 전달하는 연설자로도 활동하고 있다.

통제 불가능한 일을 통제하려는 경우, '무엇이 그렇게 두려운가?'라고 질문해보자. 다른 사람이 잘못된 선택을 할까 걱정되는가? 일이 끔찍하게 틀어질까 걱정되는가? 자신이 성공하지 못할까 두려운가? 두려움을 인식하고 이해하면 무엇이 통제 가능하고 무엇이 불가능한지 판단할 수 있다.

## 통제할 수 있는 일에 집중하라

일단 내 두려움을 확인했으면 무엇을 통제할 수 있는지 알아낸다. 때로는 자신의 행동과 태도밖에 통제할 수 없다는 사실도 잊지 말아야 한다.

공항에서 공항 직원에게 짐을 건네면 짐이 어떻게 될지 통제할 수 없다. 그러나 휴대용 가방에 싼 물건은 아니다. 가장 중요한 소지품과 갈아입을 여분의 옷을 지니고 있다면 짐이 목적지에 제때 도착하지 않아도 상황이 위급하지는 않을 것이다. 통제 가능한 일에 집중하면 통제 불가능한 일에 대한 걱정을 덜 수 있다.

주변 상황이 많이 걱정스럽다면 감정을 가라앉히고 결과를 바꿀 만한 행동을 한다. 그러나 다른 사람이나 최종 결과를 완전히 통제할 수 없다는 사실은 알아두자.

## 바꾸려 강요하지 말고 달라지게 이끌어라

제니는 스무 살 때 대학을 자퇴하기로 결심했다. 몇 년 동안 교육대학을 다녔지만 정말이지 수학 교사는 적성에 맞지 않았다. 그 대신 제니는 예술가의 길을 걷고 싶다는 폭탄선언으로 엄마를 경악시켰다.

엄마는 날마다 전화해서 제니에게 인생을 망치고 있다고 말했다. 그리고 자퇴한다는 결정을 절대 지지할 수 없다고 못 박았다. '올바른 길'을 선택하지 않는다면 연을 끊겠다는 협박도 했다.

며칠 동안 하루도 빠짐없이 엄마에게 시달린 제니는 더 이상 참을 수 없었다. 그녀는 대학으로 돌아가지 않을 것이고 아무리 욕하고 협박해도 마음을 바꾸지 않겠다고 몇 번이나 말했다. 그러나 제니가 예술가로 살아갈 미래를 걱정한 엄마는 고집을 꺾지 않았다.

결국 제니는 엄마의 전화를 받지 않았고 엄마의 집에 저녁을 먹으러 가지도 않았다. 가봤자 어디 즐거울 일이 있겠는가. 자퇴하고 예술가가 된다는 헛꿈이 현실에서 가당키나 하겠냐는 잔소리나 들을 것이다.

제니의 엄마는 다 큰 딸의 행동을 통제하고 싶었다. 제니가 무책임한 선택을 하는 모습을 차마 보고만 있을 수는 없었다. 엄마는 딸이 빈털터리가 되어 근근이 입에 풀칠을 하며 불행하게 사는 미래를 상상했다. 그녀는 딸의 인생을 통제할 수 있을 것이라고 믿었지만 제니를 통제하려 할 때마다 제니는 오히려 멀어지기만 했다.

다른 사람이 내 마음에 들지 않는 행동을 할 때 가만히 지켜보기는 어렵다. 특히 그 사람이 자기 발로 인생을 망치고 있다고 생각하면 더욱 그렇다. 그러나 강요하고 잔소리하고 애원해도 내가 원하는 결과를 얻지는 못한다. 다음의 방법을 사용하면 강요하지 않으면서 상대를 달라지게 할 수 있다.

- 먼저 듣고 말한다. 내가 시간을 내서 말을 들어준다고 느끼면 상대는 방어적인 태도를 거둘 것이다.
- 의견과 걱정은 한 번만 드러낸다. 걱정을 한 번, 두 번 계속한다고 효과가 커지지는 않는다. 오히려 역효과를 낼 수 있다.
- 내 행동을 바꾼다. 남편이 술을 마시지 않기를 바라는 아내가 있다. 그녀가 남편이 마시던 맥주를 싱크대에 쏟아버린다고 해도 남편이 술을 끊겠다고 다짐할 리 없다. 아내는 남편이 술을 마시지 않을 때 함께 있다가 술을 마실 때는 곁에서 사라지는 방법을 선택할 수 있다. 아내와 함께 있고 싶은 남편이라면 술을 줄일 것이다.
- 긍정적인 말을 한다. 금연을 하든 운동을 시작하든 누군가 변하려고 진심으로 노력할 경우 그에게 진심 어린 칭찬을 한다. 다만 지나치게 과장하거나 "거봐, 인스턴트식품을 끊으면 건강해질 거라고 진작 말했잖아.", "내가 뭐랬어." 같은 말은 하지 마라. 이처럼 비꼬는 듯한 칭찬을 들으면 변화할 마음이 들지 않는다.

## 받아들이는 연습을 하라

차가 막혀 도로에서 옴짝달싹 못하는 남자가 있다. 지금까지 20분 동안

차는 몇 미터도 움직이지 않았고 남자는 회의에 늦을 판이다. 그는 고함을 지르며 욕을 하고 운전대를 주먹으로 내리치기 시작한다. 상황을 너무도 통제하고 싶은 그는 지각한다는 현실을 견딜 수 없다. 남자는 '이 인간들은 그냥 내 앞에서 사라져야 해. 대낮에 차가 이렇게 많은 것부터가 말이 안 되잖아.'라고 생각한다.

한편 이 남자의 옆 차에 탄 운전자는 라디오를 켜고 좋아하는 노래를 따라 부르며 기다리기로 한다. 그는 '도착할 수 있을 때 도착하겠지.'라고 생각하며 시간과 에너지를 현명하게 사용한다. 차가 움직일 시기를 통제할 수 없음을 알기 때문이다. 그 대신 그는 이렇게 생각한다. '날마다 수도 없이 많은 차가 도로를 다니잖아. 당연히 막힐 때도 있지.'

두 사람은 앞으로 교통 정체를 피하기 위해 지금과 다르게 행동할 수 있다. 일찍 출발하거나, 다른 길을 택하거나, 대중교통을 이용하거나, 교통 정보를 미리 확인할 수 있다. 그러나 지금 당장은 도로에서 꼼짝 못하는 현실을 받아들이는 사람과 현실이 부당하다고 느끼는 사람이 있을 뿐이다.

상황이 마음에 들지 않아도 받아들일 수는 있다. 우리는 상사가 비열한 상황을, 엄마가 내 선택을 인정하지 않는 상황을, 아이가 열심히 공부하지 않아 우등생이 되지 못하는 상황을 받아들일 수 있다. 내가 행동을 바꿔서 그들을 달라지게 하는 것이 불가능은 아니다. 다만 달라지라고 강요하지는 말아야 한다.

# 통제를 포기하면 강해진다

테리 폭스Terry Fox는 열여덟 살에 골육종 판정을 받았다. 병원에서 말하는 생존율은 다리를 절단해도 고작 50퍼센트였다. 하지만 의사들은 지난 몇 년 사이 항암 치료가 장족의 발전을 했다고 자신 있게 말했다. 2년 전만 해도 골육종의 생존율은 겨우 15퍼센트였다고 했다.

수술을 하고 3주도 지나지 않아 폭스는 의족의 도움으로 걷게 되었다. 담당의는 폭스가 긍정적으로 마음을 먹은 덕분에 빨리 회복했을 것이라 했다. 폭스는 16개월간 항암 치료를 받는 동안 암으로 죽어가는 환자를 많이 만났다. 치료가 끝날 무렵, 그는 암 연구 기금을 더 많이 모아야 한다는 메시지를 세상에 전하기로 결심한다.

폭스는 다리를 절단하기 전날 밤, 의족을 끼고 뉴욕마라톤대회에 출전한 남자의 기사를 읽었다. 그 기사를 읽자 몸이 움직여지면 곧바로 달리기를 시작하고 싶다고 생각했다. 그는 가장 먼저 브리티시콜롬비아 마라톤에 참가했고 비록 꼴등을 했지만 결승선에서 많은 사람들의 박수갈채를 받았다.

마라톤을 완주한 폭스는 기금 모금 계획을 세웠다. 그는 매일 마라톤을 완주하며 캐나다 전국을 횡단하기로 했다. 처음에는 자선기금으로 100만 달러를 모금할 생각이었지만 이내 목표를 더 높이 올렸다. 그는 캐나다 국민 한 사람당 1달러씩 계산해 총합 2,400만 달러를 모금하고자 했다.

1980년 4월부터 폭스는 하루에 42킬로미터 이상을 달렸다. 그가 전국 일주를 한다는 소문이 퍼지면서 응원하는 사람도 많아졌다. 폭스가 마을에 도착하면 주민들은 대규모 환영회로 그를 맞아주었다. 연설 요청 이 쇄도했고 모금액도 늘어만 갔다.

놀랍게도 폭스는 143일을 연속으로 달렸다. 그러나 어느 날 숨을 쉬 지 못하고 가슴에 통증을 느끼면서 그의 대장정은 끝이 났다. 폭스는 병 원으로 실려갔고 암이 재발해 폐로 전이되었다는 소식을 들었다. 결국 4,828킬로미터를 넘긴 전국 일주를 본의 아니게 그만두어야 했다.

폭스가 병원에 입원할 즈음 그때까지의 모금 액수는 약 170만 달러 였다. 그러나 입원 소식이 퍼지면서 더 많은 사람들이 그에게 응원을 보 냈다. 다섯 시간에 걸친 텔레비전 모금 방송으로 1,050만 달러가 모였 다. 기부가 이어졌고 이듬해 봄까지 폭스가 모금한 액수는 2,300만 달러 를 넘겼다. 많은 방법으로 치료했지만 전이를 막지 못했고 폭스는 결국 1981년 6월 암 합병증으로 사망했다.

폭스는 건강을 통제할 수 없다는 사실을 알았다. 사람이 암에 걸리지 않게 막을 방법은 없었고 자기 몸에 퍼지는 병조차 통제할 수 없었다. 하 지만 폭스는 이런 현실에 굴하지 않고 그가 통제할 수 있는 일에 에너지 를 쏟았다.

전국 일주를 시작하기 전, 폭스는 사람들에게 지지를 부탁하는 편지 를 썼다. 그는 달리기로 암을 치료할 수 있다는 생각은 하지 않는다고 분 명히 말했다. 하지만 변화를 불러오리라는 사실만큼은 알고 있었다. 그 는 "마지막에는 기어서 들어가야 할지라도 달리기는 제가 할 수 있는 유 일한 일입니다."라고 썼다.

폭스가 상상도 못할 일을 선택하면서 찾은 목적 의식은 오늘날까지도 이어지고 있다. 매년 전 세계 곳곳에서 테리폭스달리기대회가 열리고, 그를 기리며 모금한 기금의 액수는 무려 6억 5,000만 달러가 넘었다.

삶을 전부 통제하려 들지 않으면 실제로 통제 가능한 일에 시간과 에너지를 많이 쏟을 수 있다. 그런 사람은 다음과 같은 이점을 누린다.

- 더 행복해진다. 사람은 통제 소재가 균형을 이룰 때 가장 행복하다. '이중적 통제 소재'라고도 하는 이 상태에 이른 사람은 많은 방법으로 삶을 통제할 수 있다고 생각하는 한편 능력의 한계를 인정한다. 이들은 모든 것을 통제할 수 있다고 생각하는 사람보다 더 행복하다.
- 인간관계가 원만해진다. 통제하고자 하는 욕구를 포기하면 인간관계가 원만해진다. 타인을 신뢰하지 못하는 문제가 줄어들고 더 많은 사람과 가깝게 지낼 수 있다. 도움을 요청하기도 쉬워지고 나를 보는 다른 사람의 시선도 누그러진다. 모든 것을 통제하려 들지 않으면 소속감과 공동체 의식이 더 커진다는 것을 증명하는 연구 결과가 있다.
- 스트레스가 줄어든다. 이 세상의 짐을 어깨에서 내려놓으면 스트레스도 줄어들 것이다. 통제를 포기하면서 단기적으로는 더 불안해질지 모르지만 장기적으로는 스트레스와 불안감이 크게 줄어든다.
- 새로운 기회가 생긴다. 상황을 통제하려는 욕구가 강할 때는 새로운 일에 도전할 가능성이 낮다. 긍정적으로 변한다는 보장이 전혀 없기 때문이다. 모든 것을 통제하려는 욕구를 포기한다면 새로운

기회에 도전할 수 있다는 자신감이 높아질 것이다.

- 더 성공한다. 전부 통제하려 하면 성취욕이 강해도 통제 소재가 내부에 있어 성공할 기회를 잡지 못한다. 오로지 성공만 생각하는 사람은 오히려 성공할 기회를 놓칠 수 있다는 연구도 있다. 통제 가능한 일에 더 집중한다면 더 적극적으로 주위를 둘러보고 나와 무관해 보여도 눈앞에 좋은 기회가 나타나면 포착할 수 있다.

SOLUTION *04*

자신의 태도와 행동을 통제하는 방법은 외면한 채 이 세상이 잘못되었다고만 생각하면 발전 없이 제자리걸음일 것이다. 폭풍우를 막으려고 기운을 낭비하지 말고 어떻게 하면 폭풍우에 대비할 수 있는지를 생각하자.

☺ 이 렇 게 해 보 자

▷ 다른 사람에게도 일과 책임을 넘겨준다.
▷ 필요할 때는 도움을 요청한다.
▷ 내가 통제할 수 있는 문제에 초점을 맞춘다.
▷ 다른 사람을 통제하기보다는 감화시키려고 노력한다.
▷ 통제 소재의 균형을 잡는다.
▷ 나 혼자 모든 결과의 책임을 지려고 하지 않는다.

☹ 이 렇 게 하 지 말 자

▷ 다른 사람은 일을 제대로 못 하니 내가 다 맡아서 하겠다고 고집한다.
▷ 도움 없이도 목표를 이뤄야 하므로 처음부터 끝까지 혼자 힘으로 한다.
▷ 직접 통제할 수 없는 상황을 어떻게 바꿀지 알아내려고 시간을 보낸다.
▷ 다른 사람의 감정을 무시하고 내 뜻에 따라 움직이기를 강요한다.
▷ 내가 원하는 결과를 얻기 위해 할 수 있는 일만 생각한다.
▷ 결과를 바꾸는 다른 요인을 인정하지 않고 최종 결과에 전적으로 책임을 진다.

## 제5장

# 모두를 만족시키려 애쓰지 마라

다른 사람의 뜻을 먼저 생각하는 사람은 자기 가치관에 맞게 행동하지 않는다. 올바른 행동이 무엇인지 생각하지 않고 남을 기쁘게 할 행동만 한다. 그러나 모든 사람들이 좋아한다고 해서 그 선택이 올바르다는 뜻은 아니다.

다른 사람의 생각에 신경 쓰면
영원히 그 사람이라는 감옥에서 벗어나지 못한다.

_노자老子

메건은 스트레스와 부담감에서 벗어나고 싶어 심리치료를 신청했다. 그녀는 할 일이 너무 많아서 하루 24시간이 부족하다고 했다.

서른다섯 살인 메건은 기혼이었고 어린 자녀가 두 명 있었다. 그녀는 파트타임 일을 하며 일요학교 교사와 걸스카우트 단대장을 맡아 활동했다. 좋은 아내, 좋은 엄마가 되려 열심히 노력했지만 어딘가 부족했다. 요즈음 그녀는 가족에게 이유 없이 짜증을 내고 퉁명스럽게 대하고 있었다.

이야기를 들어보니 메건은 거절을 못 하는 사람이었다. 교회 사람들은 토요일 밤이면 일요일 아침 예배 시간까지 머핀을 구워와 달라고 연락했다. 메건이 지도하는 걸스카우트 단원의 부모는 일이 바빠서 나오지 못한다며 아이를 집에 데려다 달라고 부탁하기도 했다.

메건이 틈만 나면 조카들을 돌봐준 덕분에 여동생은 돈 들여 베이비시터를 부를 일이 없었다. 사촌도 툭하면 급전을 빌려달라거나 집수리에 일손을 보태달라는 등 갑자기 도움을 요청했다. 최근 메건은 사촌이 전화할 때마다 부탁을 한다는 사실을 알고 전화를 피하고 있었다.

메건은 가족의 부탁을 절대 거절하지 말자는 원칙을 최우선으로 알고 살았다. 그래서 사촌이 부탁을 하거나 여동생이 조카를 봐달라고 하면 아무 생각 없이 알았다고 말했다. 메건에게 거절을 못 하는 성격 때문에 남편과 아이들하고는 어떤 문제가 있냐고 물었다. 메건은 저녁 식사 시간이나 아이들을 재울 시간에 집을 자주 비운다고 이야기했다. 이 사실을 인정한 메건은 친척의 부탁을 들어주느라 정작 가족을 밀어내고 있다는 사실을 깨달았다. 친척도 중요했지만 남편과 아이들만큼은 아니었다. 메건은 가장 소중한 가족을 더 아껴야겠다고 결심했다.

메건은 모든 사람에게 사랑받고 싶은 욕구가 있었다. 다른 사람 눈에 이기적으로 보이고 싶지 않았다. 하지만 몇 번 상담을 받자 언제나 사랑받고 싶은 욕구가 거절보다 훨씬 이기적이라는 사실을 알 수 있었다. 사실 메건은 다른 사람의 인생을 위해 부탁을 들어준 적은 없었다. 남들에게 더 인정받고 싶어서 그토록 헌신적으로 살아왔던 것이다. 메건은 다른 사람의 뜻에 맞추는 습관을 다시 생각하자 행동을 바꿀 수 있었다.

메건은 거절하는 연습을 해야 했다. 그녀는 거절하는 법도 제대로 알지 못했다. 핑계를 대야 한다고 생각했지만 거짓말하기는 싫었다. 나는 장황하게 이유를 대지 말고 "아니, 나는 못 하겠어."같이 간단히 말하라고 했다. 일단 연습을 시작하자 많이 해볼수록 거절하기는 쉬워졌다. 화를 내리라는 예상과 달리 상대는 그다지 마음 쓰지 않는 듯했다. 메건은 가족과 시간을 많이 보내며 짜증도 줄었다. 스트레스도 줄었고 몇 번 거절을 연습하자 다른 사람의 뜻에 맞춰야 한다는 압박감에서도 벗어났다.

# 우리는 왜 다른 사람의 뜻에 맞추려 하는가

앞서 제2장에서는 상대에게 힘을 내주면 자신의 감정을 휘둘린다고 이야기했다. 그러나 다른 사람의 뜻에 맞추는 사람은 그 사람의 감정을 휘두르려 한다. 다음 중 그렇다고 응답하는 항목이 하나라도 있는지 살펴보자.

- ☐ 다른 사람의 감정에 책임을 느낀다.
- ☐ 누구라도 내게 화났다고 생각하면 마음이 불편하다.
- ☐ '호구' 성향이 있다.
- ☐ 반대 의견을 말하느니 차라리 그 말에 동의한다.
- ☐ 잘못하지 않았다고 생각하면서 사과할 때가 있다.
- ☐ 갈등을 피하려고 애쓴다.
- ☐ 불쾌하거나 감정이 상해도 말하지 않는다.
- ☐ 하고 싶지 않은 일도 부탁을 받으면 승낙한다.
- ☐ 다른 사람이 원하는 대로 행동을 바꾼다.
- ☐ 다른 사람에게 좋은 인상을 남기려고 노력한다.
- ☐ 내가 주최한 모임에서 손님들이 즐거워하지 않으면 다 나 때문인 것 같다.
- ☐ 주변 사람의 칭찬이나 인정을 받고 싶다.
- ☐ 주변 사람이 화가 났을 때 책임지고 기분을 풀어준다.
- ☐ 절대 다른 사람의 눈에 이기적으로 보이고 싶지 않다.
- ☐ 해야 하는 일이 많아서 시간이 빠듯하고 부담스럽다.

위의 예시에서 자신의 모습이 보이는가? '좋은 사람'이 되려고 노력하는 것을 넘어 모든 사람의 뜻에 맞추려 하면 역효과가 날 것이다. 삶이 힘들어지고 목표를 달성하지 못한다. 모든 사람의 뜻에 맞추려 하지 않아도 얼마든지 착하고 마음 넓은 사람이 될 수 있다.

메건은 다른 사람의 부탁을 잘 들어준다는 인정을 받으려고 부단히 노력했다. 그녀는 다른 사람의 의견에 따라 자신의 가치를 평가했다. 다른 사람들을 기쁘게 하려고 무슨 일이든 했다. 아무리 몸과 마음이 지치고 피곤해도 부탁을 거절해서 갈등을 빚거나 미움을 받아 인간관계가 끊기는 것보다는 나았기 때문이다.

**나의 희생으로 모두 행복해질 수 있다고 믿는다**

타인과 대립하고 갈등을 겪는 상황은 불편하다. 회의에서 옥신각신하는 동료들 사이에 앉아 있는 기분은 그리 유쾌하지 않다. 친척들이 말싸움을 하는 명절 가족 모임에 누가 참석하고 싶겠는가? 우리는 갈등을 두려워하며 '내가 모든 사람을 행복하게 한다면 아무 문제가 없을 거야.'라고 생각한다.

모든 사람의 뜻에 맞추려는 사람은 뒤에서 차가 빠른 속도로 다가오면 자기도 속력을 높인다. '저 사람이 급한가 보네. 괜히 꿈떠 있다가 저 사람을 화나게 하기는 싫어.'라고 생각하기 때문이다. 이런 사람은 '내가 기분을 맞춰주지 않으면 나를 안 좋아하겠지.'라고 생각하며 거부당하거나 버림받기를 두려워한다. 이들은 다른 사람에게 칭찬을 받고 격려의 말을 듣기 위해 노력한다. 그리고 긍정적인 보상을 충분히 받지 못하면 상대가 만족할 때까지 행동을 바꾼다.

갈등을 회피하고자 하는 욕구는 어린 시절에서 비롯되기도 한다. 크면서 부모가 끊임없이 싸웠던 사람은 갈등이란 나쁜 것이고 언쟁을 막으려면 다른 사람의 비위를 맞춰야 한다고 믿는다. 알코올중독자의 자녀는 부모의 예측 불가능한 행동에 대처하다가 타인의 뜻에 맞추는 사람으로 자란다. 어떤 사람은 오로지 관심을 받기 위해 착한 일을 한다.

가치 있고 중요한 사람이 되고 싶어서 타인을 먼저 생각하는 경우도 있다. 이런 부류는 '나 때문에 다른 사람이 행복해진다면 나는 가치 있는 사람이야.'라고 생각한다. 그래서 다른 사람의 감정과 인생에 습관처럼 에너지를 쏟아붓는다.

상담을 하다 보면 성경에 그렇게 나와 있으니 다른 사람에게 함부로 당해도 잠자코 있어야 한다는 사람을 많이 본다. 하지만 성경은 '이웃을 네 몸처럼 대하라'고 했지, 이웃을 내 몸보다 더 잘 대하라고 하지는 않았다. 대부분의 종교는 다른 사람의 기분을 상하게 할지라도 용기 내어 자신의 가치에 맞는 삶을 살라고 권한다.


## 모든 건 당신의 착각이다


메건은 다른 사람을 기쁘게 하려는 마음이 앞서 정작 자신에게 무엇이 가장 중요한지를 생각하지 않았다. 그러니 스스로 만족하지 못하고 우울해졌다. 메건은 몇 차례 상담을 받은 후 남편에게 "예전의 당신으로 돌아온 것 같군."이라는 말을 듣고서야 다른 사람 뜻에 맞추려 노력하다 가족을 힘들게 했다는 사실을 깨달았다.

## 배려가 독이 될 때도 있다

샐리는 제인에게 같이 쇼핑을 하자고 한다. 하지만 지난주 제인이 커피를 마시자고 해준 데 보답하고 싶을 뿐, 사실은 제인이 거절하기를 바란다. 본심은 쇼핑몰에 잠깐만 들러 구두만 사오고 싶다. 하지만 제인은 분명 몇 시간 동안 쇼핑하자고 할 것이다. 사실 제인은 쇼핑이 내키지 않는다. 심부름을 해야 하고 집안일도 몇 개 남아 있었다. 그러나 샐리의 기분이 상할까 봐 쇼핑몰에 가자는 제안을 받아들인다.

두 여자는 서로에게 맞춰준다고 생각하지만 사실은 상대의 진심을 전혀 알지 못하는 것이다. 좋은 사람이 되려고 애쓰지만 오히려 상대를 성가시게 하고 있다. 그러나 둘 중 누구도 진심을 솔직하게 말할 용기는 없다. 타인의 뜻에 맞추면 너그러운 사람이 된다고 잘못 생각하는 사람이 많다. 하지만 언제나 다른 사람의 뜻만 받아주는 행동은 그를 위한 것이 아니다. 사실 꽤나 자기중심적이다. 모든 사람이 내 일거수일투족에 신경 쓴다고 추측하는 셈이다. 다른 사람의 생각을 통제할 수 있다고 믿는 것이나 다름없다.

다른 사람을 기쁘게 하려 계속 노력해도 상대가 알아주지 않으면 원망하는 마음이 생긴다. 어느덧 '내가 이렇게까지 하는데 아무 보답도 없다니!'와 같은 생각이 들면서 인간관계에 금이 갈 것이다.

## 인간관계가 망가진다

안젤라는 모든 사람의 뜻에 맞추려 하지는 않았다. 사귀는 남자들에게만 다 맞춰줬을 뿐이다. 데이트 상대가 재미있는 여자를 좋아한다고 하면 평소보다 농담을 많이 했다. 남자가 기분파 여자를 좋아한다고 하면 지난 여름 즉흥적으로 프랑스 여행을 갔던 이야기를 자세히 들려주었다. 그러다 지적인 여자가 좋다는 남자를 만나면 똑같은 프랑스 여행 이야기를 해도 미술 작품을 보고 싶어서 갔다고 바꿔 말했다.

안젤라는 데이트 상대의 마음에 들 수만 있다면 무슨 일이든 했다. 남자의 기분에 맞춰가며 대화하면 그 다음 데이트가 성사되리라 생각했기 때문이다. 그러나 안젤라가 모르는 사실이 하나 있었다. 성격을 매번 바꿔서는 장기적으로 도움이 되지 않는다. 아무리 상대에게 맞춰서 행동해도 그녀와 오래 사귀려는 남자는 한 명도 없었다.

괜찮은 남자라면 영혼 없이 꼭두각시처럼 행동하는 여자 친구를 원하지 않는다. 안젤라가 만난 남자들은 무슨 말을 할 때마다 맞장구치는 안젤라에게 금세 싫증을 느꼈다. 남자가 듣고 싶은 말이면 무엇이든 하려는 그녀의 속도 뻔히 들여다보였다.

안젤라는 데이트 상대의 말에 동의하지 않거나 반대 의견을 내세우면 남자의 마음이 돌아설까 걱정했다. 상대에 대한 확신이 없었기 때문이다. 그녀는 '그 사람 뜻대로 하지 않으면 나를 떠날 거야.'라고 생각했다. 서로 진심으로 좋아한다고 믿으면 상대에게 솔직하지 않을 이유가 없다. 그 사람은 내 말이나 행동이 못마땅해도 여전히 나와 함께 있는 시간을 즐거워할 것이다.

주위에 있는 모든 사람을 항상 만족시킬 수는 없다. 시아버지가 도움을 요청하는 상황을 예로 들어보자. 시아버지를 도우러 간다면 같이 점심을 먹기로 약속한 남편의 기분이 상할 것이다. 이런 상황에서 타인의 뜻에 맞추는 사람은 주로 자신과 더 가까운 사람을 선택하지 않는다. 어차피 남편은 기분이 상해도 언젠가 풀린다고 생각한다. 안타깝지만 그렇게 선택했을 때 가장 사랑하는 사람의 속은 타들어간다. 반대여야 하지 않을까? 가장 가깝고 특별한 사람에게 최선을 다해야 하지 않을까?

마치 모두를 위해 희생하는 것처럼 구는 사람을 본 적 있는가? 그런 사람이 뜻을 맞춰주려 하면 상대는 반감을 느낀다. "여기에 있는 일은 내가 다 하잖아."라거나 "내가 안 하면 누가 하냐." 같은 말을 입에 달고 사는 그들은 타인의 뜻을 맞추려다 역효과가 나타나자 억울하다며 화를 낸다.

남을 위해 희생한다고 생각하든, 감정을 상하게 할까 봐 거절하지 못하든 다른 사람의 뜻에 맞추려 한다는 이유만으로 호감을 얻지는 못한다. 서로 믿고 존중하며 더 가까워지지 않고 상대에게 이용만 당하는 경우도 있다.

## 자신의 가치관을 망각한다

호주의 간호사 브로니 웨어Bronnie Ware는 수년 동안 죽어가는 환자들을 보살펴왔다. 그녀가 전하기를, 죽음을 앞둔 환자는 타인의 뜻에 맞추며 살았던 과거를 가장 후회한다고 한다. 웨어는 저서 《내가 원하는 삶을 살았더라면: 생의 마지막 순간에 남긴 값진 교훈, 죽을 때 가장 후회하는 5가지》The Top Five Regrets of the Dying에서 죽음을 앞둔 사람은 조금 더 솔직하게 살았다면 좋았을 것이라 후회한다고 설명했다. 그들은 남의 뜻에 따라 옷차림이나 말투, 행동을 바꾸지 않고 진정한 내 모습대로 살기를 원했다. 《사회임상심리학저널》Journal of Social and Clinical Psychology 에 발표된 한 연구에 의하면 타인의 뜻에 맞추는 사람은 상대를 기쁘게 하려고 과식도 불사한다고 한다. 그들은 남에게 이롭다고 생각하면 건강도 바칠 각오가 돼 있는 것이다. 자신이 먹는 모습을 주변 사람이 관심 있게 지켜본다는 증거가 전혀 없음에도 말이다.

타인의 뜻에만 맞추면 잠재력도 최대한 발휘하지 못한다. 남의 뜻대로 하는 사람은 사랑받기를 원하지만 지나치게 승승장구하면 다른 사람의 기분이 상할까 봐 어떤 분야에서든 최고가 되기를 꺼린다. 자기가 한 일로 공을 차지하면 마음이 불편하다며 직장에서 승진을 거부하는 사람도 있다. 어떤 여자는 매력적인 남자가 접근해와도 그 남자가 먼저 말을 걸지 않은 친구가 속상할까 봐 남자의 다정한 말에 대꾸하지 않기도 한다.

다른 사람의 뜻을 먼저 생각하는 사람은 자기 가치관에 맞게 행동하지 않는다. 올바른 행동이 무엇인지 생각하지 않고 남을 기쁘게 할 행동만 한다. 그러나 사람들이 다 좋아한다고 해서 그 선택이 올바르다는 뜻은 아니다.


## 거절에도 연습이 필요하다

메건은 거절을 못 하는 습관 때문에 타인의 부탁을 무의식적으로 받아들이고 있었다. 따라서 나와 메건은 "다른 사람을 거절하지 못하면 남편과 아이들을 거절하는 것이다."처럼 메건이 부탁을 받을 때마다 속으로 되 뇔 수 있는 주문을 만들었다. 메건은 남편과 아이들이 피해를 입지 않는 선에서는 부탁을 들어줘도 된다는 사실을 알았다. 하지만 다른 사람의 부탁에 자신이 우울해지고 가족이 피해를 입는 상황을 이제 더 이상은 초래하지 않기로 했다.

## 무엇이 가장 중요한지 결정하라

목표를 이루고 싶다면 타인이 원하는 대로 행동할 것이 아니라 내 길 을 직접 선택해야 한다. 미국의 생활정보 사이트인 크레이그스리스트 craigslist.org의 CEO 짐 벅마스터Jim Buckmaster 는 이 말의 중요성을 몸소 체 험했다.

2000년 벅마스터는 크레이그스리스트의 CEO가 되었다. 크레이그스 리스트는 광고로 수입을 얻는 그 밖의 웹사이트와 달랐다. 크레이그스리 스트는 수익을 올릴 수 있는 많은 기회를 마다했다. 벅마스터와 경영진 은 웹사이트를 단순하게 유지하고 소수의 항목에만 비용을 청구했다. 사 용자가 올리는 나머지 항목은 계속해서 무료였다. 사실 크레이그스리스 트에는 마케팅팀조차 없다.

그러자 크레이그스리스트는 반발을 샀고 벅마스터에게도 비난의 화 살이 쏟아졌다. 그는 반자본주의자라고 질타를 받았고 '사회적 무정부주 의자'라는 말까지 들었다. 그러나 벅마스터는 비난하는 이들의 뜻에 맞추 지 않고 크레이그스리스트를 기존 운영 방식 그대로 끌고 나갔다.

벅마스터가 대세를 거스르고 광고에만 의존하지 않기로 결심한 덕분에 크레이그스리스트는 위기를 피했다. 닷컴 붕괴(인터넷 기반 산업이 성장하며 일어난 거품경제가 꺼지며 주가가 폭락한 현상 — 옮긴이)를 무사히 넘긴 크레이그스리스트는 지금까지도 전 세계적으로 많은 사람들이 찾고 있다. 현재 크레이그스리스트의 추정 가치는 최소 50억 달러다. 벅마스터는 모든 사람의 뜻에 맞추려 애쓰지 않았기 때문에 회사를 목적에 맞게 경영하고 주 고객층을 겨냥하는 데만 집중할 수 있었다.

무작정 타인의 뜻에 따라 행동을 바꾸지 말고 먼저 내 생각과 감정을 판단해야 한다. 내 의견을 내세우기 어렵다면 타인의 뜻에 맞추는 행동에 숨겨진 다음의 진실들을 기억하자.

- 모든 사람의 뜻에 맞추면 시간을 낭비한다. 다른 사람의 감정은 통제할 수 없다. 그들의 행복에 신경 쓰는 시간이 길어질수록 무엇이 정말 중요한지 생각할 시간은 줄어든다.
- 남의 뜻에 맞추는 사람은 조종당하기 쉽다. 남의 뜻대로 하는 사람은 어디서도 눈에 띈다. 조종하는 사람은 이들의 마음을 이용해 행동을 통제하려 든다. "네가 가장 잘하는 일이라서 부탁하는 것뿐이야.", "이런 부탁하기 싫지만…." 같은 말을 하는 사람들을 경계하라.
- 다른 사람이 화내거나 실망해도 괜찮다. 다른 사람이 항상 행복하거나 기뻐해야 할 이유는 없다. 모든 사람은 여러 가지 감정을 받아들일 수 있으므로 내가 나서서 그들의 부정적인 감정을 차단해주지 않아도 된다. 누군가 분노했다고 내가 잘못했다는 뜻은 아니다.

- 모든 사람의 뜻에 맞출 수는 없다. 모든 사람이 같은 일로 기뻐할 수는 없다. 무슨 수를 써도 만족하지 않는 사람이 있다는 사실을 받아들이자. 그들까지 행복하게 할 의무는 없다.

## 나의 가치관을 정확히 파악하라

아이들을 홀로 키우며 공장에서 일하는 엄마가 있다. 어느 날 학교를 보내려고 아들을 깨우자 아들은 몸이 좋지 않다고 한다. 체온을 재니 열이 약간 높다. 아들은 분명 학교를 갈 수 없다.

엄마는 아들과 직장 사이에서 결정을 해야 한다. 아들을 돌봐줄 친구나 가족은 없다. 병가를 내고 일을 쉴 수 있지만 하루치 임금을 받지 못한다. 일당을 받지 못하면 장을 볼 돈이 모자랄 것이다. 게다가 아이들이 아프다는 이유로 이미 여러 번 결근해서 이번에 또 빠지면 공장에서 잘릴지도 모른다.

엄마는 공장에 나간 동안 아들을 집에 두기로 결정한다. 겨우 열 살짜리 아픈 아이를 집에 혼자 둔다고 하면 남들에게 손가락질을 받을 것이다. 그러나 엄마의 가치관은 다른 사람의 판단과 상관없이 지금 상황에서 가장 올바른 선택을 했다고 말한다. 아들보다 일의 가치가 더 높다는 말은 아니다. 사실 그녀에게는 이 세상에서 가족이 제일 소중하다. 그러나 장기적인 관점으로 봤을 때 지금은 출근이 가족에게 최선의 선택이다.

어떤 문제든 결정을 내려야 할 때는 자신의 가치관을 정확히 파악하는 것이 중요하다. 그래야 최선의 선택을 내릴 수 있다. 머릿속으로 가장 중요한 가치 다섯 가지를 쉽게 나열할 수 있는가? 가능하다고 말하는 사람은 거의 없다. 그러나 가치관이 불분명하다면 어디에 에너지를 쏟고 어떻게 최고의 결정을 내릴지 무슨 수로 알겠는가? 시간을 내서 자신의 가치관을 분명하게 정립해보기를 권한다. 일반적으로 중요한 가치는 다음과 같다.

- 자녀
- 연인
- 가까운 친척
- 종교적/영적 믿음
- 자원봉사
- 일
- 돈
- 친구
- 건강관리
- 목적의식
- 여가 활동
- 타인의 뜻
- 교육

삶에서 가장 중요한 가치 다섯 가지를 골라 중요한 순서대로 나열해 보자. 그런 다음 그에 맞춰 살고 있는지 생각한다. 각각의 가치에 시간과 돈, 에너지, 능력을 얼마나 쏟고 있는가? 내게 중요하지 않은 가치에 너무 많이 투자하고 있지는 않는가?

타인의 뜻은 어디쯤에 위치하는가? 절대 1순위는 아닐 것이다. 이따금씩 목록의 순서를 살펴보면 내 삶이 균형에서 벗어났는지 판단할 수 있다.


## 잠시 생각한 후에 결정하라

메건은 부탁을 받으면 거절할 수 없어서 사촌을 피해 다녔다. 우리는 메건이 거절할 때 참고할 대본을 만들었다. 부탁을 받을 때마다 "일정 좀 확인하고 다시 연락할게."라고 대답하자 부탁을 들어주고 싶은지 제대로 생각할 시간이 생겼다. 이제는 자신을 희생해서라도 다른 사람의 뜻에 맞추고 싶어서가 아니라 자신이 원하기 때문에 부탁을 들어주는 것이라 확신할 수 있었다.

습관처럼 무조건 부탁을 받아들이는 사람은 우선 판단을 하고 나서 대답하는 법을 배워야 한다. 부탁을 받았을 경우 대답하기 전에 다음과 같은 질문을 스스로에게 던진다.


- 내가 하고 싶은 일인가? 타인의 뜻에 맞추는 사람은 반사적으로 부탁을 승낙하기 때문에 자신이 무엇을 원하는지 모른다. 잠시 동안 내 생각을 판단해본다.
- 이 일을 하면 무엇을 포기해야 하는가? 다른 사람의 부탁을 들어주려면 무언가를 포기해야 한다. 가족과 보내는 시간일 수도 있고, 돈이 될 수도 있다. 부탁을 승낙하는 것이 내게 어떤 의미일지 확인하

고 결정해도 늦지 않다.

- 이 일을 해서 무엇을 얻을까? 인간관계를 굳건히 다질 기회일 수도 있고 일을 하면서 내가 즐거울 수도 있다. 부탁을 받아들일 경우 내가 얻는 이점을 생각하자.
- 이 일을 하면 어떤 기분일까? 화가 나거나 억울할까? 아니면 행복하고 뿌듯할까? 선택지를 놓고 심사숙고하면서 어떤 기분일지 상상해본다.

메건이 깨달았듯이 부탁을 들어줄 수 없는 이유를 변명하지 않아도 된다. 거절하면서 "하면 좋겠지만 못할 것 같아."라거나 "미안하지만 못하겠어." 정도만 말해도 충분하다. 익숙하지 않다면 거절하는 연습이 필요하겠지만 시간이 지날수록 더 쉬워진다.

## 단호하게 행동하는 연습을 하라

상대와 맞설 때 분위기가 불편하거나 험악할 필요는 없다. 오히려 단호한 태도가 서로에게 도움이 된다. 걱정거리를 나누면서 가까워질 수도 있다. 메건은 어느 날 사촌과 대면해 그동안 이용당한 기분이었다고 말했다. 사촌은 메건이 그렇게 느끼는지 전혀 몰랐다며 사과했고 앞으로는 절대 그런 일이 없을 것이라고 약속했다. 메건은 마땅치 않은 부탁을 받았을 때 솔직히 거절하지 않은 자신에게도 얼마간 책임이 있다고 인정했다. 메건과 사촌은 멀어지지 않고 관계를 회복할 수 있었다.

누군가 나를 이용하려 한다면 당당하게 내가 원하는 바를 밝힌다. 강요를 하거나 무례하게 굴지 말고 상대를 존중하며 예의를 갖춰 말한다. 내 감정을 솔직히 표현하고 사실만 이야기한다. 그리고 '나는', '내가'라는 말을 꼭 넣는다. 예를 들어 "너라는 애는 제시간에 오는 법이 없구나."라고 말하지 말고 "네가 30분씩 늦으니까 내가 힘들잖아."라고 말한다.

나는 상담하면서 자녀가 행복하지 않을 때를 못 견디는 부모를 많이 만났다. 그들은 자녀에게 안 된다고 말하지 못했다. 아이를 울리거나 아이에게 원망을 듣고 싶지 않다는 이유에서였다. 자기 의사를 잘 밝히지 못하는 사람은 상대가 자녀든 친구든 동료든 모르는 사람이든 자신에게 화를 내면 마음이 불편해진다. 하지만 연습을 하면 불편한 마음을 쉽게 다스릴 수 있고 단호하게 행동하기도 쉬워진다.

## 모두의 뜻에 맞출 수 없다고 인정하면 강해진다

모스 깅그리치Mose Gingerich 는 평범한 사람이라면 상상도 못할 결정을 내리기 위해 고심한 사람이다. 위스콘신 주에 있는 아미시Amish(현대 기술 문명을 거부하고 농경 생활을 하는 기독교의 일파 – 옮긴이) 공동체에서 자란 그는 쟁기로 밭을 갈고 손으로 소젖을 짜며 하루를 보냈다. 그러나 깅그리치는 더 이상 아미시로 살고 싶지 않았다. 그는 질문이 허용되지 않는 세계에서 자랐지만 지금까지 배운 하느님과 아미시의 생활방식에 전부 의문을 품었다.

깅그리치는 아미시 공동체를 떠나야 할지 말아야 할지 몇 년이나 갈등했다. 그는 아미시 생활방식밖에 알지 못했다. 이곳을 떠난다면 어머니와 형제들을 비롯해 아미시 공동체와는 평생 연락할 수 없었다. 게다가 '물질문명 세계'는 외국 땅이나 마찬가지였다. 전기나 컴퓨터 같은 현대 문물을 한 번도 사용한 적 없는 그가 잘 모르는 외부 세계에서 어떻게 혼자 힘으로 살아갈 수 있겠는가?

하지만 킹그리치에게는 잘 모르는 세계보다 더 두려운 것이 있었다. 지옥에 떨어질지도 모른다는 생각이었다. 자라면서 아미시의 하느님이 유일신이라고 수없이 들었지만 아미시를 떠나려면 하느님도 떠나야 했다. 아미시 공동체 원로들은 외부 세계에 희망이 없다고 말했다. 아미시를 떠나 기독교도로 남으려 하는 사람은 위험한 모험을 하고 있을 뿐이라 했다.

킹그리치는 십대와 청년 시절에 몇 번 아미시 공동체를 잠시 떠난 적이 있다. 그는 전국을 돌아다니며 다른 아미시 문화를 배우고 외부 세계의 맛을 보았다. 여행을 하면서 이 세계와 하느님을 자기만의 관점으로 볼 수도 있었다. 결국 자신은 아미시 공동체의 믿음과 일치하지 않는다고 결정한 킹그리치는 아미시로서의 삶을 영원히 뒤로 하고 떠나기로 결심했다.

킹그리치는 미주리 주에 새로 정착해 건설 회사를 차리고 리얼리티 텔레비전 프로그램에 출연하는 등 다양한 경험을 했다. 가족이나 아미시 공동체와는 연이 끊어져 전부 혼자서 헤쳐나가야 했다. 킹그리치는 아미시 공동체를 떠나 '물질문명 세계'에 힘겹게 적응하고 있는 젊은이들의 멘토 역할을 하고 있다. 누구의 도움도 받지 않고 일자리를 찾거나 운전

면허를 따는 일, 문화 규범을 배우고 이해하는 일이 얼마나 어려운지 직접 체험했기 때문이다.

나는 킹그리치에게 어떻게 그런 결정을 내렸는지 물을 기회가 있었다. 그는 자신의 믿음을 직시하자 어떤 사실을 깨달았다고 대답했다.

"이 세계는 마음먹기에 달렸고 그 마음은 선택에 달렸다는 거죠. 선택은 제 몫이었고요. 그래서 그곳을 떠나 현대 세계와 운명을 같이하기로 했습니다. 매일 아침 일어나 아내와 두 딸, 양아들을 보고 있으면 그렇게 선택한 게 얼마나 다행인지 모른다고 생각합니다."

킹그리치가 모든 사람의 뜻에 맞췄다면 아직까지도 자신에게 어울리지 않는 아미시 공동체에 살고 있었을 것이다. 그러나 킹그리치는 멘탈이 강했기 때문에 그때까지 배우고 이해했던 모든 것을 버리고 자신을 위한 올바른 선택을 했다. 킹그리치는 스스로 선택한 변화에 만족했다. 그리고 강한 자신감으로 아미시 공동체의 비판도 견딜 수 있었다.

우선 말과 행동이 믿음과 일치해야 진정으로 솔직한 삶을 살 수 있다. 모든 사람의 뜻에 맞추려 애쓰지 말고 용기 내어 자신의 가치관에 따라 산다면 의미 있는 삶의 방향을 찾게 된다.

- 자신감이 커진다. 타인의 행복을 위해 노력하지 않아도 된다고 인정하면 독립심과 자신감이 더 커진다. 다른 사람이 동의하지 않아도 자신의 결정에 만족할 것이다. 내가 올바른 선택을 했음을 알기 때문이다.
- 목표 달성에 쏟을 시간과 에너지가 늘어난다. 다른 사람이 원하는

대로 행동하려고 시간과 에너지를 낭비하지 않으면 내 목표를 위해 노력할 시간과 에너지가 늘어난다. 자신의 목표에 시간과 에너지를 쏟아 부어야 성공할 가능성이 훨씬 높아진다.

- 스트레스가 줄어든다. 건강한 경계선을 세우고 허용치를 설정하면 스트레스와 짜증이 크게 줄어들고 내 삶을 통제할 힘이 커지는 기분이 든다.
- 인간관계가 원만해진다. 단호하게 행동할수록 다른 사람에게 존중받는다. 소통이 원활해지고 타인에 대한 분노나 원망을 덜 느낀다.
- 의지력이 강해진다. 2008년 《실험심리학저널》Journal of Experimental Psychology에 흥미로운 연구가 실렸다. 다른 사람의 뜻에 맞추기보다는 자신의 선택에 따라 행동할 때 의지력이 훨씬 강해진다는 것이다. 타인을 만족시키려고 행동하는 사람은 목표를 달성하기 어렵다. 내게 가장 이로운 선택이라는 확신이 있어야 열심히 노력하려는 의지도 흔들리지 않는다.

살다 보면 자기 가치관을 따르기 쉬운 일도 있고 타인의 뜻에 맞추려 애쓰게 되는 일도 있다. 경고 신호에 귀를 기울이며 다른 사람을 기쁘게 하는 삶이 아니라 내 믿음과 일치하는 삶을 살도록 노력하자.

☺ 이 렇 게  해 보 자

▷ 무엇이 가장 중요한지 확인하고 내 가치관에 따라 행동한다.
▷ 다른 사람의 부탁을 승낙하기 전에 내 감정을 확인한다.
▷ 하고 싶지 않은 일은 거절한다.
▷ 갈등을 겪거나 타인과 대면할 때 불편한 마음을 견디는 연습을 한다.
▷ 분명한 의사 표현이 잘 받아들여지지 않아도 단호하게 행동한다.

☹ 이 렇 게  하 지  말 자

▷ 자신의 진정한 모습과 가치관을 망각한다.
▷ 내 감정을 생각하지 않고 다른 사람의 감정만 고려한다.
▷ 좋은 선택일지 고민하지 않고 다른 사람의 제안을 무작정 수락한다.
▷ 다른 사람과 맞서기 싫어서 그의 말에 동의하거나 부탁을 들어준다.
▷ 무조건 집단의 의견에 따르거나 여론과 어긋나는 의견을 표현하지 않는다.

## 제6장

# 예측 가능한 위험은
# 피하지 마라

자신의 잠재력을 최대로 끌어낼 수 있는 위험을 두렵다는 이유로 회피할 때가 있다.
그러나 그 두려움 때문에 내가 어떤 기회를 놓치고 있는지도 생각해야 한다. 위험을
예상해 감수하는 사람은 평범한 삶을 특별한 삶으로 바꿀 수 있다.

지나치게 소심하고 까다롭게 행동하지 말라.
인생은 실험의 연속이다.
실험을 많이 할수록 더 좋은 사람이 된다.

_랄프 왈도 에머슨Ralph Waldo Emerson

30년 가까이 고등학교에서 기술을 가르친 데일은 교사 일이 싫지 않았지만 예전만큼 열정을 느끼지는 못했다. 그는 가구점을 열어서 시간을 자유롭게 쓰며 돈을 벌고 싶었다. 하지만 그 이야기를 들은 아내는 말도 안 된다는 표정으로 그를 몽상가라고 불렀다. 데일은 생각할수록 아내의 말이 맞는 것 같았다. 하지만 더 이상 학교를 다니고 싶지 않았다. 가르치는 일이 지겨웠고 열정도 남아 있지 않았다. 과거에 비해 교사로서의 실력도 자신 없었다. 학생들을 생각해서라도 계속 학교에 남는 것은 옳지 않다고 생각했다.

그동안 데일은 개인 사업 외에도 원대한 꿈을 품은 적이 있었다. 한때는 요트에서 살고 싶었고 언젠가는 하와이에 민박집을 열고 싶었다. 그러나 가족을 먹여 살리는 일이 최우선이라고 생각해 꿈은 꿈으로만 남겼다. 아이들이 다 자란 지금은 아내와 둘이 살기에 금전적으로 어려움이 없지만 그냥 은퇴할 때까지 학교를 다니자고 판단했다.

데일은 의욕 없이 교단에 서면서 감정을 다스릴 수 없었다. 난생 처음으로 무기력해지고 우울해졌다. 교사가 된 후로 지금처럼 일이 재미없는 적은 없었다. 데일은 분명 무슨 문제가 있다고 생각해 심리치료를 신청했다.

데일은 위험을 무릅쓰면서 사업을 시작하지 말라는 아내의 말에 동의했지만 아직도 가게를 열 생각을 하면 마음이 설렜다. 가구점 이야기만 나와도 얼굴이 환하게 밝아졌고 몸짓이며 분위기 자체가 달라졌다.

데일은 과거에 위험을 감수했던 이야기를 들려주었다. 그는 몇 년 전 부동산에 투자했다가 큰 손해를 본 경험이 있었다. 그때 이후로는 돈이 걸린 위험이라면 차마 도전하지 못했다. 몇 번 상담을 한 데일은 여전히 사업을 하고 싶지만 안정적인 직업을 포기하려니 두렵다고 고백했다. 목공 기술 하나는 자신 있었지만 사업에 대해서는 아는 바가 없었다. 우리는 데일이 사업을 배울 수 있는 방법들을 의논했다. 데일은 지역 커뮤니티 대학에서 경영학 수업을 당장 들어보겠다고 했다. 지역 비즈니스 네트워킹에 가입해 인맥도 쌓고 싶었다. 창업에 도움을 줄 수 있는 멘토를 찾아보겠다는 말도 했다. 데일은 계속 꿈을 키울 수 있는 몇 가지 아이디어를 염두에 두고, 사업을 시작해서 얻게 될 장점과 단점을 분석했다.

오래지 않아 데일은 결단을 내렸다. 그는 우선 부업 수준에서 사업을 하기로 했다. 퇴근 후나 주말에 집 차고에서 가구를 만드는 계획을 세웠다. 사업에 필요한 물건은 대부분 갖추고 있었지만 약간의 돈을 투자해 새로운 재료를 사야 했다. 어쨌든 많지 않은 투자금으로 사업을 시작할 수 있겠다는 확신이 들었다. 처음에는 가게를 열지 않고 온라인과 신문 광고로 가구를 팔 생각이었다. 반응이 좋아 개업을 하면 그때는 학교를 완전히 그만둘 수 있을지도 모른다.

데일은 꿈을 현실로 이룬다는 결심을 한 후 눈에 띄게 밝아졌다. 상담을 몇 차례 더 하고 나서는 목표에 한층 더 다가가고 있는 듯 보였다. 우리는 앞으로 매달 한 번씩 상담 일정을 잡고 경과를 확인해보기로 했다. 다음 상담 때 데일은 꽤 흥미로운 말을 했다. 사업을 시작하기 위해 가구를 만들자 여느 때보다 수업이 즐거워졌다는 것이다. 데일은 가게를 연다는 기대감이 교사의 열정까지 다시 불러일으킨 것 같다고 말했다. 부업으로 가구를 만든다는 계획은 그대로였지만 학교를 그만둘 마음은 사라졌다. 가구 사업으로 새롭게 배운 점을 학생들에게 가르칠 생각을 하니 가슴이 뛰었다.

## 우리는 왜 위험을 회피하는가

우리는 살면서 재정적, 신체적, 정서적, 사회적으로 무수한 위험에 직면한다. 그러나 때로는 그 위험이 자신의 잠재력을 최대로 끌어낼 수 있는 기회이기도 하다. 우리는 두렵다는 이유로 그런 위험을 회피할 때가 있다. 다음 중 자신에게 해당되는 항목이 있는지 살펴보자.

- ☐ 중요한 결정을 잘 내리지 못한다.
- ☐ 무엇을 하고 싶은지 공상하는 시간이 많지만 실행에 옮기지는 않는다.
- ☐ 결정을 내리려고 생각하면 너무 불안해져서 충동적으로 결정한다.
- ☐ 더 대담하고 가슴 뛰는 인생을 살고 싶지만 두려워서 망설인다.
- ☐ 위험을 감수해야 한다고 생각하면 최악의 시나리오만 떠올라 기회를 잡지 않는다.

☐ 직접 결정을 내리기 싫어서 다른 사람의 결정을 따른다.

☐ 사회적, 재정적, 신체적 위험 중 일부를 두렵다는 이유로 회피한다.

☐ 두려움의 정도에 따라 결정한다. 조금만 두렵다면 도전하지만 두려운
마음이 크다면 위험을 감수하는 선택이 어리석다고 판단한다.

☐ 결과는 운이 좌우한다고 생각한다.


위험을 계산하는 방법을 모르면 두려움이 커진다. 그리고 위험을 두려워하면 위험을 회피하게 된다. 그러나 위험을 정확하게 예상하는 방법을 연습하면 위험을 감수하는 능력을 키울 수 있다.

데일은 가게를 여는 모습을 상상하면 지난번에 투자로 위험을 감수했다가 실패한 기억이 떠올랐다. 다시 한 번 모험을 하려니 부정적인 생각밖에 들지 않았다. 가게가 망해서 파산하거나 은퇴 자금을 전부 날리는 상상을 했다. 지나치게 부정적으로 생각하자 불안하고 두려워졌기 때문에 꿈을 현실로 바꿀 수 없었다. 위험을 줄이고 성공할 확률을 높일 방법을 찾아볼 생각은 조금도 들지 않았다.


## 감정은 논리를 압도한다

사람은 이성적인 근거가 없는 감정에 사로잡힐 때가 있다. "이렇게 하면 어떨까?"라고 생각하지 않고 "이렇게 되면 어쩌지?"라고 생각한다. 그러나 모험이 꼭 무모할 필요는 없다.

우리 집 애완견인 노란색 래브라도 제트는 꽤나 감정적인 녀석이다. 제트는 무조건 감정이 지시하는 대로 행동한다. 왜인지 몰라도 제트는

특이한 공포증이 몇 가지 있다. 그 중 하나는 바닥이다. 카펫은 괜찮지만 타일 위는 무슨 수를 써도 걷지 못한다. 제트는 거의 모든 바닥이 미끄럽다고 굳게 믿기 때문에 혹시라도 넘어질까 두려워한다.

사람이 불안한 마음을 가라앉힐 때처럼 제트도 두려움을 가라앉히려고 나름의 규칙을 만들었다. 제트는 거실의 나무 바닥은 아무렇지 않게 걷지만 복도의 타일 바닥에는 발도 디디려 하지 않는다. 서재에 있는 내게 오고 싶어도 타일 위의 모험은 싫은지 복도 끝에서 몇 시간이고 칭얼댄다. 나는 제트가 주인을 보고 싶다는 일념으로 위험을 감수하기를 바랐지만 헛된 꿈이었다. 결국 제트는 작은 깔개 여러 장으로 길을 만들어주고 나서야 타일을 피하며 깔개에서 깔개로 조심스럽게 이동했다. 가끔씩 다른 집을 방문할 때도 제트만의 규칙이 있다. 역시 타일 바닥이 깔린 링컨의 어머니 댁에서는 뒷걸음치며 거실에 들어간다. 강아지의 머리로는 앞으로 걷는 것만 문제일 뿐 뒷걸음질은 괜찮은 모양이다.

언젠가 우리 부부가 집을 비우며 아버지에게 제트를 맡긴 적이 있는데 제트는 주말 내내 현관문 앞 깔개에 앉아 있었다고 한다. 바닥이 장판인 곳은 발도 디디려 하지 않아서 안고 들어가야 하는 경우도 많다. 동물병원에 35킬로그램짜리 개를 안고 가려면 여간 힘든 일이 아니라 집에서 깔개를 챙겨와 길을 만들어주기도 한다.

제트는 두렵기 때문에 바닥 위를 걷는 위험을 감수하지 않는다. 하지만 이런 규칙에도 예외는 있다. 고양이 사료가 있다면 기꺼이 모험을 한다. 바닥이 타일인 부엌에 한 번도 들어온 적이 없지만 부엌에 고양이 사료 접시가 있다는 사실을 알자마자 두려움을 압도할 만큼 흥분했다.

제트는 보는 사람이 없다고 생각할 때 부엌에 한 쪽 발을 천천히 디딘다. 이내 양쪽 앞발을 바닥에 놓고는 부엌으로 최대한 멀리 몸을 뻗는다. 그러다 보면 바닥에 세 발이 놓인다. 이제 남은 발 한쪽을 카펫에 두고 부엌으로 몸을 쭉 뻗는다. 어떤 때는 네 발을 전부 타일 위에 안전하게 놓고서 고양이 사료 접시까지 무사히 도착하기도 한다. 제트가 어떻게 눈으로 '안전'한 바닥과 '불안'한 바닥을 판단하는지는 모르겠다. 논리가 부족해도 제트에게는 말이 되는 듯하다.

이상하게 들리겠지만 사람도 제트와 비슷하게 위험을 계산한다. 논리가 아니라 감정에 이끌려 결정하고, 두려움이 클수록 더 위험하다고 잘못 추측한다. 그러나 사람의 감정은 이성적이지 않을 때가 많다. 위험을 계산하는 법을 제대로 이해해야 어떤 위험이 감수할 만한지 파악하고 두려움 없이 모험을 할 수 있다.

## 위험 자체를 아예 생각하지 않는다

위험을 계산하려면 위험을 감수했을 때 긍정적인 결과와 부정적인 결과 중 어느 쪽이 나올지 예측하고 결과의 여파를 가늠해야 한다. 대개 위험을 생각하면 두려운 감정이 앞서기 때문에 위험 자체나 위험을 감수한 결과를 생각하지 않는다. 결과를 예상하지 못하니 위험한 생각이나 꿈을 전부 회피하게 된다.

위험은 생각하는 과정부터 도사리고 있다. 새 집을 살지 결정할 때도, 안전벨트를 맬지 결정할 때도 위험은 언제나 존재한다. 위험을 어떻게 생각하느냐에 따라 감정과 행동은 달라진다. 우리는 운전할 때 속력을 얼마나 높일지 결정한다. 위험을 계산하는 저울의 한쪽에는 사고를 내거나 교통법규를 위반할 위험이 있고, 다른 쪽에는 단축된 시간이 있다. 속력을 높일수록 차에서 보내는 시간은 줄어든다. 그러나 속력을 높이면 사고를 내거나 법적으로 문제를 일으킬 위험이 커진다.

일상적인 출근길에는 얼마나 빨리 달릴지 깊이 생각하지 않는다. 그저 평소의 습관에 따라 법을 준수하는 사람도 있고 제한속도를 어기는 사람도 있다. 그러나 지각을 한 날은 속력을 높여서 다치거나 법을 어길 위험을 감수할지, 직장에 지각할 위험을 감수할지 결정해야 한다.

사실 사람은 위험을 감수하거나 회피하는 결정에 그리 많은 시간을 투자하지 않는다. 그보다는 감정이나 습관에 따라 결정을 내린다. 두려운 마음이 크다면 위험을 피한다. 반면 위험을 감수해 얻는 이득이 마음에 든다면 위험을 가볍게 여길 것이다.


## 위험을 회피하지 말아야 하는 이유

데일은 막내까지 대학을 졸업하자 더 흥미진진한 인생을 살고 싶었다. 그러나 사업을 시작한다고 생각하면 절벽에서 안전장치 없이 뛰어내리는 기분이 들었다. 위험을 회피해서 마음이 더 괴로워졌다는 사실을 계산에 넣지 않은 것이다. 새로운 삶을 꿈꾸면서 사고방식이 달라지고 교사로서의 열정이 사그라졌으니 꿈을 이루지 못하는 상황이 괴로울 수밖에 없었다.

## 위험을 감수하지 않으면 삶은 특별해지지 않는다

오스마 아만Othmar Ammann 은 스위스에서 태어나 미국으로 이민한 기술자였다. 그는 뉴욕항만관리청의 수석 기술자로 시작해 7년도 지나지 않아 기술국장으로 승진했다. 그는 어느 모로 보나 중요한 일을 하고 있었다.

그러나 아만은 오래 전부터 건축가를 꿈꿔왔다. 결국 누구나 탐내는 일을 그만두고 개인 건축사무소를 개업했다. 몇 해 뒤, 아만은 베라자노내로스 교, 델라웨어메모리얼 교, 월트휘트먼 교를 비롯해 미국을 대표하는 각종 다리 건설에 참여했다. 정교하고 화려한 구조물을 디자인하고 만들 수 있는 능력을 인정받아 무수한 상을 받기도 했다.

아만은 예순 살에 직업을 바꾸었다는 점에서 누구보다 특별한 사람이다. 그는 여든여섯 살까지 쉬지 않고 훌륭한 건축물을 만들었다. 보통 사람이라면 더 이상 위험을 감수하지 않을 나이에 아만은 예상할 수 있는 위험을 감수해 꿈을 실현했다. 마음 편한 위험만 감수하면 엄청난 기회를 놓칠 가능성이 있다. 위험을 예상해 감수하는 사람은 평범한 삶을 특별한 삶으로 바꿀 수 있다.

## 감정에 이끌려 논리적으로 선택하지 못한다

차가 꽉 막힌 도로를 건너려면 다들 어느 정도는 두려울 것이다. 그래서 차에 치일 위험을 줄이고자 길을 건너기 전에 양쪽을 확인하자고 다짐한다. 조금도 두렵지 않은 사람은 무모하게 행동할 것이다. 그러나 이러한 '두려움 측정기'가 언제나 정확하지는 않기 때문에 전혀 위험하지 않은 상황에서도 작동한다. 그리고 사람은 두려움을 느낄 때 "이런 기분이라면 분명히 위험할 거야."라고 착각하고 감정에 이끌려 행동한다.

우리는 지난 몇 년 동안 살인 벌부터 광우병까지 온갖 위험을 경고받았다. 사실 위험을 통계하고 연구하고 경고하는 방식이 제각각이라서 실제로 내가 직면하는 위험의 범위를 판단하기 어렵다. 암 연구를 예로 들어보자. 어디서는 네 명 중 한 명꼴로 암에 걸린다고 하고 어디서는 몇 년 안에 인구 절반이 암에 걸린다고 경고한다. 이런 통계 자료는 경각심을 불러일으키지만 사람을 현혹시킬 때도 많다. 자료를 자세히 살펴보면 건강한 생활 습관을 유지하고 건강한 청년층은 담배를 피우고 과체중인 장년층에 비해 암에 걸릴 위험이 낮다. 하지만 그처럼 무시무시한 통계 자료가 난무할 때는 내게 어떤 위험이 닥칠지 제대로 예측하기 어렵다.

세정액 제조사들은 세균을 막으려면 더 강력한 화학 약품, 손 소독제, 항균 비누가 필요하다고 소비자들에게 주입하려 노력했다. 대중매체는 싱크대에 변기보다 세균이 많다고 경고하며 박테리아가 얼마나 빨리 증식하는지 페트리 접시에 시각적으로 보여준다. 세균이 두려운 사람은 이런 경고에 귀를 기울이고 세균과 접촉할 위험을 피해 극단적인 예방 조치를 한다. 가성 화학약품으로 매일매일 집을 청소하고 항균 제품으로 쉴 새 없이 손을 씻는다. 세균 번식을 줄이기 위해 악수하는 대신 주먹을 부딪치며 인사한다.

그러나 세균과의 전쟁은 실제로 백해무익이다. 세균을 지나치게 많이 없애면 면역력을 기르지 못해 병에 걸릴 위험이 있다고 증명한 연구도 있다. 존스홉킨스아동병원 연구팀에 따르면 세균이나 애완동물 및 설치류 동물의 비듬, 바퀴벌레 알레르겐에 노출된 신생아가 천식과 알레르기에 걸릴 확률이 낮았다. 많은 사람들이 두려움에 사로잡혀 세균이 실제보다 훨씬 더 위험하다고 착각한다. 그러나 세균이 있는 환경보다는 세균이 모두 사라진 환경이 건강에 훨씬 해롭다.

결정을 내릴 때는 자신의 감정을 인식하고 있어야 한다. 슬프다면 실패를 예상하고 위험을 회피할 수 있고, 행복하다면 위험을 가볍게 넘기고 감행할 수 있다. 위험과 아무 상관도 없는 두려움이 결정을 바꿀 수 있음을 증명한 연구도 있다. 새 집을 사려는 사람은 업무 스트레스가 있을 경우 상대적으로 더 위험하다고 생각한다. 사람은 감정에 영향을 주는 요인들을 잘 구분하지 못하기 때문에 하나로 뭉뚱그려서 볼 때가 많다.


## 위험을 예상하면 두려움이 줄어든다

그 전까지 데일은 무작정 사업에 뛰어들 필요가 없다는 생각을 미처 하지 못했다. 일단 파산할 확률을 줄일 방법을 찾기 시작하자 마음이 편해졌고, 가게를 여는 꿈을 어떻게 현실로 이룰지 더 논리적으로 생각할 수 있었다. 물론 사업 초기에 투자한 돈을 평생 회수하지 못할 가능성도 있었다. 그러나 데일은 신중하게 생각한 후 예측 가능한 위험을 기꺼이 받아들이기로 했다.

### 논리로 감정의 균형을 잡아라
불안감이 덜하면 모험을 하고 많이 불안하면 위험을 회피하는 실수를 저지르지 말라. 감정은 정확하지 않다. 사람은 감정이 강해질수록 논리적으로 생각하지 못한다. 감정적인 반응을 다스리고 싶다면 눈앞에 있는 위험을 이성적으로 생각해야 한다.

많은 사람이 비행기를 두려워한다. 대개 그렇게 느끼는 이유는 자신이 통제할 수 없기 때문이다. 조종사가 통제권을 쥐고 있으므로 승객은 상황을 통제할 수 없어 불안해진다. 비행기가 너무 두려운 나머지 머나먼 목적지까지 자동차로 움직이는 사람도 많다. 그러나 자동차를 타기로 한 결정 뒤에는 논리가 아니라 감정이 있다. 논리적으로 통계자료를 보자. 교통사고로 죽을 확률은 약 5000분의 1인 반면, 비행기 사고로 죽을 확률은 1100만 분의 1에 가깝다.

자신의 안전이 달린 위험을 감수한다면 확률이 낮은 쪽을 택하고 싶지 않을까? 그러나 대부분 감정적으로 가장 불안하지 않은 선택을 한다. 자신은 모험을 어떻게 생각하는지 인식하고 감정이 아닌 객관적인 사실에 따라 결정을 내리자.

다양한 연구를 보면 사람은 위험을 정확히 계산하지 못한다고 한다. 우리는 살면서 중요한 결정을 내릴 때 무서울 정도로 이성을 완전히 배제한다.

- 통제 가능한 정도를 잘못 판단한다. 보통 통제력이 높다고 생각할수록 더 큰 위험을 감수한다. 자동차 핸들을 잡을 때 마음은 훨씬 편안하다. 그러나 운전석에 있다고 사고를 피할 수 있다는 뜻은 아니다.

- 안전장치가 있으면 무모해진다. 안전망이 있다고 생각하면 더 무모하게 행동해 위험을 키운다. 대부분의 사람은 안전벨트를 착용했을 때 속력을 더 높이는 경향이 있다. 보험회사의 조사 결과, 자동차에 안전 기능이 늘어나면 사고 확률이 실제로 높아졌다.

- 능력과 우연의 차이를 모른다. 카지노 도박꾼들은 게임을 이기는 데 필요한 숫자에 따라 주사위 던지는 법을 바꾼다. 높은 숫자를 원할 때는 주사위를 세게 던지고 낮은 숫자를 원할 때는 가볍게 던진다. 확률 싸움인 도박을 하면서 일정 수준의 능력이 필요한 것처럼 행동하는 것이다.

- 미신의 영향을 받는다. 가령 행운의 양말을 신는 기업가나 집을 나서기 전에 별자리 운세를 읽는 사람은 미신으로 위험을 감수할지 말지를 결정한다. 평균적으로 13일의 금요일에는 비행기를 타는 사람이 1만 명 가량 줄고 동물 보호소의 검은 고양이가 새 주인을 찾기 힘들어진다. 연구 결과를 보면 대부분의 사람은 손가락을 십자가 모양으로 꼬면 행운이 늘어난다고 생각한지만 그렇게 한다고 위험이 줄어들 리는 만무하다.

- 잠재적인 보상을 크게 보면 쉽게 현혹된다. 확률이 아무리 낮아도 복권 당첨처럼 잠재적 보상이 정말로 마음에 들면 성공할 확률을 높게 잡는다.

- 자주 접하면 익숙해진다. 모험이 잦은 사람은 실제로 얼마나 큰 위험을 감수하고 있는지 잘못 계산한다. 같은 위험을 반복적으로 감행하면 더 이상 위험하게 느끼지 않는다. 매일 출근길에 속력을 높

이는 사람은 잠재적인 위험의 확률을 낮게 잡는다.

- 다른 사람은 위험을 정확하게 계산한다고 믿는다. 감정은 전염될 수 있다. 연기 냄새에 반응하지 않는 군중에 섞여 있으면 위험을 감지하지 못한다. 반대로 다른 사람이 패닉하기 시작하면 나도 따라서 반응할 가능성이 높다.
- 대중매체의 영향을 받아 위험을 계산한다. 희귀병 기사를 끊임없이 접하면 모든 기사에서 격리된 사건이라 말하고 있어도 그 질병에 걸릴 확률이 높다고 생각한다. 자연재해나 끔찍한 사고를 다룬 기사를 봐도 실제보다 재앙을 겪을 위험이 더 크다고 느낀다.

## 위험은 최소화하고 성공은 최대화하라

나의 모교 졸업식에서는 매년 졸업생 대표가 연설을 한다. 나는 졸업반 2학기에 접어들었을 때 졸업생 대표가 되었다는 소식을 들었다. 우리 학년에서 성적이 가장 높았다는 사실이 기뻤지만 연설을 해야 한다는 두려움이 더 컸다. 유치원 때부터 반 친구들을 알고 지냈어도 심각하게 숫기가 없던 탓에 교실에서도 웬만하면 발표를 하지 않던 나였다. 관객석을 가득 메운 사람들 앞에 서서 연설을 한다는 생각만으로 다리가 후들거렸다.

연설문을 써보려 했지만 종이에 한 글자도 적을 수 없었다. 수많은 사람 앞에서 말을 해야 한다고 생각하니 자꾸 집중력이 흐트러졌다. 그러나 시간은 계속 흐르고 있었기에 어떤 말이든 써야 했다.

"사람들이 속옷만 입었다고 생각해봐."라거나 "거울 앞에서 연설문을 읽는 연습을 해." 같은 조언을 들어도 긴장이 풀리지 않았다. 그야말로 나는 공포에 떨고 있었다.

사람들 앞에서 연설을 할 때 무엇이 가장 두려운지 잠시 생각해보았다. 나는 청중에게 거부당할까 봐 두려워하고 있었다. 내가 연설을 마친 후 물을 끼얹은 듯 조용해지는 상황이 두려웠다. 내가 중얼거린 말이 전혀 들리지 않았거나 엉망으로 전달되어 누구 하나 박수를 치지 않을 것 같았다. 그러한 위험을 없애기 위해 나는 친구들에게 도움을 청했고 우리는 멋진 계획을 짜냈다.

일단 계획을 하자 위험이 줄어들고 긴장이 풀리면서 연설문을 쓸 수 있었다. 몇 주가 지나 졸업식 날, 나는 연단 앞에서 사시나무처럼 떨었다. 열여덟 살짜리가 동급생에게 그나마 할 수 있는 조언을 이야기하는 내내 목소리는 갈라졌다. 그래도 나는 무사히 연설을 마쳤다. 연설이 끝나자 친구들은 계획대로 움직였다. 신호와 함께 자리에서 일어나 이 세상에서 가장 멋진 콘서트를 본 사람처럼 환호한 것이다. 몇 사람이 강당에서 일어나 박수를 치자 어떤 일이 벌어졌는지 아는가? 다른 사람까지 친구들을 따라 했고 그날 나는 기립박수를 받았다.

내가 그럴 자격이 있었을까? 아니라고 본다. 오늘날까지도 그 점은 아무 상관이 없다. 박수를 받지 못한다는 가장 큰 두려움을 없애자 연설을 해낼 수 있었다는 사실이 중요했을 뿐이다.

같은 상황이라도 개개인마다 위험을 다르게 느낀다. 청중 앞에서의 연설이 위험하다고 생각하는 사람이 있는 반면, 전혀 위험하지 않다고 보는 사람도 있다. 다음의 질문을 스스로에게 던져보면 위험하다고 느끼는 정도를 계산할 수 있다.

- 잠재적 비용은 무엇인가? 투자금처럼 위험을 감수하는 비용이 확실한 경우도 있지만, 상대에게 거부당하는 위험처럼 형태가 없는 비용도 있다.

- 잠재적 이익은 무엇인가? 위험을 감수해서 얻을 긍정적인 결과를 생각해보자. 위험하다고 생각한 일이 잘 풀리면 어떻게 될까? 돈이 더 많이 생길까? 인간관계가 개선될까? 아니면 건강해질까? 잠재 비용보다 가치가 높은 보상이 있어야 한다.

- 목표 달성에 어떤 도움이 될까? 더 높은 수준의 목표를 확인한 후, 위험을 감수해서 그 목표에 다가갈 수 있는지 판단하자. 돈을 많이 버는 것이 목표라면 위험 요인을 검토하면서 개인 사업이 그 목표에 얼마나 도움이 될지 알아본다.

- 대안은 무엇인가? 보통은 위험을 감수하느냐, 지나치느냐 하는 두 개의 선택지밖에 없다고 생각한다. 그러나 목표를 이룰 수 있는 기회는 다양하다. 그런 대안을 알아두어야 가장 현명한 결정을 내릴 수 있다.

- 최선의 시나리오가 실현될 경우의 이점은 무엇인가? 위험을 감수해서 어떤 보상을 얻고 그 보상이 삶에 어떤 영향을 미칠지 깊이 생각한다. 최선의 시나리오가 안겨줄 이득을 현실적으로 예상한다.

- 최악의 시나리오는 무엇이고 어떻게 피해를 줄일 수 있나? 최악의 시나리오를 꼼꼼히 살펴본 후 잠재 위험을 최소화하려면 어떤 방법이 있는지 생각한다. 예를 들어 사업에 투자할 생각이라면 사업이 성공할 확률을 높이는 방법을 고민한다.

- 이 결정이 5년 후에는 어떤 의미일까? 균형 잡힌 시각을 잃지 않으려면 위험을 감수해서 미래가 얼마나 달라질지 자문해보라. 작은 위험이라면 몇 년 후에 기억조차 못 하겠지만 큰 위험이라면 미래를 완전히 바꿔놓을 수 있다.

이 질문의 대답을 적어두고 언제든 다시 읽으며 곱씹으면 도움이 된다. 알고 있는 정보가 별로 없어 위험을 제대로 계산하지 못한다면 더 많이 조사해 최대한 정보를 많이 수집한다. 정보를 구하지 못할 경우에는 알고 있는 정보 안에서 최선의 결정을 내린다.

## 위험을 감수하는 연습을 하라

앨버트 엘리스Albert Ellis가 사망하기 전인 2007년, 심리학 전문 잡지《사이콜로지투데이》Psychology Today는 엘리스에게 '현존하는 가장 위대한 심리학자'라는 칭호를 붙였다. 엘리스는 어떻게 하면 자멸적인 생각과 믿음에 도전할 수 있는지 가르친 심리학자로 알려져 있다. 그는 이런 원칙을 가르쳤을 뿐만 아니라 원칙에 따라 살기도 했다.

청년 시절 숫기가 없었던 엘리스는 차마 두려워서 여자에게 말을 걸지 못했다. 거절당할까 봐 데이트 신청은 꿈도 못 꿨다. 그러던 어느 날, 여자에게 거절당한다고 세상이 끝나지는 않는다는 사실을 깨닫고 나서 두려움과 마주하기로 결심했다.

엘리스는 한 달 내내 인근 식물원에 갔다. 그리고 벤치에 혼자 앉아 있는 여자를 발견하면 옆에 가서 앉았다. 그리고 1분 안에 억지로라도 대화를 시작하려 했다. 그는 한 달 동안 여자 130명과 대화할 기회를 얻었고 130명 중 30명은 그가 벤치에 앉자마자 일어났다. 하지만 100명과는 대화를 나눌 수 있었다. 데이트 신청을 받은 100명 중에서 한 명만이 승낙했는데, 그녀는 약속 장소에 나타나지 않았다. 그러나 엘리스는 좌절하지 않았다. 거절이 두려워도 위험을 감수할 수 있다는 확신이 생겼기 때문이다.

자신의 두려움과 맞선 엘리스는 모험을 막는 비이성적인 생각을 발견했다. 그는 이런 생각으로 감정이 어떻게 달라지는지 이해했고 훗날 비이성적인 생각을 극복하게 도와주는 심리치료 기법을 개발했다.

우리도 엘리스처럼 자신의 위험을 감수해보고 결과를 관찰해야 한다. 위험을 감수하기 전부터 모험을 하고 난 후까지 시종일관 자신의 감정을 주의 깊게 살핀다. 그런 다음 이번에 배운 점을 새겨두고 향후 결정을 할 때 어떻게 적용할지 생각한다.


## 예측 가능한 위험을 감수하면 강해진다

영국 버진그룹의 창업자 리처드 브랜슨Richard Branson은 위험을 감수하는 사람으로 유명하다. 모험을 하지 않고서야 어떻게 400개의 회사를 소유하겠는가? 브랜슨은 확실한 보상을 계산한 후 위험을 감수했다.

어린 시절 브랜슨은 문제아였다. 난독증으로 학업 성적도 형편없었다. 하지만 그는 좌절하지 않았고 십대 시절부터 사업을 구상했다. 그리고 열다섯 살 때 조류 번식 사업을 시작했다. 브랜슨의 사업은 레코드 회사, 항공사, 휴대폰 회사 등을 소유해나가며 빠른 속도로 번창했고 현재는 추정 순자산이 50억 달러에 이를 만큼 규모가 커졌다. 브랜슨은 가만히 앉아서 노력의 대가를 즐길 수 있었지만 지금까지도 버진그룹에서는 모험이 일상이다.

브랜슨은 잡지 《엔트러프러너》Entrepreneur에 이렇게 기고했다.

"버진에서는 판에 박히고 따분한 일상을 탈출하기 위해 두 가지 전략을 사용한다. 바로 내기와 기록 깨기다. 내기는 자신을 테스트하는 방법으로 그만이고 다 같이 내기를 즐기면서 한계를 뛰어넘을 수 있다."

그리고 브랜슨은 정말로 한계를 뛰어넘었다. 버진 그룹은 남들이 불가능하다고 주장한 제품을 만들고 기록을 깼다. 그는 누구도 감히 도전하지 않으려 했던 과제를 받아들였다. 하지만 브랜슨은 그가 감수한 위험이 "전략적 판단이지 무모한 도박이 아니다."라고 말한다.

성공은 나를 찾아오지 않는다. 내가 성공을 찾아 나서야 한다. 위험을 신중하게 예상해 감수하고 낯선 세계에 발을 디딘다면 꿈을 성취하고 목표를 이룰 수 있을 것이다.

# SOLUTION *06*

내가 어떤 위험을 감수하고 있고 그 위험을 어떻게 생각하는지 주의 깊게 살핀다. 어떤 기회를 놓치고 있는지도 생각해야 한다. 그러면 위험을 감수해서 큰 이득을 얻는다고 판단할 때 조금은 불안해도 모험을 해야겠다는 확신이 생긴다. 위험을 예측하려면 연습이 필요하다. 연습을 통해 배우고 성장할 수 있다는 사실을 잊지 말자.

😊 **이 렇 게  해 보 자**

▷ 위험을 감수한다고 생각할 때의 감정을 확인한다.
▷ 어떤 모험이 유독 망설여지는지 생각한다.
▷ 결정에 영향을 미치는 비이성적인 생각을 찾는다.
▷ 추측하지 말고 사실을 배운다.
▷ 결정을 내리기 전에 위험을 예상한다.
▷ 위험을 감수하는 연습을 하고 무엇을 배웠는지 결과를 관찰한다.

☹ **이 렇 게  하 지  말 자**

▷ 감정에 이끌려 위험을 감수하거나 회피한다.
▷ 가장 두려운 위험을 피한다.
▷ 비이성적인 생각 때문에 새롭게 시도하려는 의지를 꺾는다.
▷ 정보가 부족해 최선의 선택을 하지 못할 때 정보를 더 얻으려 노력하지 않거나 사실을 무시한다.
▷ 사전에 위험을 계산하지 않고 충동적으로 행동한다.
▷ 불편하다는 이유로 위험을 회피한다.

## 제7장

# 과거에
# 연연하지 마라

자기반성은 이롭다. 그러나 과거에 연연하다 보면 현재를 즐기고 미래를 계획하지
못해 불행을 자초한다. 과거에 머물러 있을 필요는 없다. 그보다는 현재를 충실히
살아가야 한다.

과거의 상처는 과거에 연연한다고 아물지 않는다.
현재에 충실할 때에야 치유되는 법이다.

_마리안느 윌리엄슨 Marianne Williamson

열심히 일하며 살던 55세 여성 글로리아는 극심한 스트레스로 병원을 찾았다가 심리치료를 추천받았다. 글로리아는 얼마 전부터 스물여덟 살 딸과 같이 산다고 했다. 딸은 열여덟 살에 독립한 이후로 열 번도 넘게 엄마의 집을 들락날락했다. 새로운 남자 친구를 만나면 며칠이나 몇 주 사이에 동거를 시작했지만 한 남자와 오래 가지 못하고 번번이 글로리아에게 돌아왔다.

무직인 딸은 적극적으로 일자리를 구하지 않았다. 하루 종일 텔레비전을 보고 인터넷 서핑이나 했다. 집안일에 손 하나 까딱하지 않았고 자기가 어지럽힌 자리조차 치우지 않았다. 글로리아는 호텔의 객실 청소부가 된 기분이라고 불평했지만 딸이 돌아오면 언제나 팔 벌려 맞아주었다.

글로리아는 엄마로서 딸에게 머물 곳 정도는 마련해줘야 한다고 생각했다. 그녀는 과거에 좋은 엄마 노릇을 하지 못해 딸을 힘들게 했다고 털어놓았다. 남편과 이혼한 후 많은 남자를 만났고 그 중에서 딸에게 본보기가 될 남자는 얼마 없었다. 이제 와서 말이지만 글로리아는 술을 마시고 남자를 만나는 데 정신이 팔려 딸을 제대로 보살피지 못했다. 그때 잘못으로 딸이 지금 방황하는 것만 같았다. 글로리아는 과거를 참회하는 마음으로 성인이 된 딸을 제멋대로 살게 두고 있었다. 글로리아는 딸의 어른스럽지 않은 행동 때문에 가장 스트레스를 받는다고 했다. 딸의 미래가 걱정스러웠고 딸이 어서 직장을 잡아 자립하기를 바랐다.

상담이 진행될수록 글로리아는 과거를 후회하고 자책하느라 좋은 부모가 될 기회를 놓치고 있다는 사실을 깨달았다. 딸에게 최선을 다하고 싶고 더 나은 미래를 원한다면 스스로 용서하고 더 이상 과거에 연연하지 말아야 했다. 나는 현재 상황을 고려했을 때 딸이 어느 날 갑자기 책임감 있게 행동할 수 있겠냐고 물었다. 글로리아는 그럴 리 없다고 인정했지만 딸을 바꿀 방법은 알지 못했다.

이후 몇 주에 걸쳐 글로리아가 자신의 과거를 어떻게 생각하는지 알아보았다. 글로리아는 딸의 어린 시절을 떠올리면 '무슨 일이 있어도 아이를 먼저 생각했어야 하는데 나는 정말 나쁜 사람이야.'라거나 '우리 딸은 엄마를 잘못 만나서 문제가 많은 거야.' 같은 생각을 했다. 그러한 생각을 나와 함께 분석하면서 글로리아는 느리지만 확실하게 깨달음을 얻었다. 그녀는 과거를 자책하는 마음에 휩쓸려 딸을 잘못 대하고 있었다.

글로리아는 과거에 훌륭한 엄마가 아니었지만 이제 와서 후회한다고 과거가 바뀌지 않음을 조금씩 받아들였다. 딸이 원하는 대로 둔다고 과거를 보상해줄 수는 없었다. 오히려 인생을 망칠 구렁텅이로 딸을 떠밀고 있었다.

글로리아는 마음을 단단히 먹고 몇 가지 규칙으로 딸에게 선을 그었다. 우선 구직 활동을 해야만 같이 살 수 있다고 말했다. 자립할 시간은 얼마든지 주겠지만 계속 이 집에서 살 생각이면 2개월 후부터는 집세를 내라고 했다. 딸은 엄마의 새로운 규칙을 듣고 처음에는 화를 냈지만 며칠 지나지 않아 일자리를 구하기 시작했다.

몇 주 후 상담실을 찾은 글로리아는 딸이 경력을 제대로 쌓을 수 있는 직장에 취직했다고 자랑스레 알렸다. 딸은 취직하고 나서 몰라보게 변했고 어떤 꿈들을 이루고 싶은지 이야기한다고 했다. 글로리아는 과거의 자신을 완전히 용서하지는 못했다. 하지만 그녀는 18년 동안 나쁜 엄마로 살았던 과거보다는 앞으로 18년 더 나쁜 엄마로 사는 미래가 끔찍하다는 사실을 받아들였다.


## 우리는 왜 과거에 연연하는가

지난주 일을 마음에 담아두는 사람도 있고, 몇 년이 지난 일로 아직까지 괴로워하는 사람도 있다. 다음 중 자신에게 해당하는 항목이 있는지 살펴보자.

- ☐ 인생에도 되감기 버튼이 있어서 과거를 다시 살았으면 좋겠다.
- ☐ 과거가 후회스러워 못 견디겠다.
- ☐ 조금 다른 길을 선택했더라면 인생이 어떻게 달라졌을지 생각하는 시간이 많다.
- ☐ 이미 인생의 황금기를 지난 것 같다.
- ☐ 영화 장면처럼 과거 기억을 머릿속에서 계속 재생한다.

□  과거의 말이나 행동을 다르게 해서 현재가 달라지는 상상을 한다.

□  나는 행복할 자격이 없다고 자책한다.

□  과거가 부끄럽다.

□  실수를 하거나 부끄러운 일을 했던 과거가 계속 떠오른다.

□  다르게 '해야 했거나' 다르게 '할 수 있었던' 일을 자주 생각한다.

물론 자기반성은 이롭다. 그러나 과거에 연연하다 보면 현재를 즐기고 미래를 계획하지 못해 불행을 자초한다. 과거에 머물러 있을 필요는 없다. 그보다는 현재를 충실히 살아가야 한다.

글로리아의 딸은 어렸을 때 엄마의 손길을 느끼지 못했다는 사실을 들먹이며 죄책감을 무기로 엄마를 마음대로 휘둘렀다. 그럴수록 글로리아의 후회는 깊어졌다. 아직 딸의 용서를 받지 않았는데 어떻게 자신을 용서할 수 있겠는가? 그녀는 과거의 실수를 속죄하는 의미로 죄책감을 떨쳐내지 않았고, 결과적으로 계속 과거에 연연할 수밖에 없었다.

마음 한구석에서 사라지지 않는 죄책감, 수치심, 분노 등의 감정은 우리를 과거에 가둔다. 나도 모르는 새 '계속 불행하게 살다 보면 언젠가는 용서받겠지.' 같은 생각을 한다. 나는 행복할 자격이 없다는 속마음을 아예 깨닫지 못하는 수도 있다.

### 미래가 두려워 과거에 머문다

엄마가 돌아가시고 2주쯤 지났을 때 아버지 집에 불이 났다. 불은 지하실을 넘지 못하고 꺼졌지만 온 집안에 연기와 검은 그을음이 퍼져나갔다.

보험회사에서 보낸 사람들이 지하실부터 꼭대기 층까지 전부 청소해야 했고, 그 과정에서 모르는 사람들이 엄마의 유품에 손을 댔다. 내 속은 말이 아니었다.

나는 모든 물건이 엄마가 놓아둔 대로 있었으면 했다. 엄마가 옷장에 걸어놓은 대로 옷이 걸려 있기를 원했고, 크리스마스 장식품도 엄마가 정리하는 방식대로 상자에 들어 있기를 바랐다. 세월이 흘러 엄마의 보석함을 열었을 때 엄마가 마지막으로 놓은 대로 보석이 있었으면 했다. 하지만 꿈에서나 가능한 얘기였다. 모든 것이 바뀌었다. 엄마의 옷에서는 엄마 냄새가 나지 않았고, 엄마가 마지막으로 어떤 책을 읽고 있었는지 알 길이 없었다. 우리는 슬픔에서 벗어날 겨를도 없이 엄마의 유품을 정리해야 했다.

몇 년이 지나 링컨이 죽었을 때도 나는 시간이 멈추기를 바랐다. 링컨이 옷장에 어떻게 옷을 거는지 본다면, 책을 어떤 순서로 읽었는지 알아낸다면 링컨이 세상을 떠났어도 그에게 더 가까워질 것 같았다. 물건을 옮기거나 버리거나 정리하면 링컨이 어떤 사람이고 어떤 생각을 했는지 알려줄 소중한 단서가 사라지는 느낌이 들었다.

링컨에 대해 알아낼 사실이 남아 있다면 그를 더 오래 붙잡아둘 수 있다고 생각했다. 작은 종이쪽지에 그의 메모가 있을지도 몰랐다. 처음 보는 사진이 나올지도 몰랐다. 링컨은 이 세상에 없지만 나는 어떻게든 그가 존재하는 기억을 새로 만들고 싶었다. 우리가 함께한 6년만으로는 부족했다. 링컨이 생각나는 물건은 단 하나도 떠나보내고 싶지 않았다. 내게 필요 없는 물건이라도 없애려 하면 링컨을 과거에 두고 떠나는 기분이었다. 나는 그러고 싶지 않았다.

그렇게 나는 모든 것을 얼어붙은 시간 속에 두려 했지만 소용없었다. 당연하게도 세상은 계속해서 움직이고 있었고, 나도 몇 개월 후에는 타임캡슐처럼 전부 보관하고 싶은 마음을 조금씩 버릴 수 있었다. 링컨의 글씨가 남아 있는 물건을 버려도 괜찮다고 생각했다. 그가 우편으로 계속 받아보던 잡지도 끊었다. 그러나 링컨의 칫솔을 버리기까지는 2년이 걸렸다. 아무 쓸모없는 칫솔이었지만 버리자니 왠지 링컨을 배신하는 기분이었다. 과거에 연연하고 있을 때는 차라리 마음이 더 편했다. 링컨에 대한 기억이 과거에 있었기 때문이다. 그러나 계속 변하고 미래를 향해 가는 세상 속에서 혼자 과거에 매달리면 나만 손해였다. 나는 과거를 벗어나도 내가 간직한 아름다운 추억은 사라지지 않는다고 믿어야 했다.

나는 사람들이 이성적으로 생각하게 돕는 심리치료사였지만 막상 내게 슬픔이 닥치자 이성적으로 생각할 수가 없었다. 링컨이 아직 살아 있는 과거에 남아 있고만 싶었다. 하지만 평생 과거만 생각하고 있는 한 다시 행복한 기억을 만들 수는 없었다.

## 과거에 연연하면 현실 감각이 사라진다

슬프고 비극적인 사건을 겪은 사람만 과거에 매달리지는 않는다. 현실에서 도피하려고 과거에 연연하는 사람도 있다. 고등학교 시절 미식축구 선수였던 40세 남자는 몸에 맞지도 않는 선수용 재킷을 입고 '찬란한 전성기' 이야기를 한다. 어떤 35세 엄마는 살면서 가장 자랑스러운 일을 물어보면 '고등학교 댄스파티 여왕'에 뽑힌 일이라고 대답한다. 이처럼 사람은 현재의 고민거리에서 벗어나기 위해 과거를 미화할 때가 많다.

현재의 연인과 행복하지 않거나 아예 연인이 없다면 과거의 사랑을 하염없이 추억하고 싶다. 마지막으로 헤어진 연인과 계속 만나는 상상을 하고, 고등학교 시절 이성친구와 결혼했다면 지금쯤 더 행복했을 것이라는 미련을 버리지 못한다.

우리는 걱정 없이 행복했던 '과거'에 집착하고 싶을 수 있다. 그래서 오늘의 나를 있게 한 결정을 후회한다. "전 남자 친구와 결혼만 했어도 행복하지 않았을까?", "대학을 계속 다녔다면 정말 좋아하는 일을 했겠지.", "다른 데로 이사하지 않으면 지금까지 잘 살았을 텐데." 같은 말을 한다. 그렇게 했을 경우 인생이 어떻게 달라졌을지는 모르는 일이다. 하지만 과거를 바꿀 수만 있다면 지금보다 더 행복할 것이라 생각하기는 쉽다.


## 아무리 후회해도 과거는 바뀌지 않는다

글로리아는 딸을 어엿한 성인으로 생각할 수 없었다. 딸을 보고 있으면 글로리아 자신의 잘못만 보였다. 죄책감 때문에 현실을 바로 보지 못했고 딸의 무책임한 행동을 내버려두었다. 문제는 글로리아가 과거에 저지른 실수를 딸이 되풀이하고 있다는 것이다. 과거에 얽매여 성장하지 못하는 사람은 글로리아만이 아니었다. 덩달아 딸까지 책임감 있는 어른으로 성장하지 못하고 있었다.

아무리 후회해도 과거는 바뀌지 않는다. 이미 벌어진 일에 집착하면서 시간을 낭비하는 사람에게는 문제만 더 늘어난다. 과거에 연연하면 다음과 같은 이유로 최상의 자아를 찾지 못한다.

- 현재와 멀어진다. 생각이 계속 과거에 머물러 있으면 현재를 즐길 수 없다. 이미 엎질러진 물에 신경 쓰느라 새로운 기회를 놓치고 지금 이 순간의 기쁨을 누리지 못한다.
- 미래를 준비할 수 없다. 마음이 온통 과거에 가 있으면 목표를 확실하게 정하지 못하고 변하려는 의지도 금세 꺾인다.
- 아무것도 결정할 수 없게 된다. 과거에 해결하지 못한 문제로 갈등할 때는 생각이 흐려진다. 과거의 일을 극복할 수 없으면 지금 어떻게 해야 내게 가장 이로울지 똑바로 결정하지 못한다.
- 문제를 해결하지 못한다. 머릿속으로 같은 장면만 반복해서 떠올리고 지금 통제할 수 없는 일에만 집중하면 아무 문제도 해결할 수 없다.
- 우울해진다. 불행한 기억은 불행한 감정을 불러일으킨다. 그리고 우울할 때는 더 우울한 기억이 떠오를 것이다. 과거에 연연하면 동일한 감정 상태에서 벗어나지 못하는 악순환이 계속된다.
- 과거를 미화해도 아무 소용없다. 우리는 지금 없는 것을 그리워하는 심리에서 과거를 미화한다. 과거에 근심거리 없이 더 행복하고 자신감 넘쳤다고 생각하기는 쉽다. 하지만 그때 얼마나 행복했는지 과장하고 있을지도 모른다. 현재의 불행도 과장되었을 가능성이 크다.
- 건강에 해롭다. 2013년 오하이오 대학교 연구진은 불행한 사건을

생각할수록 몸에 염증이 증가한다는 사실을 발견했다. 과거에 연연하면 심장병이나 암, 치매에 걸릴 위험이 높아진다.

## 과거를 통해 배운다

과거 때문에 자학하던 글로리아는 과거를 통해 배울 수 있다고 깨달은 순간 생각을 바꿨다. 그녀는 행동을 바꾸고 딸에게도 다른 엄마가 되기 시작했다. 그러자 과거의 실수를 밑거름 삼아 딸을 올바르게 가르치는 방법을 배웠다. 몇 달에 걸친 상담이 끝났을 무렵, 글로리아는 딸에게 잘못했던 과거를 떠올려도 수치심으로 몸부림치지 않았다.

### 생각을 바꿔라

과거에 연연할 때 보통은 생각에서부터 시작하다가 이내 감정과 행동도 영향을 받는다. 과거를 벗어나 앞으로 나아가려면 과거에 대한 생각을 바꿔야 한다.

- **과거를 생각하는 시간을 정한다.** 사람의 뇌는 생각을 정리할 시간이 필요하기 때문에 생각을 말자고 다짐할수록 그 생각이 불쑥 나타날 수 있다. 기억을 억누르려 애쓰지 말고 '그 일은 오늘 저녁을 먹고 나서 생각해보자.'와 같은 마음을 먹는다. 그리고 저녁 식사 후 20분 동안 그 생각을 하고 시간이 다 되면 다른 일로 넘어간다.

- 그 외에 생각할 거리를 만든다. 과거가 아닌 다른 생각을 하도록 계획한다. 예를 들어 입사에 실패한 직장 생각이 나면 다음 휴가 계획만 생각하자고 결심한다. 잠들기 전에 부정적인 생각을 자주 하는 사람에게 특히 유용한 방법이다.
- 미래의 목표를 세운다. 미래를 계획하고 있으면 과거에 연연할 틈이 없다. 단기 계획과 장기 계획을 모두 세우고 목표를 이루기 위한 행동을 단계별로 밟아나가자. 미래에 대한 기대감이 커지면 과거에 집착할 일이 적어진다.

사람의 기억은 우리가 생각하는 것만큼 정확하지 않다. 불쾌한 사건을 떠올릴 때는 실제보다 더 끔찍하게 과장하기 쉽다. 회의 중에 말을 잘못해서 후회하는 사람은 그 자리에 있던 사람들이 실제보다 훨씬 부정적으로 반응했다고 생각한다. 나쁜 기억이 떠오른다면 다음과 같이 객관적으로 생각을 바꾸자.

- 그 일로 얻은 교훈만 생각한다. 힘든 시간을 견뎌냈다면 그 일로 배운 것만 생각한다. 이미 물은 엎질러졌고 내가 달라졌다는 사실을 받아들인다. 하지만 나쁜 변화만은 아닐 수도 있다. 잘못된 대우를 받는 동안 자기주장을 하는 법을 배웠을 수도 있고, 연인 관계를 지속하려면 솔직해야 한다고 배웠을 수도 있다. 사람은 가장 힘든 시기에 인생 최고의 교훈을 얻기도 한다.
- 감정이 아니라 사실을 생각한다. 불쾌한 기억을 떠올리면 당시의

기분이 먼저 생각나면서 무척 괴로워진다. 그럴 때 감정이 아니라 자세한 사실만 차근차근 돌이켜보면 괴로움이 덜하다. 장례식에 참석했을 때의 기분을 생각하지 말고 내가 앉은 자리와 내가 입은 옷, 참석한 사람 등의 세부 사항을 떠올린다. 일단 감정을 배제하면 그 일에 연연할 가능성이 낮아진다.

- 상황을 다르게 본다. 똑같은 과거를 다르게 볼 수 있을지 생각해본다. 우리에게는 이야기를 원하는 대로 엮을 힘이 있기 때문에 같은 상황을 수없이 다르게 이야기해도 여전히 사실일 수 있다. 현재 이야기가 우울하다면 다르게 보는 방법을 찾는다. 글로리아의 경우는 딸의 현재 선택이 어린 시절 때문은 아니라고 마음을 달랠 수 있다. 그녀가 과거에 실수를 저지르기는 했지만 그래서 딸이 지금처럼 사는 것이라고 단정 짓기는 힘들다.

## 과거를 용서하라

제임스 배리James Barrie가 여섯 살 때, 열세 살이던 형 데이비드가 스케이트 사고로 죽었다. 형제가 많은 집이었지만 엄마는 10남매 중에서도 데이비드를 특히나 아꼈다. 데이비드가 죽은 후 엄마는 슬픔에 빠져 살아갈 의미를 잃었다.

여섯 살 제임스는 엄마의 슬픔을 달랠 수 있다면 무슨 일이든 했다. 엄마의 텅 빈 마음을 채우려 형 데이비드 흉내까지 냈다. 그는 데이비드의 옷을 입고 데이비드와 똑같이 휘파람 부는 법을 배웠다. 내내 엄마 옆에 붙어 웃음을 되찾아주려 노력했다.

제임스는 엄마를 행복하게 해주고 싶었지만 엄마는 어른으로 살기 힘들다는 말만 했다. 어른이 되면 슬프고 불행한 일밖에 없으니 너는 절대 자라지 말라고 했다. 더 이상 자랄 일이 없는 데이비드는 어른의 현실을 겪을 필요가 없으니 얼마나 다행이냐고도 말했다.

제임스 배리는 엄마를 기쁘게 하려고 어른이 되기를 거부했다. 형 데이비드가 죽은 열세 살은 더더욱 넘기고 싶지 않았다. 그는 어린 아이로 남으려 혼신의 힘을 다했다. 그런 노력이 신체 성장을 방해했는지 제임스는 성인이 되어서도 150센티미터를 넘지 못했다.

제임스는 고등학교를 졸업한 후 작가가 되고 싶었다. 그러나 가족은 데이비드가 살아 있었으면 대학을 갔을 테니 대학에 진학해서 공부하라고 강요했다. 제임스는 공부를 계속하되 문학을 전공하겠다고 타협했다.

이후 제임스는 모르는 사람이 없는 아동문학 작품 《피터팬》Peter Pan, or the Boy Who Wouldn't Grow Up 을 남겼다. 희곡으로 출발해 유명 영화가 된 이 작품 속에서 주인공 피터팬은 순수한 아이와 책임이 무거운 어른 사이에서 갈등한다. 아이로 남기를 선택한 피터는 다른 아이들에게도 같은 선택을 하자고 손을 내민다. 유명 작품으로만 생각하면 재미있는 동화다. 그러나 저자의 삶을 들여다보면 꽤나 비극적인 뒷이야기가 존재한다.

제임스 배리의 엄마는 아들이 죽은 후 앞날을 기대할 수 없었다. 엄마는 인생에서 어린 시절이 가장 행복하고 현재와 미래는 고통과 걱정만 가득하다고 생각했다. 그녀는 극단적으로 과거에 연연해 남은 아이들의 행복까지 빼앗았다. 제임스는 어른이 되어서도 엄마의 굴레에서 벗어나지 못했다.

슬픔의 속성을 오해해도 과거에 얽매이게 된다. 많은 사람들이 누군가 죽으면 그 사람을 사랑한 만큼 오래 슬퍼해야 한다고 착각한다. 별로 관심 없던 사람이 죽으면 몇 달쯤 슬퍼하고 말지만 진심으로 사랑한 사람이 죽으면 몇 년도 모자라 남은 인생 동안 슬퍼한다.

슬퍼하는 기간에는 정답이 없다. 몇 년을 슬퍼할 수도 있고 평생을 슬퍼할 수도 있다. 하지만 슬퍼하는 시간은 그 사람을 향한 사랑의 크기와 비례하지 않는다. 다행히 우리에게는 사랑하는 사람과의 소중한 기억이 가득 남아 있다. 그러나 과거에서 벗어나 미래를 향해 가려면 나를 위해 새로운 기억을 만들고 내게 가장 이로운 결정을 내려야 한다. 언제나 다른 사람의 뜻대로 이끌려 다녀서는 안 된다.

과거의 어느 시점에 생각이 멈춰 있으면 다음과 같이 과거를 용서하는 방법도 있다.

- 미래로 나아가도 좋다고 허락한다. 때로는 미래로 나아가도 좋다는 허락만으로 충분하다. 과거를 벗어난다고 사랑하는 사람의 기억을 버려야 한다는 뜻은 아니다. 현재를 즐기고 최대한 가치 있는 인생을 살 수 있다는 뜻이다.
- 과거에 연연할 때의 대가를 확인한다. 단기적으로는 과거에 연연해서 좋을 때가 있다. 과거를 떠올리며 현재의 문제에서 마음을 덜 수 있기 때문이다. 그러나 장기적인 관점에서 보면 결코 이롭지 않다. 과거에 매달려 있을 때 어떤 기회를 놓치게 될지 생각해보자.
- 용서하는 연습을 한다. 자신이나 타인을 용서하지 못해 과거의 상

처나 분노에 얽매일 경우, 용서하면 괴로움을 덜 수 있다. 용서한다고 그 일이 사라지지는 않는다. 내게 상처를 준 사람을 용서하면서도 그와의 인연을 끊기로 결심할 수 있다. 상처와 분노로 감정을 소모하지 않도록 마음을 비우는 데 집중하자.

- 과거에 집착하는 행동을 끊는다. 나쁜 기억이 떠오르거나 그 일을 할 자격이 없다고 망설여질수록 과감히 도전하라. 과거를 바꿀 수는 없지만 받아들일 수는 있다. 과거로 돌아가서 내가 저지른 실수를 고치거나 지울 방법은 없다. 나 때문에 일어난 피해를 수습하려 해도 모든 문제를 해결하지는 못한다.

- 필요하다면 전문가의 도움을 받는다. 비극적인 사건을 겪고 나면 외상 후 스트레스 장애PTSD와 같은 정신 건강 문제에 시달리는 경우가 많다. 죽음의 문턱에서 벗어난 사람은 그때의 기억이 불쑥 찾아들고 악몽에 시달려서 과거를 용서하기 힘들다. 전문적인 상담을 받으면 불행한 기억으로 인한 괴로움이 줄어들기 때문에 미래로 나아가기가 한결 쉬워진다.

## 과거를 용서하면 강해진다

위노나 워드Wynona Ward는 버몬트 주의 시골 마을에서 자랐다. 그녀의 집은 찢어지게 가난했고 그 지역이 다 그렇듯 가정 폭력이 비일비재했다. 워드는 걸핏하면 아버지에게 매를 받거나 성적 학대를 당했고 아버지가 어머니를 때리는 장면도 자주 목격했다. 어머니의 상처를 치료하는 의사도, 비명소리를 듣는 이웃도 누구 하나 나서서 말리지 않았다.

워드는 가족 문제를 입 밖으로 꺼내지 않았고 열심히 공부해 학교에서 우등생이 되었다. 열일곱 살이 되자 집을 떠나 결혼을 했고 남편과 트럭을 타고 전국을 여행하며 살았다.

트럭을 타고 전국을 돌아다닌 지 16년이 지났을 때, 워드는 오빠가 조카를 학대했다는 사실을 알게 되었다. 워드는 그 순간 자신이 나서야겠다고 결심했다. 그녀는 대물림되고 있는 가정 폭력을 끝내기 위해 학교로 돌아갔다.

버몬트 대학교에 입학한 워드는 남편이 모는 트럭 안에서 공부를 했다. 대학을 졸업한 후에는 버몬트 로스쿨에 진학했다. 그리고 법학 학위를 따자마자 소액의 보조금으로 해브저스티스윌트레블Have Justice – Will Travel(정의를 품고 움직일 것이다)이라는 단체를 만들어 가정 폭력에 시달리는 시골 가정을 돕기 시작했다.

워드는 시골에 사는 가정 폭력 피해자에게 무료 변론을 해주고 적절한 사회복지시설을 연결해준다. 사무실로 찾아올 돈이나 교통수단이 없는 가족을 직접 방문하기도 한다. 끝없이 이어지는 학대의 고리를 끊을 수 있도록 교육과 복지 서비스도 제공한다. 워드는 끔찍한 과거에 얽매이지 않고 다른 사람을 돕는 길을 선택했다.

과거에 연연하지 말라고 해서 과거를 없었던 일처럼 감추라는 뜻은 아니다. 과거를 인정하고 받아들여 현재를 충실히 살자는 것이다. 그렇게 하면 정신적 에너지가 자유로워진다. 과거의 자신이 아니라 앞으로 되고 싶은 자신의 모습을 기준으로 미래를 계획할 수도 있다. 사람은 조심하지 않으면 분노나 수치심, 죄책감에 이끌려 살게 된다. 이런 감정을 떠나보내야 내 인생을 내 힘으로 통제할 수 있다.

온종일 뒤만 돌아보고 있으면 앞이 보이지 않는다. 과거에서 벗어나지 못하는 사람은 미래를 즐기지 못한다. 내가 언제 과거에 연연하는지 알아내고 과거의 상처를 치유하는 방법을 찾아 미래로 나아가자.

😊 이렇게 해보자

▷ 과거에서 배울 점을 찾는다.
▷ 힘들더라도 미래를 향해 나아간다.
▷ 적극적으로 슬픔을 극복해 현재에 충실하고 미래를 계획한다.
▷ 불쾌했던 사건을 떠올릴 때 감정이 아니라 사실에 초점을 맞춘다.
▷ 과거를 용서할 방법을 찾는다.

☹ 이렇게 하지 말자

▷ 과거를 없었던 일로 덮으려 한다.
▷ 미래를 향해 나아가지 않으려 한다.
▷ 현재를 충실히 살지 않고 과거에 잃은 것만 생각한다.
▷ 고통스러운 과거를 계속 머릿속에 떠올리면서 당시의 감정을 되새긴다.
▷ 과거를 되돌리거나 과거의 실수를 만회하려 노력한다.

## 제8장

# 실수를
# 되풀이하지 마라

실수를 끊지 못하고 끝없이 되풀이하고 있는가? 그러다 보면 지나치게 익숙해진다.
계속 나쁜 남자만 만났던 여자는 항상 연애에 실패한다. 그녀는 더 괜찮은 남자를
찾아 나설 용기가 없어 언제나 거기서 거기인 주변 남자들만 만난다.

진정한 실수란
그것을 통해 무엇도 배울 수 없는 실수를 말한다.

_존 파웰John Powell

크리스티는 상담을 시작하자 대뜸 이렇게 말했다.

"저는 공부도 할 만큼 했고 직장에서는 언성을 낮출 분별력이 있는 사람이에요. 그런데 왜 아이들에게는 큰소리만 치는 걸까요?"

매일 아침 크리스티는 십대인 아들과 딸에게 화를 내지 말자고 다짐한다. 그러나 저녁이 되면 여지없이 적어도 한 명에게 목소리를 높이고 만다.

크리스티는 아이들이 말을 듣지 않으면 짜증이 나서 소리를 지른다고 했다. 특히 요즘 들어서는 엄마 말을 더 무시하는 것 같았다. 열세 살짜리 딸은 심부름을 하기 싫다며 버텼고, 열다섯 살 아들은 숙제를 순전히 건성으로 하고 있었다. 크리스티는 회사에서 힘들게 일하다 왔을 때 아이들이 텔레비전을 보거나 비디오게임을 하고 있으면 가서 공부하라고 말했다. 그러나 언제나 말대꾸가 돌아왔고 크리스티는 소리를 지를 수밖에 없었다.

크리스티는 소리를 지르면 아이들에게 좋지 않다는 사실을 분명히 알고 있었다. 상황을 더 악화시킬 뿐이라는 것도 알았다. 스스로 머리가 좋고 출세한 사람이라는 자부심이 강했던 크리스티는 자녀 교육 문제가 뜻대로 풀리지 않자 충격을 받았다.

크리스티는 몇 차례 상담을 받으며 같은 실수를 반복하는 이유를 살펴보았다. 그녀는 소리치지 않고 아이들을 훈육하는 방법을 몰랐다. 소리를 그만 지르고 싶다면 대안을 찾아야 했다. 그래서 우리는 반항하는 아이들에게 대응할 방법을 궁리했다. 크리스티는 일단 주의를 한 번 주고, 그러고 나서도 말을 듣지 않으면 벌을 주기로 했다.

크리스티는 화가 나고 있다는 적신호를 알아차리는 방법도 배워야 했다. 그래야 소리를 지르기 전에 그 상황을 피할 수 있었다. 일단 화가 나면 훈육 방법을 이성적으로 생각하지 못한다는 점이 크리스티의 문제였다.

크리스티는 훈육 방법도 새로운 시각으로 바라보기 시작했다. 첫 번째 상담 때 그녀는 무슨 수를 써서라도 아이들이 엄마 말을 듣게 할 책임을 느낀다고 고백했다. 그렇게 하지 않으면 아이들에게 지는 것이라 생각했다. 그러나 이 방법은 역효과만 내고 있었다. 크리스티는 힘의 줄다리기에서 이겨야 한다는 생각을 버리자 새로운 훈육 방법을 찾을 수 있었다. 그녀는 아이들이 말을 듣지 않을 경우, 언쟁을 벌이고 억지로 말을 듣게 하는 대신 전자기기를 압수했다.

크리스티는 훈육 방법을 바꾸려면 연습을 해야 했다. 아직도 가끔씩 참지 못하고 소리를 지르지만 이제는 전과 다른 방법을 쓸 수 있었다. 크리스티는 무심코 실수할 때마다 원인을 분석한 후 다음번에 큰소리를 내지 않을 방법을 찾았다.

# 우리는 왜 같은 실수를 반복하는가

첫 번째 실수에서 교훈을 얻으면 얼마나 좋겠는가마는 사실 모든 사람은 실수를 반복한다. 인간이기에 당연한 일이다. 직장에 지각하는 것처럼 행동을 잘못하는 실수도 있고, 사람들이 나를 좋아하지 않는다고 추측하거나 계획을 미리 세우지 않는 것처럼 생각을 잘못하는 실수도 있다. 아무리 "다음에는 섣불리 판단하지 말아야지."라고 다짐해도 조심하지 않으면 실수를 되풀이할 수 있다. 다음 중 자신에게 해당하는 항목이 있는지 살펴보자.

&#9744; 목표를 이루려 하지만 언제나 제자리걸음이다.

&#9744; 어려움에 닥치면 극복할 방법을 구태여 찾지 않는다.

&#9744; 나쁜 습관을 버리려 해도 계속 예전 습관으로 돌아온다.

&#9744; 목표 달성에 실패한 이유를 시간 내서 분석하지 않는다.

&#9744; 나쁜 습관을 떨쳐내지 못하는 자신에게 화가 난다.

&#9744; "다시는 그렇게 하지 말자."라고 다짐해도 같은 실수를 반복한다.

&#9744; 새로운 방법을 배우기는 너무 힘들다고 생각한다.

&#9744; 자제력이 부족해 짜증을 낼 때가 많다.

&#9744; 다르게 시도하려다가도 불편하거나 불쾌해지면 의욕이 사라진다.

위의 예시 중 공감하는 부분이 있는가? 첫 번째 실수에서 배우기는 힘들다. 그러나 계속 반복되며 목표를 방해하는 실수를 피할 방법은 있다.

크리스티는 불만을 느끼면서도 소리를 지르는 이유가 무엇이고 효과적인 대안은 없는지 깊이 생각하지 않았다. 처음에는 새로운 훈육 방법을 시도하려니 불안했다. 자기 물건을 빼앗긴 아이들이 더 화를 내고 무례하게 굴지 않을까 걱정스러웠다. 크리스티는 같은 실수를 하지 않으려면 엄마로서의 능력에 자신감부터 키워야 했다.

"다시는 그렇게 하지 않을 거야."라고 말하는 사람이 그 실수를 반복하고 또 반복하는 이유는 무엇일까? 그것은 사람의 행동이 단순하지 않기 때문이다.

오랫동안 교사들은 아이가 정답을 잘못 추측하게 두면 오답을 기억할 위험이 있다고 믿었다. 예를 들어 아이가 4 더하기 4를 6이라고 추측하면 정답을 알고 난 후에도 6을 정답이라고 기억한다는 것이다. 그래서 교사들은 아이들이 추측하며 배우기 전에 정답부터 알려주었다.

그러나 2012년 《실험심리학저널: 학습과 기억, 인지》Journal of Experimental Psychology: Learning, Memory, and Cognition 에 발표된 한 연구에서는 정답을 배울 기회가 있다면 과거의 실수를 통한 학습이 가능하다는 것을 밝혀냈다. 실제로 연구팀은 아이가 오답을 찍더라도 실수를 고쳐주면 정답률이 높아진다는 사실을 발견했다. 어른과 마찬가지로 아이도 기회만 주면 실수를 통해 배울 수 있다.

이처럼 실수를 하며 배울 수 있다고 증명하는 연구 결과를 접해도 우리가 어렸을 때 배운 것을 완전히 버리기는 어렵다. 실수로 일어난 결과에 직면하기보다는 실수를 감추는 편이 낫다고 배우며 크기도 한다. 실수에 대처하는 법은 학교에서만 배우지 않는다. 우리는 대중매체에서 연예인이나 정치인, 운동선수가 실수를 감추려는 모습을 시도 때도 없이 본다. 그들은 엄연한 증거가 있어도 잘못을 인정하지 않으려 변명하고 거짓말한다. 실수를 부정하는 사람은 실수를 돌아보고 진정한 의미나 교훈을 찾지 못하기 때문에 언제든 같은 실수를 반복한다. 누구나 "한 번 한 결정을 끝까지 밀고나간다."라는 표현을 들어봤을 것이다. 자신의 행동을 인정하는 말이기는 하나, 한편으로는 단지 자존심 때문에 실수를 인정하지 않는다는 말이 될 수도 있다.

고집 때문에 실수를 반복하는 사람도 많다. 투자에 실패한 사람은 "여기에 투자한 돈이 얼마인데. 계속 두는 편이 나을 거야."라고 말한다. 그는 적은 금액만 잃고 발을 빼는 대신 고집을 부리며 돈을 더 많이 날릴 위험을 감수한다. 자기 일을 끔찍이 싫어하는데도 "이 회사에 내 인생을 10년이나 바쳤어. 지금 그만두고 싶지는 않아."라고 말하는 사람도 있다. 그러나 무익하고 보람 없는 일을 10년이나 했다면 하루를 더 투자하느니 10년에서 그만두는 것이 최선의 선택이 아닐까?

충동적인 성격도 실수를 반복하는 요인이다. "말에서 떨어지면 얼른 흙을 털어내고 다시 말에 올라라."라는 말도 일리는 있다. 그러나 더 현명한 사람은 다시 시도하기 전에 애당초 왜 떨어졌는지 이유를 분석해야 한다.

실수를 끊지 못하고 끝없이 되풀이하고 있는가? 그러다 보면 지나치게 익숙해진다. 계속 나쁜 남자만 만났던 여자는 항상 연애에 실패한다. 그녀는 더 괜찮은 남자를 찾아 나설 용기가 없어 언제나 거기서 거기인 주변 남자들만 만난다. 맨정신으로 문제를 감당하지 못하고 스트레스를 받을 때마다 술을 마시는 남자도 있다. 이들은 실수를 하지 않고 지금과 다르게 행동하면 불편함을 느낀다.

성공하기가 거북하다는 이유로 여태껏 들인 공을 무너뜨리는 사람도 있다. 이런 부류는 일이 잘 풀릴 때 최종 결과를 기다리는 불안한 순간을 못 견딘다. 그들은 불안한 마음을 달래려 예전처럼 자신을 망치는 행동을 하고 같은 실수를 반복한다.


## 실수의 고리를 제대로 찾아라

크리스티가 매일 아이들에게 소리를 지르는 행동은 그녀에게 도움이 되지 않았다. 아이들은 문제를 제대로 해결하는 법을 배우지 못하고 엄마처럼 소리를 질러도 괜찮다고만 받아들였다. 크리스티가 소리를 지를수록 아이들도 큰소리로 맞받아쳤다. 혹시 강아지가 빙글빙글 돌면서 자기 꼬리를 물려 하는 모습을 본 적 있는가? 실수를 반복하는 사람의 심정은 그 강아지와 같다. 기운만 빠질 뿐 아무런 성과도 얻지 못한다.

줄리는 자기혐오에 빠져 심리치료를 신청했다. 그녀는 작년에 살을 20킬로그램이나 뺐지만 지난 6개월 사이 몸무게는 원상태로 돌아왔다. 처음 겪은 일은 아니었다. 줄리는 10년 가까이 20킬로그램을 뺐다 찌웠다를 반복하고 있었다. 많은 시간과 에너지를 들여 살을 빼도 그대로 다시 찌니 절망스러웠다.

줄리는 살을 뺄 때마다 조금씩 긴장이 풀려서 저녁 식사를 두 그릇 먹거나 아이스크림에 손을 댔다. 핑계를 대고 운동을 거르는 날도 있었다. 정신을 차렸을 때는 원래의 모습을 되찾은 후였다. 줄리는 자괴감에 시달리며 "어떻게 내 몸 하나 통제할 수 없지?"라고 생각했다. 분명 많은 사람이 줄리의 이야기에 공감할 것이다. 통계 수치를 보면 살을 뺀 사람은 대부분 요요현상을 겪는다. 체중 감량은 고되다. 하지만 그토록 힘들게 살을 빼놓고 왜 다시 살이 찌는 것일까? 그 이유는 애초에 과체중의 원인이었던 실수를 반복하기 때문이다.

같은 실수를 반복하면 많은 문제가 나타난다.

- 목표를 달성하지 못한다. 살을 빼려고 다섯 번째 도전을 하든, 담배를 끊으려 열 번째 도전을 하든 같은 실수를 반복하면 결코 목표를 이루지 못할 것이다. 똑같은 상태에 머물러 앞으로 나아가지 못한다.
- 문제를 해결하지 못한다. 악순환이 거듭된다. 실수를 되풀이하면 문제가 끊임없이 나타나고 그럴수록 같은 행동을 반복하게 된다. 다르게 행동하기 전까지는 문제를 절대 해결할 수 없다.
- 나를 보는 시각이 달라진다. 어려움을 극복하지 못하는 자신을 무능한 사람이나 완전히 실패한 사람으로 본다.
- 충분히 노력하지 않는다. 처음 몇 번 시도했을 때 성공하지 못하면 포기할 가능성이 높다. 전보다 더 노력하지 않으면 성공할 수 없다.
- 주변 사람을 답답하게 한다. 늘 비슷한 문제를 겪는 사람의 가족과 친구들은 불평을 들어주다 지친다. 계속 실수를 반복해 주변의 도움까지 받아야 했다면 인간관계에 금이 갈 것이다.

- 변명을 하려고 비이성적으로 생각한다. 내가 잘못해서 목표를 이루지 못했다고 생각하지 않고 목표를 이룰 '운명'이 아니었다고 결론 내린다. 과체중인 사람이 살을 빼려고 애쓰다가 포기하고는 이렇게 결심한다. "나는 워낙에 뼈대가 굵잖아. 몸이 작아질 운명이 아니라니까."

## 실수를 통해 배워라

크리스티가 소리 지르는 습관을 버리기 위해서는 우선 그동안의 훈육 방법을 돌아보고 대안을 찾아야 했다. 크리스티는 아이들이 새로운 방법으로 통제를 받으면 어디까지 허용되는지 시험하려 들 것이라 생각했다. 따라서 아이들이 반발해도 침착하게 대처할 수 있도록 감정을 다스릴 대책부터 확실히 세워야 했다.

**실수를 배움으로 이끄는 세 가지 질문**

1800년대 중반, 롤런드 메이시 Rowland Macy 는 매사추세츠 주 해버힐에 포목점을 열었다. 물건을 사는 사람은 고사하고 구경하는 사람도 없는 자리였지만 그는 사람들의 관심을 끌 수 있다고 확신했다. 하지만 그것은 착각이었고 얼마 지나지 않아 영업을 계속하기도 힘들어졌다. 메이시는 가게가 있는 곳까지 손님들을 끌기 위한 전략을 짰다. 행군 악대까지 완벽히 갖춘 대규모 퍼레이드를 열어 사람들을 거리로 유인할 계획이었다.

퍼레이드가 끝나는 그의 가게 앞에서 보스턴의 유명 사업가가 연설을 하기로 했다.

안타깝게도 메이시의 예상은 빗나갔다. 퍼레이드 당일 찜통 같은 날씨 탓에 누구 하나 집 밖으로 나와 악대를 쫓아오지 않았다. 그는 잘못된 마케팅으로 거액을 잃었고 가게 문까지 닫아야 했다.

그러나 메이시는 실수를 통해 배우는 사람이었다. 몇 년 후, 그는 뉴욕 번화가에 메이시스 백화점의 전신인 '메이시 포목점'을 열었다. 네 번의 실패를 딛고 다섯 번째로 개업한 가게였다. 메이시는 실패할 때마다 새로운 교훈을 얻었고 '메이시 포목점'을 열 무렵에는 성공을 보장하는 영업과 마케팅 전략을 많이 알고 있었다.

메이시스 백화점은 세계적인 일류 백화점으로 성장했다. 메이시가 뜨거운 여름에 열었던 첫 번째 퍼레이드와 달리, 현재 메이시스 백화점은 서늘한 가을에 연례 행사인 메이시스 추수감사절 퍼레이드를 개최한다. 많은 관중이 거리로 쏟아져나오고 텔레비전 중계를 통해서도 매년 4,400만여 명이 퍼레이드를 시청한다.

메이시는 첫 번째 사업이 실패했을 때 핑계를 찾지 않았다. 그는 실수를 겪으며 알아낸 사실들을 공부했고 모든 실수에 책임을 졌다. 그리고 앞선 실수로 배운 지식을 활용해 다음번에는 다르게 도전했다.

실수를 되풀이하고 싶지 않다면 시간 내서 실수를 공부하라. 부정적인 감정은 밀어두고 실수의 원인을 분석해 배울 점을 찾는다. 핑계거리가 아니라 이유를 찾아야 한다. 그렇게 하기 위해 다음의 질문을 생각해보자.

- 무엇이 잘못되었나? 잠시 실수를 되돌아보며 어떻게 된 것인지 사실을 파악한다. 매달 쇼핑을 끊지 못해 예산을 초과했을지 모른다. 저절로 해결되지 않을 문제를 놓고 부부 싸움을 반복할지도 모른다. 실수의 원인이 되는 생각과 행동, 외부 요인을 검토한다.
- 어떤 부분이 부족했을까? 상황을 돌아보면서 내가 부족했던 부분을 찾는다. 어쩌면 오래 버티지 못해서일 수도 있다. 살을 빼기 시작한 지 고작 2주 만에 포기했을지도 모른다. 운동을 하지 않을 핑계만 잔뜩 찾아서 효과적인 체중 감량법을 지키지 않았을지도 모른다. 이렇게 솔직한 자기 평가를 한다.
- 다음에는 어떻게 해야 할까? 더 이상 실수하지 않겠다고 말하기는 쉽지만 실제로 그렇게 하기는 어렵다. 같은 실수를 하지 않으려면 어떻게 달라져야 하는지 생각해보자. 예전의 행동으로 돌아가지 않을 전략을 확실하게 세워야 한다.

## 계획을 세워라

대학 인턴 시절, 약물 및 알코올 재활센터에서 일한 적이 있었다. 프로그램 참가자는 거의 모두 과거에도 약물 중독을 벗어나려 노력했지만 우리 시설에 올 때쯤에는 의지가 바닥나고 술과 마약을 끊지 못한다는 사실에 신물 난 상태였다. 몇 주간 집중 치료를 받자 대부분 태도가 바뀌었다. 미래를 희망적으로 바라보고 이번만큼은 과거의 습관으로 돌아가지 않겠다고 굳게 결심했다.

그러나 프로그램을 수료하려면 확실한 퇴원 계획이 필요했다. 계획이 있어야 시설을 나간 후에도 지금처럼 낙관적으로 회복 상태를 이어갈 수 있었다. 그들은 과거의 실수를 끊기 위해 생활 습관을 뿌리부터 바꿔야 했다.

무엇보다 새로운 친구가 필요했다. 과거에 어울렸던 마약중독자나 술꾼 친구들에게 돌아갈 수는 없었다. 건강한 습관을 들이려면 건강하지 못한 인간관계를 끊거나 예전의 친구 대신 지원 모임 사람들과 어울려야 했다.

모든 환자는 약물을 멀리할 수단과 방법을 계획표로 만들었다. 보통 계획을 잘 지킨 사람이 중독에서 완전히 벗어났다. 과거의 생활 습관으로 돌아간 사람은 같은 실수를 끊지 못하고 다시 중독에 빠졌다. 퇴원해 예전의 환경으로 돌아가면 해로운 유혹이 수두룩했기 때문이다. 어떤 실수든 완전히 끊고 싶다면 계획을 제대로 짜야 한다. 이때 계획표를 만들면 계획을 지키기가 쉬워진다.

다음의 단계에 따라 반복되는 실수를 끊을 계획표를 만들어보자.

1 과거의 행동을 대신할 행동을 정한다. 술로 스트레스를 달래려 하지 말고 산책을 하거나 친구에게 전화하는 등의 대안을 마련한다. 해로운 습관을 끊을 수 있는 건전한 행동이 무엇일지 찾아보자.

2 잘못된 습관으로 돌아가려는 경고 신호를 확인한다. 과거의 습관이 다시 나타나지 않을까 경계해야 한다. 예를 들어 신용카드로 물건을 사기 시작하면 무분별한 소비 습관으로 돌아가고 있음을 짐작할 수 있다.

3 스스로 책임질 방안을 찾는다. 내가 책임을 진다면 실수를 감추거나 외면하기 어렵다. 내게 책임을 묻고 잘못을 지적해줄 믿음직한 친구나 가족과 이야기하면 도움이 된다. 일기나 달력에 과정을 기록하는 방법으로도 책임감을 가질 수 있다.

## 자제하는 연습을 하라

사람은 자제력이 있는 사람과 없는 사람으로 나뉘지 않는다. 누구나 자제력을 기를 수 있다. 과자를 사양할 때도 자제력은 필요하다. 그럴 기분이 아니지만 운동을 해야 할 때도 마찬가지다. 계획을 물거품으로 만들 실수를 피하려면 쉼 없이 경계하고 부단히 노력해야 한다.

자제력을 기르려 한다면 다음 사항을 염두에 두기 바란다.

- 불편해도 참는 연습을 한다. 다시 만나도 득 될 것 없는 옛날 애인에게 외로워서 문자를 보내고 싶다거나 다이어트를 포기하고 과자를 먹고 싶다면 불편함을 참는 연습을 한다. '이번 한 번만 포기'하면 괜찮다고 굳게 믿지만 연구 결과는 그 반대다. 한 번 포기할 때마다 자제력은 줄어든다.
- 긍정적으로 자기 자신과 대화를 한다. 약해지는 순간 현실적으로 마음을 다잡으면 유혹이 물러난다. "나는 할 수 있어."라거나 "목표에 가까워지고 있어." 같은 말로 자신과 대화하면 일탈을 막을 수 있다.
- 목표를 잊지 않는다. 목표의 가치에 집중하면 유혹이 줄어든다. 자동차 할부금을 다 갚았을 때 기분이 얼마나 좋을지 생각하면 이번

달 예산을 무시하고 돈을 쓰고 싶은 유혹이 줄어들 것이다.

- 스스로 한계를 정한다. 친구들과 만날 때 돈을 쓸데없이 많이 쓰는 사람은 소액의 현금만 들고 나간다. 눈앞의 유혹을 완전히 물리치지는 못하더라도 그에 굴복하기 어려울 방법을 따른다.
- 실수를 반복하기 싫은 이유를 목록으로 만든다. 이 목록을 늘 소지하면서 과거의 습관으로 돌아가고 싶을 때 꺼내 읽는다. 과거의 습관을 되풀이하고 싶지 않다는 마음이 커질 것이다. 이를테면 저녁식사 후 산책을 가야 할 이유들을 나열한다. 운동하러 가지 않고 텔레비전을 보고 싶을 때 목록을 쭉 읽으면 계획대로 행동하려는 의욕이 높아진다.


## 실수에서 배우면 강해진다

밀턴 허시Milton Hershey는 열두 살에 학교를 그만둔 후 인쇄소에 들어갔지만 이내 인쇄 일에 관심을 잃고 캔디와 아이스크림을 파는 가게에서 일했다. 열아홉 살에는 직접 캔디 가게를 열기로 결심했다. 가족의 도움으로 자본금을 마련했고 순조롭게 사업을 시작했다. 그러나 가게가 잘되지 않은 탓에 불과 몇 년 만에 파산 신청을 해야 했다.

사업에 실패하고 콜로라도 주로 이사한 허시는 당시 호황이던 은광 사업에 뛰어들어 돈을 벌고자 했다. 하지만 그보다 먼저 도착한 사람들로 일자리는 꽉 차 있었다. 그는 결국 여기서도 캔디 가게에 취직했고 신선한 우유로 고급 캔디를 만드는 법을 배웠다.

허시는 뉴욕으로 가서 다시 캔디 가게를 열었다. 그동안 기술을 배우고 정보를 수집했으니 두 번째 캔디 가게는 성공하기를 바랐다. 그러나 자금이 부족했고 인근에 캔디 가게가 너무 많았다. 그의 노력은 또 다시 실패로 돌아갔다. 실패가 거듭되자 사업 자금을 지원해준 가족에게도 외면을 당했다. 그러나 허시는 포기하지 않았다. 그는 펜실베이니아 주로 돌아가 캐러멜 제조회사를 시작했다. 낮에 캐러멜을 만들고 저녁이 되면 손수레를 밀며 거리로 나가 캐러멜을 팔았다. 마침내 대량 주문을 따낸 허시는 은행 대출을 받아 주문량을 생산했다. 그리고 주문 대금을 받자마자 대출금을 갚고 랭커스터 캐러멜이라는 회사를 차렸다. 허시는 곧 돈방석에 올랐고 그 일대에서 가장 성공한 사업가가 되었다.

허시는 계속해서 사업을 넓혀갔다. 초콜릿도 만들기 시작했고 1990년에는 랭커스터 캐러멜 회사를 팔고 초콜릿 공장을 열었다. 그는 완벽한 초콜릿 제조법을 찾기 위해 지칠 줄 모르고 일했다. 머지않아 미국에서 유일하게 밀크 초콜릿을 대량으로 생산할 수 있게 되었고 전 세계 곳곳에 초콜릿을 팔기 시작했다.

허시는 제1차 세계대전 당시 설탕 품귀 현상이 나타나자 쿠바에 전용 설탕 공장을 세웠다. 그러나 전쟁이 끝난 직후 설탕 시장이 무너지며 다시 금전 문제에 허덕이는 신세가 됐다. 그는 은행에서 돈을 빌렸지만 대출금을 갚기 전까지 전 재산을 저당 잡혀야 했다. 그럼에도 허시는 회사를 일으켜세웠고 2년 만에 대출금을 갚았다.

허시의 초콜릿 공장만 날로 번창한 것이 아니었다. 그는 한 마을도

번영하게 만들었다. 대공황 시기에도 회사 직원들은 계속 일을 할 수 있었다. 허시가 학교와 운동 경기장, 호텔을 비롯한 건물들을 세우면서 많은 직원이 새로운 건설 현장에 투입되었다. 사업에 성공한 후 자선 활동도 꾸준히 이어갔다. 허시는 실수를 통해 배울 수 있었기 때문에 망한 캔디 가게의 주인에서 세계 최대 초콜릿 회사의 소유주로 발돋움했다. 펜실베이니아 주에 있는 허시 마을은 지금도 허시의 키세스 초콜릿 모양의 가로등으로 장식되어 있다. 그리고 300만 명 이상이 허시 초콜릿 공장을 견학하며 밀턴 허시가 어떻게 카카오 씨앗에서 초콜릿 바를 만들었는지 배우고 있다.

실수를 나쁘게만 생각하지 말고 내가 발전할 수 있는 기회로 본다면 실수를 반복하지 않으려 시간과 에너지를 쏟아부으며 노력할 것이다. 멘탈이 강한 사람은 다른 사람이 나와 같은 실수를 저지르지 않도록 실수담을 흔쾌히 들려주기도 한다.

크리스티는 아이들에게 소리를 지르던 일상에서 벗어나자 마음이 편해졌다. 그녀는 평범한 아이라면 때때로 규칙을 어긴다는 사실을 알게 되었다. 하지만 이제는 전과 다르게 반응할 수 있었다. 서로 소리를 지르지 않으니 집안이 훨씬 화기애애해졌다. 아이를 혼낼 때 더 이상 실수하지 않고 효과적인 훈육 방법을 찾자 크리스티는 자기 인생의 주도권을 되찾은 기분을 느꼈다.

문제를 해결하는 방법은 여러 가지다. 지금 쓰는 방법이 통하지 않는다면 새로운 방법을 시도하라. 실수에서 교훈을 얻으려면 겸손한 태도로 자기 현실을 인식해야 하지만 일단 교훈을 얻으면 잠재력을 최대한 발휘할 수 있다.

☺ 이 렇 게  해 보 자

▷ 실수에 대한 책임을 인정한다.
▷ 실수를 반복하지 않도록 계획표를 짠다.
▷ 과거의 행동을 되풀이하는 원인과 경고 신호를 확인한다.
▷ 자제력을 키우는 연습을 한다.

☹ 이 렇 게  하 지  말 자

▷ 결과에 대해 변명하거나 책임을 회피한다.
▷ 대안을 생각하지 않고 충동적으로 반응한다.
▷ 실패할 가능성이 높은 상황에 제 발로 들어간다.
▷ 언제든 유혹을 뿌리칠 수 있다고 생각하거나 어차피 실수를 반복할 운명이라고 결론짓는다.

## 제9장

# 다른 사람의 성공을
# 시기하지 마라

다른 사람이 시간과 돈, 노력을 쏟아서 목표를 이뤘다는 사실을 간과하면 그들의 성공을 시기하게 된다. 프로 운동선수를 보고 "나도 저렇게 할 수 있었으면 좋겠다."라고 말하기는 쉽다. 하지만 정말로 하루에 열두 시간씩 운동을 하고 싶은가? 체력관리를 위해 좋아하는 음식을 포기하고, 일 년 내내 가족과 친구도 못 만나고 훈련을 하고 싶은가?

시기심이란 독약은 자신이 마셔놓고
적이 죽기를 바라는 것이다.

_넬슨 만델라Nelson Mandela

댄과 그의 가족은 이웃들과 자주 모여 어울렸다. 그들은 바비큐 파티가 일상이고 아이의 생일 파티에 어른들까지 참석하는 동네에 살았다. 댄 부부도 가끔씩은 집에서 모임을 열었다. 사람들은 댄이 친절하고 쾌활한 데다 모든 것을 다 가진 완벽한 남자라고 입을 모았다. 댄은 좋은 집에 살았고 번듯한 직장에서 누구나 부러워하는 일을 했다. 아내는 사랑스러웠고 두 아이도 잔병치레 하나 없이 건강했다. 그러나 댄에게는 비밀이 하나 있었다.

댄은 파티가 질색이었다. 마이클이 파격적으로 승진을 했다거나 빌이 최신형 자동차를 샀다는 말을 듣고 싶지 않았다. 어느 집은 초호화 휴가를 가고 어느 집은 최고급 장난감을 살 여유가 있다는 사실에 화가 났다. 몇 년 전 아내가 일을 그만두고 가정주부가 된 이후로 댄의 집안 살림은 넉넉하지 않았다. 그는 지금도 돈이 많은 척 꾸미느라 빚에 허덕이고 있었다. 금전적으로 얼마나 어려운지 아내에게도 말하지 않았다. 그러나 댄은 무슨 수를 써서라도 이웃과 재력이 비슷하다는 연극을 계속하고 싶었다.

댄은 발끈하는 성미 좀 고치라는 아내의 말에 심리치료를 받기로 했다. 처음 상담실을 찾았을 때는 상담으로 얼마나 해결될지 모르겠다고 말했다. 그는 왜 툭하면 화가 나는지 잘 알고 있었다. 빚을 갚으려고 오랜 시간 일을 하니 지칠 대로 지쳤고, 몸이 피곤하니 화를 내는 일이 많아질 수밖에 없었다.

우리는 현재 댄의 재정 상태가 어떻고 왜 근무 시간을 늘리려 하는지 이야기했다. 처음에 댄은 이웃을 탓했다. 다들 좋은 물건을 자랑하기 때문에 그 분위기에 맞춰야 했다는 것이다. 나는 이웃들이 분위기에 맞추라고 '강요'했냐고 조심스럽게 물었다. 댄은 강요는 없었고 자신이 그러기를 원했다고 인정했다.

몇 주 동안 상담을 더 받으면서 그가 이웃을 시기한다는 사실은 분명히 드러났다. 이웃을 시기하는 이유를 함께 분석하던 중, 댄은 가난했던 어린 시절의 감정을 아이들에게 절대 물려주고 싶지 않았다고 털어놓았다. 어린 댄은 다른 아이들처럼 값비싼 옷이나 장난감을 살 돈이 없어 놀림거리였고 괴롭힘도 당했다. 그래서 그는 아내와 아이들이 이웃에 뒤처지지 않고 비슷한 생활수준을 누리게 하며 자부심을 느꼈다.

그러나 솔직히 말하자면 재산보다는 가족끼리 보내는 시간이 더 소중했다. 댄은 지금의 생활방식을 이야기할수록 자신에게 넌더리가 났다. 물건을 더 많이 사려고 초과 근무를 하기보다는 가족들과 단란한 시간을 보내고 싶었다. 댄은 서서히 그동안의 행동을 돌아보며 이웃과의 경쟁이 아니라 자신의 목표와 가치관을 더 중요하게 여기기 시작했다.

이후 댄의 아내도 상담에 참여했고 댄은 카드 대금을 갚기 위해 가끔씩 돈을 빌리고 있었다고 고백했다. 당연히 아내는 당황했다. 하지만 댄은 이웃과 경쟁하며 분수에 넘치게 살지 않고 자신의 가치관에 따라 살겠다는 계획을 솔직하게 이야기했다. 아내는 댄을 응원했고 그가 책임지고 계획을 잘 지키는지 감시하겠다고 약속했다.

댄이 자신과 이웃, 전반적인 생활방식에 대한 생각을 바꾸기는 쉽지 않았다. 그러나 이웃과 경쟁하지 않고 자신에게 진정으로 중요한 가치만 생각하자 다른 사람을 시기하는 마음이 크게 줄어들었다. 화를 내는 횟수도 줄었다.


## 우리는 왜 다른 사람을 시기하는가

질투심은 "네가 가진 것을 나도 갖고 싶다."라는 말로 설명할 수 있다. 하지만 다른 사람의 성공을 시기할 때는 한발 더 나간다. 시기심은 "나는 네가 가진 것을 갖고 싶고 너는 그것을 잃었으면 좋겠다."는 감정이다. 이따금씩 느끼는 질투는 지극히 정상이다. 그러나 시기심은 이로울 것이 하나 없는 감정이다. 다음 중 자신에게 해당하는 항목이 있는지 살펴보자.

- ☐ 내 재산과 지위, 겉모습을 주변 사람과 비교한다.
- ☐ 더 좋은 물건을 살 수 있는 사람이 부럽다.
- ☐ 다른 사람의 성공담을 들으면 속이 뒤집힌다.
- ☐ 내 성과는 지금보다 더 인정받아야 한다.
- ☐ 다른 사람이 나를 실패자로 볼까 두렵다.

☐ 아무리 노력해도 다른 사람의 성공을 따라잡지 못한다.

☐ 꿈을 이루는 사람을 보면 기쁘지 않고 불쾌하다.

☐ 나보다 돈을 잘 버는 사람과 어울리기 힘들다.

☐ 성공하지 못해서 부끄럽다.

☐ 은근히 실제보다 더 잘살고 있다는 티를 낸다.

☐ 성공한 사람이 불행해질 때 남몰래 기뻐한다.


다른 사람의 성공을 시기하는 마음은 이면에 비이성적인 생각이 깔려 있기 때문에 비이성적인 행동을 불러온다. 다른 사람의 성공을 시기하지 말고 오로지 나 자신의 성공을 이루기 위해 전념하자.

시기심은 분노와 비슷하지만 대개 분노는 저절로 표출된다. 시기심은 주로 내면에 숨어 있는데, 댄 같은 사람은 친절한 태도로 솔직한 감정을 숨긴다. 하지만 미소 뒤에서는 분노와 질투가 뒤섞여 부글부글 끓고 있다.

댄은 불공평하다는 생각으로 남들을 시기했다. 정말로 불공평할 때도 있고 상상에 불과할 때도 있었다. 댄에게는 이웃이 돈을 더 많이 버는 현실이 불공평했다. 그는 이웃이 더 부유하고 그가 사지 못하는 좋은 물건을 많이 가졌다는 사실에 병적으로 집착했다. 상대적으로 자신은 가난뱅이 같아 이웃을 원망했다. 하지만 댄이 덜 부유한 마을에 살았더라면 부자가 된 기분을 느꼈을지도 모른다.

자신감이 떨어졌을 때도 다른 사람의 성공을 시기한다. 내가 불행하면 친구의 성공을 기뻐하기 어렵다. 자신감이 없는 상황에서 다른 사람의 성공 소식을 접하면 내 결점이 실제보다 더 커 보인다. 내가 받아 마땅한 행복을 다른 사람이 더 쉽게 가져간다고 착각할 때도 시기심으로 가슴이 쓰릴 것이다.

내가 어떤 사람이 되고 싶은지 모르면 다른 사람을 시기하기 쉽다. 여행 다니는 직업을 생각해본 적도 없으면서 해외 출장을 가는 친구를 보고 "쟤는 정말 운이 좋아. 나도 저렇게 살고 싶다."라고 생각한다. 그러다 재택 사업을 하느라 여행은 꿈도 못 꾸는 다른 친구의 삶을 부러워하며 "나도 저렇게 살았으면 좋겠다."라고 생각한다. 하지만 두 친구의 삶은 극과 극으로 다르다. 원하는 것을 전부 가질 수는 없는 법이다.

다른 사람이 시간과 돈, 노력을 쏟아서 목표를 이뤘다는 사실을 간과하면 그들의 성공을 시기하게 된다. 프로 운동선수를 보고 "나도 저렇게 할 수 있었으면 좋겠다."라고 말하기는 쉽다. 하지만 진심으로 그렇게 생각하는가? 정말로 하루에 열두 시간씩 운동을 하고 싶은가? 나이가 들면 감퇴할 운동 실력 하나만 믿고 돈을 벌고 싶은가? 체력 관리를 위해 그토록 좋아하는 음식을 포기하고, 일 년 내내 가족과 친구도 제대로 못 만나며 훈련을 하고 싶은가?

## 남과 경쟁하려 할수록 시기심은 더 커진다

댄은 이웃을 시기하면서 직장 생활이나 소비 습관을 비롯해 삶 전체가 달라졌다. 아내와도 예전 같지 않았다. 그는 자신의 감정을 통제하지 못하고 이웃 모임을 즐기지 못할 정도로 남을 시기했다. 그리고 스스로 악순환을 만들고 있었다. 이웃과 성공을 경쟁하려 할수록 시기심은 더 커졌다.

## 눈에 보이는 것이 전부는 아니다

이웃집 문이 닫히면 그 안에서 무슨 일이 일어나는지 알 길이 없다. 댄은 이웃들이 실제로 겪고 있는 어려움을 알지 못했다. 눈에 보이는 대로 시기했을 뿐이다. 시기심은 고정관념만으로도 나타난다. '부자'는 나쁘고 '회사 사장'은 탐욕스럽다고 믿을 수 있다. 이런 고정관념에 빠지면 모르는 사람도 시기하게 된다.

2013년에 발표된 연구 〈타인의 고통과 자신의 기쁨: 고정관념과 샤덴프로이데(타인의 불행에서 느끼는 기쁨을 뜻하는 심리학 용어 — 옮긴이)〉Their Pain, Our Pleasure: Stereotype Content and Schadenfreude 는 사람이 '부유한 전문직 종사자'의 성공을 시기할 뿐만 아니라 그들의 불행에서 기쁨을 찾는다는 사실을 밝혀냈다. 연구진은 피험자에게 노인, 학생, 마약중독자, 부유한 전문직 종사자 네 명의 사진을 보여주었다. 그리고 각각의 사진을 다양한 사례와 짝지어가며 피험자의 두뇌 작용을 관찰했다. 피험자는 부유한 전문가가 택시에서 튄 물을 흠뻑 뒤집어쓰는 등의 곤경을 겪을 때 가장 기뻐했다. 누구든 행운을 누리는 사례보다 부자가 불행에 빠지는 사례를 훨씬 즐거워했다. 이런 반응은 순전히 '부자는 나쁘다'라는 고정관념 때문이었다.

주의하지 않으면 시기심으로 삶 전체가 흔들릴 수 있다. 그 경우 다음과 같은 문제가 나타난다.

- 자신의 성공에 집중하지 못한다. 다른 사람의 성공만 계속 생각하면 내 목표를 위해 노력할 시간이 줄어든다. 다른 사람의 성공에 악감정을 품어봤자 정신이 흐트러지고 내 성공을 향해 노력할 힘만 약해진다.

- 자신의 몫에 만족하지 못한다. 언제나 다른 사람과 경쟁하려는 사람은 자신의 몫에 절대 만족하지 못한다. 다른 사람을 앞지르려다 일평생을 흘려보낼 것이다. 나보다 돈이 더 많은 사람, 더 매력 있는 사람, 전부 다 가진 듯한 사람은 언제 어디에나 있으므로 도무지 만족할 수 없다.

- 자신의 실력과 재능을 등한시한다. 다른 사람의 일을 탐내는 시간이 길어질수록 내 실력을 집중적으로 갈고닦을 시간은 줄어든다. 다른 사람의 능력을 빼앗고 싶어 한다고 내 능력이 커지지는 않는다.

- 자신의 가치관을 망각한다. 남을 시기하면 악에 받쳐 행동할 수 있다. 내게 없는 것을 다른 사람이 가졌다고 분노할 때는 자신의 가치관을 따르기 힘들다. 안타깝게도 시기심에 사로잡힌 사람은 다른 사람의 노력에 훼방을 놓거나 다른 사람과 경쟁하려고 빚을 지는 것처럼 비정상적인 행동을 할 수 있다.

- 인간관계를 망친다. 내가 시기하는 사람과는 깊은 관계를 유지하기 어렵다. 시기하다 보면 직접적인 소통을 피하고 빈정거리며 거짓 웃음으로 신경질을 감춘다. 남몰래 악감정을 품고 있는 사람과는 마음에서 우러난 진솔한 관계를 맺을 수 없다.

- 과장을 한다. 처음에는 시기하는 사람에게 뒤지지 않으려고 그를

따라 한다. 그러나 그 사람에게 묻히는 것 같으면 자화자찬을 하거나 자신의 성과를 거짓말로 부풀린다. 다른 사람을 '능가'하거나 '추월'하려 노력하는 행동은 매력적이지 않다. 하지만 시기심에 빠진 사람은 자기 가치를 증명하고 싶은 절박한 마음으로 그렇게 행동할 때가 있다.

## 성공에 대한 나만의 기준을 세워라

댄은 다른 사람의 성공을 시기하고 싶지 않다면 자신의 삶부터 평가해야 했다. 일단 '성공'이라는 말에 그만의 정의를 부여했다. 댄은 가족과 시간을 보내고 자신의 가치관에 따라 아이들을 키우는 것이 성공이라고 정의했다. 그러자 행복한 이웃을 봐도 자신의 목표를 이루려는 노력을 꺾지 않겠다고 다짐할 수 있었다.

댄은 자신감 부족 문제를 해결한 후 사고방식도 바꿔야 했다. 그는 자신의 아이에게 이웃 아이들처럼 최고로 예쁜 옷과 최신 전자기기를 사주지 않으면 아이들이 괴롭힘을 당한다고 굳게 믿고 있었다. 그는 생각을 바꿔 아무리 물질적으로 풍요로워도 모든 아이는 때때로 놀림을 받는다는 사실을 받아들였다. 그러자 아이들에게 전부 다 사줘야 한다는 집착에서 벗어날 수 있었다. 지금껏 댄은 아이들을 물질주의자로 키우고 싶지 않았지만 무의식중에 그렇게 하고 있었다. 그 사실을 깨달은 후에는 모든 것을 사주려 애쓰지 않고 아이들과 즐거운 시간을 보내기 위해 최선을 다했다.

## 상황을 바꿔라

나는 여러 문제로 씨름하고 있는 남자의 심리치료를 몇 달째 진행하고 있었다. 그는 날마다 아이들에게 소리를 지르고 아내에게 욕을 했다. 틈만 나면 마리화나를 피웠고 일주일에도 몇 번씩 정신을 잃을 때까지 술을 마셨다. 그는 반년이 넘도록 소위 '취업 준비' 중이었고 미납 고지서만 쌓여가고 있었다. 남자는 번번이 자기 인생이 얼마나 불공평한지 투덜댔고 도와주겠다는 사람에게 끊임없이 시비를 걸었다. 어느 날 그가 상담실에 들어오더니 이렇게 말했다.

"선생님, 저는 정말 나쁜 사람 같습니다."

이어지는 내 대답에 그는 깜짝 놀랐다. 내가 "그거 잘됐네요."라고 했기 때문이다. 그는 당혹스러운 표정으로 "왜 그렇게 말하는 겁니까? 내 자존심을 키워주는 게 선생님 일이잖아요."라고 말했다. 나는 지금까지 그가 해온 행동을 미루어봤을 때 자신을 나쁘다고 생각하는 것이 좋은 신호라고 설명했다. 지금 상황에서는 절대 그의 자존심을 높여주고 싶지 않았다. 물론 나는 모든 사람에게 그렇게 대놓고 말하지는 않는다. 하지만 몇 달 동안 상담하며 충분한 신뢰를 쌓았기 때문에 그렇게 말해도 그가 견딜 수 있다고 생각했다.

이후 몇 달 동안 나는 그가 성장하고 변하는 모습을 뿌듯하게 지켜봤다. 남자는 치료가 끝났을 무렵, 전보다 나은 사람이 된 기분을 느꼈다. 그저 자신에게 거짓된 칭찬을 퍼부어댔기 때문이 아니었다. 이제는 취직해서 돈을 벌었고 마약과 술을 끊었다. 다른 사람에게 친절하려고도 애썼다. 아내와 사이가 좋아졌고 딸들과도 가까워졌다. 자신의 가치관에 따라 행동하기 시작하자 기분이 훨씬 좋아졌다. 스스로 나쁜 사람이라고 느낀 것은 그가 변해야 한다는 신호였다.

내 모습이 마음에 들지 않는다면 그 이유가 무엇인지 살펴봐야 한다. 어쩌면 건전한 가치관에 어긋나는 행동을 하기 때문일 수 있다. 그 경우라면 어떻게 삶을 바꿔서 내 목표와 가치관에 맞춰 행동할지 깊이 고민해보자.

## 태도를 바꿔라

내 목표와 가치관에 따라 행동하는데도 다른 사람을 시기한다면 비이성적인 생각에 빠져 그들의 성공을 인정하지 못하기 때문일 것이다. 언제나 '나는 멍청해.'라거나 '나는 다른 사람들처럼 잘나지 않았어.'라고 생각하는 사람은 다른 사람이 성공하는 모습을 볼 때 시기심을 느낀다. 이들은 자신만이 아니라 타인도 비이성적으로 생각한다.

2013년에 발표된 연구 〈페이스북 이면의 질투: 사용자의 생활 만족도를 위협하다〉Envy on Facebook: A Hidden Threat to Users' Life Satisfaction 는 일부 사람들이 페이스북을 보면서 불행해지는 이유를 설명한다. 연구 결과에 따르면 그들은 '친구'가 휴가지에서 찍은 사진을 볼 때 가장 분노하고 시기했다. 또한 친구가 생일에 '생일 축하' 메시지를 많이 받아도 시기심을 느꼈다. 페이스북을 보면서 부정적인 감정을 많이 느낄수록 전반적인 삶의 만족도가 하락한다는 놀라운 결론이 나왔다. 이 세상이 그 정도로 변한 것일까? 정말로 친구가 페이스북에서 생일 축하를 많이 받는다고 내 삶이 불행해지는가? 친구가 휴가를 떠났다는 이유로 시기심을 느낀단 말인가?

다른 사람을 시기하고 있다면 다음의 방법으로 생각을 바꿔보기 바란다.

- 다른 사람과 비교하지 않는다. 나와 타인은 서로 다른 존재이기 때문에 비교 상대가 되지 않는다. 내게는 나만의 재주와 능력, 인생 경험이 있기 때문에 타인과 비교하면 자기 가치를 정확히 평가하지 못한다. 그보다는 과거의 나와 비교하며 한 사람으로서 어떻게 성장하고 있는지 판단한다.
- 고정관념을 주의한다. 무조건 고정관념으로 판단하지 말고 그 사람을 알기 위해 노력한다. 돈이나 명성처럼 내가 탐내는 것을 가졌다 해서 사악한 사람이라고 함부로 생각하지 말라.
- 내 약점을 강조하지 않는다. 내가 가지지 못한 물건이나 할 수 없는 일에만 관심을 기울이면 그것을 가진 사람을 시기할 수밖에 없다. 내가 가진 힘과 실력, 재능에 초점을 맞추어야 한다.
- 타인의 강점을 부풀리지 않는다. 다른 사람의 성과를 실제보다 크게 받아들이고 그들이 가진 모든 것에 온 신경을 기울이면 시기심을 느낀다. 모든 사람에게는 저마다의 약점과 근심거리, 문제가 있다는 사실을 기억하자. 성공한 사람도 예외는 아니다.
- 타인의 성공을 깎아내리지 않는다. 다른 사람의 성공을 깎아내리면 마음속에 시기심만 피어날 뿐이다. "그 사람이 승진한 게 무슨 대수라고. 사장과 친구여서 됐을 뿐이잖아." 같은 말은 하지 않는다.
- 형평성을 따지지 않는다. 불공평하다는 생각에 매달리지 말라. 안

타까운 일이지만 편법으로 앞서나가는 사람도 있다. 순전히 우연으로 성공하는 사람도 있다. 그러나 성공할 '자격'을 따지며 시간을 보내면 생산적인 일에 전념할 시간이 줄어든다.

## 경쟁보다는 협력을 하라

상담을 하다 보면 서로 점수를 매기고 사사건건 '공평'해야 한다고 주장하는 부부를 많이 만난다. 자기 회사에 이익을 가져오는 직원의 성과를 시기하는 사장도 있었다.

주위 사람을 경쟁자로 바라보는 한, 오로지 '승리'하겠다는 일념으로 노력할 것이다. 진심으로 다가가지 않고 상대를 이길 방법만 생각한다면 의미 있는 인간관계를 쌓을 수 없다. 내가 누구를 경쟁자로 여기고 있는지 잠시 생각해보자. 어쩌면 가장 친한 친구보다 매력적인 사람이 되고 싶을 것이다. 형제보다 돈을 더 많이 벌고 싶을 수도 있다. 주변 사람을 경쟁자로 대하면 인간관계가 흔들린다는 사실을 알아두어야 한다.

하지만 경쟁자가 아니라 같은 팀으로 생각한다면 어떨까? 저마다 능력과 재주가 다양한 주변 사람들을 감싸안으면 실제로 내게 도움이 된다. 형제가 부자라면 그를 따라 비싼 물건을 사지 말고 어떻게 하면 돈을 벌 수 있는지 조언을 구하자. 건강에 관심 있는 이웃에게는 건강에 좋은 조리법을 알려달라고 부탁해보자. 겸손하게 행동하면 다른 사람의 기분은 물론 내 기분도 좋아지는 기적이 나타난다.

앞에서 봤듯이 밀턴 허시는 실수를 통해 배웠기 때문에 성공했다. 그러나 허시의 성공에 일조한 또 다른 요인이 있었다. 허시는 다른 사람의 성공을 포용할 수 있었다. 그는 부하 직원인 리즈H. B. Reese가 같은 마을에 따로 캔디 가게를 열었어도 시기하지 않았다. 리즈는 허시 초콜릿 공장에서 일하는 동안 얻은 지식으로 독자적인 상품을 개발했다. 그리고 몇 년 후 초콜릿을 입힌 땅콩버터 과자를 만들었고 허시 초콜릿 공장에서 밀크 초콜릿을 공급받았다.

허시는 얼마든지 리즈를 초콜릿 소비자를 빼앗아가는 경쟁자로 볼 수 있었지만 그러지 않았다. 오히려 리즈의 사업을 후원했다. 두 사람은 같은 지역에서 캔디를 팔면서도 사이가 나쁘지 않았다. 허시와 리즈가 사망한 후에는 두 회사가 합병했고 리즈가 만든 땅콩버터 과자는 오늘날까지도 허시를 대표하는 인기 상품이 되었다. 두 사람의 이야기는 분명히 다르게 끝났을 수도 있다. 사실 허시와 리즈가 협력하지 않았다면 양쪽 모두 사업을 망쳤을지도 모른다. 그러나 두 사람은 사업을 하는 내내 우호적인 관계를 유지하며 협력했다.

다른 사람의 성공에 기뻐하는 사람은 성공한 사람과 멀어지지 않고 가까워진다. 주변에 목표를 이루려 노력하는 사람이 있으면 내게도 이득이다. 나도 그를 보고 의욕과 동기, 정보를 얻어 목표에 한발 더 다가갈 수 있다.

## 내 방식대로 성공을 정의하라

돈을 많이 벌어야 성공한다고 생각하는 사람이 대다수지만 분명 모든 사람이 부자가 되기를 원하지는 않는다. 어떤 사람은 시간과 능력을 바쳐 사회에 보답하는 것이 성공이라고 정의한다. 근무 시간을 줄여서 어려운 사람을 도울 때 가장 보람을 느끼는 사람도 있다. 만약 그렇게 성공을 정의한다면 돈을 많이 버는 사람을 시기할 이유는 없다.

누군가 "내가 원한 것을 다 가졌지만 아직도 행복하지 않다."라고 말하는 이유는 원하는 것을 정말로 다 가지지 못했기 때문이다. 그는 자신에게 솔직하지 않고 타인이 정의한 성공을 목표로 살아가고 있다. 댄의 사례를 보자. 댄은 이웃이 소유한 물건을 전부 다 가지려고 애썼다. 하지만 그는 행복하지 않았다. 댄 부부는 돈을 많이 벌기보다는 아이 옆에 엄마가 있어야 한다고 생각해서 아내가 일을 그만두고 가정주부가 되었다. 그러나 댄은 자신의 가치관을 망각하고 이웃을 따라 하기 시작했다.

내 가치관대로 성공을 정의하려면 때로는 현재의 삶을 넘어 인생 전체를 큰 그림으로 보아야 한다. 삶을 마감할 때 지금껏 살아온 세월을 돌아보는 상상을 해보자. 이런 질문에 어떻게 대답해야 마음이 가장 편안할까?

- 살면서 이룬 가장 큰 성과는 무엇이었나? 돈을 많이 벌었을까? 다른 사람에게 공헌했을까? 가정을 꾸리거나 사업을 일구었을까? 이 세상을 바꾸었을까?
- 내가 성공했는지 어떻게 아는가? 목표를 달성했다는 증거가 있는가? 도움을 받은 사람들이 고맙다고 했는가? 돈을 많이 벌었다는 사실을 증명할 은행 계좌가 있는가?
- 언제 시간과 돈, 재능을 가장 유용하게 썼는가? 어떤 기억이 가장 소중할까? 어떤 활동을 했을 때 가장 뿌듯하고 성취감을 느꼈을까?

내 방식대로 성공을 정의해 적어보자. 나와 다른 정의에 따라 성공하려 노력하는 사람을 시기하고 싶을 때 나는 성공을 어떻게 정의하는지 다시 한 번 생각한다. 성공으로 가는 길은 사람마다 다르고 내 길은 나밖에 걸을 수 없다는 사실을 깨달아야 한다.

## 다른 사람의 성공을 축하하라

내가 정의한 대로 성공하려 노력 중이고 부족한 자신감을 회복했다면 이제 다른 사람의 성공을 시기하지 않고 축하할 수 있다. 나와 직접 경쟁할 사람이 아니라는 사실을 받아들이면 그가 성공해도 내가 초라해 보일까 걱정하지 않는다. 이제는 새로운 고지에 도달하거나 돈을 많이 벌거나 나와 다른 일을 하는 사람을 봐도 진심으로 기뻐할 것이다.

피터 북맨Peter Bookman 은 어떻게 생각하면 다른 사람의 성공을 시기해야 하지만 오히려 축하를 보낸 대표적인 인물이다. 북맨은 자신을 계속 새로운 회사를 차리는 '연쇄 창업가'라고 소개하곤 하는데 실제로 그는 성공한 스타트업 회사를 여러 개 설립했다. 그는 훗날 퓨전아이오Fusion-io 가 되는 회사의 창립자였다. 퓨전아이오는 페이스북과 애플 등의 기업과 거래하는 컴퓨터 하드웨어 및 소프트웨어 시스템 회사다. 북맨은 3년 반 동안 사업을 키우는 데 힘을 보탰지만 투자자와 경영진에게 서로 비전이 다르다는 말을 들었다. 그래서 회사를 떠난 북맨은 자신이 고용했던 사람들이 크게 성공하는 모습을 바라만 보았다.

북맨이 떠난 후 퓨전아이오는 10억 달러 규모의 사업체로 성장했고 창업자들은 2억 5,000만 달러를 벌었다. 북맨은 전 회사의 성공을 시기하지 않고 기뻐했다. 북맨은 창업자인 그를 빼고 회사가 그토록 성공했으니 화를 내야 한다는 사람이 많았다고 털어놓았다. 왜 조금도 반감을 품지 않는지 내가 묻자 북맨은 말했다.

"옛 동료들이 성공했다고 제가 왜 박탈감을 느껴야 하는지 모르겠군요. 제가 한몫 했다는 사실에 기쁜걸요. 개인적인 이득과 상관없이 언제라도 다른 사람의 꿈을 이룰 수 있게 돕고 싶습니다."

북맨은 타인의 성공을 시기하며 시간을 낭비하지 않았다. 그는 사람들이 꿈을 이루었을 때 옆에서 축하하느라 바쁜 사람이었다.


## 타인의 성공을 인정하면 강해진다

허브 브룩스Herb Brooks는 고등학교와 대학교 시절 누구나 인정하는 하키 선수였고 1960년 미국 올림픽 하키 국가대표팀 선수로 발탁되었다. 그러나 브룩스는 올림픽 개막을 일주일 앞두고 선수 명단에서 최종 탈락을 했다. 그는 팀 동료였던 선수들이 미국 역사상 최초로 남자 하키 금메달을 따는 모습을 뒤에서 지켜봐야 했다. 브룩스는 우승팀에 들어가지 못했다고 분노하는 대신 코치에게 다가가 말했다.

"코치님 결정이 옳았던 것 같습니다. 코치님이 이기셨어요."

다른 사람이라면 하키를 포기하고 싶었겠지만 브룩스는 아직 그만둘 생각이 없었다. 그는 선수 생활을 계속해 1964년과 1968년 올림픽에 출전했다. 대표팀에서 탈락한 1960년만큼 좋은 성적을 올리지는 못했지만 그의 하키 경력은 거기서 끝나지 않았다. 브룩스는 선수 생활을 마치고 감독으로 전향했다.

브룩스는 몇 년간 대학팀 감독을 맡은 후 올림픽 대표팀 감독이 되었다. 대표팀 선수를 선발할 때 그는 팀플레이를 잘할 선수를 찾았다. 관심을 독차지하는 선수는 단 한 명도 뽑지 않았다. 지난 일곱 번의 올림픽 중 소련이 금메달 여섯 개를 차지한 상황에서 1980년 미국 대표팀은 상대적으로 약체였다. 그러나 브룩스가 지휘봉을 잡으면서 미국은 소련에 4 대 3으로 승리했다. 그날 뜻밖의 승리는 지금까지도 '은반 위의 기적'이라고 불린다. 미국은 거기서 그치지 않고 핀란드를 꺾고 금메달을 땄다.

브룩스는 선수들이 경기를 이기면 경기장을 떠났고 카메라 앞에도 서지 않았다. 그는 남아서 승리를 축하하지 않고 곧바로 사라지는 감독으로 유명해졌다. 브룩스는 승리를 누릴 자격이 있는 선수들에게 빙판을 양보하고 싶었다고 나중에 기자들에게 이야기했다. 그는 선수들에게서 스포트라이트를 빼앗고 싶지 않았다.

허브 브룩스는 성공한 사람을 시기하지 않았을 뿐만 아니라 그들의 노력에 힘을 보탰다. 브룩스는 자신의 도움을 받아 성공한 사람들에게 성과를 나누어달라고 강요하지 않았다. 그 대신 겸허한 자세로 선수들에게 모든 영광을 돌렸다. 그가 선수들에게 남긴 유명한 말 한마디가 있다.

"성공한 사람의 책을 읽지 말고 자신의 성공담을 책으로 써라."

더는 타인의 성공을 시기하지 않을 때 자신의 목표를 위해 마음껏 노력할 수 있다. 내 가치관에 따라 살고 싶어지고, 다른 가치관을 따르는 사람에게 감정이 상하거나 속았다는 생각을 하지 않을 것이다.

댄은 그가 정의한 대로 성공하려 최선을 다하기 시작하면서 마음이 편하고 자유로워졌다. 그는 이웃이 아닌 자신과 경쟁했고 날마다 조금씩 어제보다 나은 내가 되겠다는 도전 의식을 불태웠다. 진정한 성공을 원하는 사람은 댄과 마찬가지로 자신에게 솔직한 삶을 살아야 한다.

SOLUTION *09*

내 일이 잘 풀릴 때는 다른 사람을 시기하지 않는다. 그러나 살다 보면 주변 사람은 다 목표를 이루었는데 나만 뒤처지고 있다는 부정적인 생각에 빠질 때가 있다. 남을 시기하지 않고 나만의 가치관에 따라 중심을 잘 잡기 위해서는 상당한 노력과 인내심이 필요하다.

☺ 이 렇 게  해 보 자

▷ 내 방식대로 성공을 정의한다.
▷ 시기심의 원인인 부정적인 생각을 이성적인 생각으로 바꾼다.
▷ 다른 사람의 성공을 축하한다.
▷ 자신의 강점에 집중한다.
▷ 모든 사람과 경쟁하기보다는 협력한다.

☹ 이 렇 게  하 지  말 자

▷ 다른 사람의 꿈을 따라 한다.
▷ 다른 사람의 인생이 훨씬 대단하다고 생각한다.
▷ 나를 주변 사람 모두와 끊임없이 비교한다.
▷ 다른 사람의 성공을 깎아내린다.
▷ 모든 사람을 직접적인 경쟁자처럼 대한다.

## 제10장

# 한 번의 실패로
# 포기하지 마라

실패가 꼭 끝은 아니다. 사실 성공한 사람 대부분은 실패를 성공으로 가는 긴 여정의 출발점으로 생각한다. 실패를 겪으면 자신에게 새롭게 도전해 나를 바꿀 수도 있다. 삶의 어느 부분에 더 노력해야 하는지 깨닫고 내가 미처 알지 못했던 힘도 발견한다.

실패는 성공으로 가는 관문이다.
실패를 피하는 사람에게는 성공도 비켜간다.

_로버트 기요사키 Robert T. Kiyosaki

수전은 인생이 기대보다 만족스럽지 않다는 이유로 심리치료를 시작했다. 그녀는 남편과 금슬이 좋았고 어여쁜 두 살배기 딸도 있었다. 근처 학교의 서무실에서 안정적인 일을 했고 맞벌이로 살림도 넉넉했다. 수전은 그럼에도 행복하지 않은 자신이 이기적인 것 같다고 말했다. 누가 봐도 그녀의 삶은 풍요로웠기 때문이다.

몇 차례 상담을 진행하는 동안 수전은 언제나 교사를 꿈꿔왔다며 속내를 털어놓았다. 실제로 그녀는 고등학교를 졸업한 후 교대에 입학했다. 몇 시간이면 집으로 갈 수 있는 거리였지만 수전은 지독한 향수병에 걸렸다. 숫기가 없어서 친구를 사귀기 힘들었고 어려운 수업도 감당하지 못했다. 그래서 1학기를 반도 못 채우고 자퇴했다.

수전은 고향으로 돌아오자마자 학교 서무직원으로 취직했고 지금까지 그 일을 하고 있다. 꿈을 이루지는 못했지만 그녀가 할 수 있는 선에서 교사와 그나마 가까운 직업이었다. 하지만 상담을 계속할수록 분명해졌다. 수전은 지금도 교사를 꿈꾸고 있었다. 꿈을 이룰 수 있다는 자신감이 없었을 뿐이다.

대학을 다시 다녀보면 어떻겠냐는 말을 꺼내자 수전은 자기 나이가 너무 많다며 손사래 쳤다. 그러나 최근 아흔네 살 할머니가 고등학교 졸업장을 땄다는 기사 제목을 보여주니 마음이 움직인 듯했다. 이후 몇 주 동안 우리는 수전이 왜 교대에 가기를 망설이는지 의견을 나눴다. 수전은 자기가 그냥 '대학생감'이 아니라고 했다. 어쨌거나 첫 번째에 실패했고 학교를 떠난 지 너무 오래된 지금은 머리가 굳어서 수업을 따라가지 못할 것이라 믿었다.

그로부터 몇 주 동안은 수전이 실패를 어떻게 생각하고 있는지 이야기했다. 수전의 삶에는 분명한 패턴이 있었다. 그녀는 무슨 일이든 첫 번째 시도에 성공하지 못하면 포기했다. 고등학교 농구부에 들어가지 못했을 때는 운동을 아예 그만뒀다. 7킬로그램을 뺐다가 다시 쪘을 때는 다이어트를 포기했다. 이런 기억을 하나하나 짚어나간 수전은 깨달았다. 지금껏 그녀는 실패를 두려워하는 마음에 이끌려 삶의 방향을 선택하고 있었다.

나는 학교로 돌아갈 계획이 없더라도 지난 15년간 대학이 많이 변했으니 가볼 만한 곳이 있는지 알아보라고 조언했다. 수전은 대학 정규과정 외에도 가능한 선택지가 많다는 사실을 발견하고 마음이 설렜다. 그리고 몇 주 후 그녀는 사이버 대학 강의를 몇 과목 신청했다. 가족과의 시간을 많이 빼앗기지 않고 시간제로 수업을 듣는다는 생각에 뛸 듯이 기뻐했다.

수전은 강의를 듣기 시작하자 그동안 왜 공허함을 느꼈는지 찾았다고 말했다. 새로운 직업에 도전하는 것만으로 그녀는 삶의 만족을 찾았다. 수전은 곧 심리치료를 끝냈다. 이제는 새로운 미래를 꿈꾸고 실패를 전과 다르게 생각하게 되었다.


## 우리는 왜 포기하는가

실패하고 나서 다음에 더 잘하자고 다짐하는 사람이 있는가 하면 단번에 포기하는 사람도 있다. 다음 중 자신에게 해당하는 항목이 있는지 살펴보자.

☐ 다른 사람이 나를 실패자로 볼까 두렵다.

☐ 남들보다 잘하는 일에만 참여한다.

☐ 처음에 잘되지 않으면 다시 시도하지 않는다.

☐ 성공한 사람은 그럴 만한 재능을 타고났다고 생각한다.

☐ 아무리 노력해도 절대 배울 수 없는 것이 많다.

☐ 성공해야 내 가치가 높아진다.

☐ 실패한다고 생각하면 심란하다.

☐ 실패한 데 대해 변명을 한다.

☐ 새로운 능력을 키우려 하지 않고 이미 가지고 있는 능력을 과시한다.


실패가 꼭 끝은 아니다. 사실 성공한 사람의 대부분은 실패를 성공으로 가는 긴 여정의 출발점으로 생각한다.

많은 사람이 그렇듯 수전도 한 번 실패하면 다음에도 실패한다고 생각해 굳이 도전하지 않았다. 살면서 어딘가 허전한 느낌이 있었지만 다시 대학에 간다는 생각은 꿈에도 하지 않았다. 자신은 '대학생감'이 아니라고 혼자서 판단했기 때문이다. 수전 말고도 이런 사람은 많다. 열에 아홉은 처음 실패하고 나서 포기해버린다.

우리는 실패한 후 두렵다는 이유로 다시 도전하지 못한다. 그러나 모든 사람의 두려움이 똑같지는 않다. 부모님이 실망할까 두려워하는 사람이 있고, 멘탈이 너무 약해서 두 번째 실패를 감당하지 못할까 두려워하는 사람도 있다. 대부분 두려움에 부딪치기보다는 또 다른 실패를 피하려 한다. 그리고 실패하면 수치스럽다고 생각하는 경우도 많다. 실패를 감추려 하는 사람도 있고, 변명을 하려 애쓰는 사람도 있다. 어떤 학생은 오래 전부터 시험 준비를 해놓고도 "이번 시험은 공부할 시간이 하나도 없었어."라고 말한다. 성적이 부끄러워 부모님에게 시험 점수를 감추는 학생도 있다.

실패로 자신을 판단하는 사람도 있다. 수전은 대학을 마치지 못했으니 공부를 계속할 머리가 없다고 판단했다. 어떤 이는 한 번 사업에 실패한 후 사업가가 될 운명이 아니라고 믿고, 어떤 이는 첫 번째 책을 출간했다가 실패한 후 자기가 형편없는 작가라고 결론 내린다.

자라면서 포기하는 습관이 몸에 배기도 한다. 혹시 어린 시절 한 번에 성공하지 못한 일을 어머니가 나서서 완성해주었는가? 수학 문제를 모르겠다고 하면 선생님이 정답을 알려줘서 혼자 힘으로 문제를 풀 일이 없지는 않았는가? 언제나 누군가 나타나서 구해줄 것이라 기대하는 습관은 어른이 되어서도 버리기 힘들다. 따라서 실패한 후 다시 도전할 마음을 먹기 힘들다.

사람이 한 번의 실패로 포기하는 마지막 이유는 자기 능력에 대한 고정관념이다. 자기 능력을 통제할 수 없다고 믿기 때문에 한 번 실패한 후 발전하거나 다시 도전하려 하지 않는다. 신이 내린 재능을 타고나지 않고서야 아무리 능력을 키워도 소용없다고 생각한다.


## 실패란 다시 도전할 기회다

수전은 오랫동안 '나는 선생님이 될 머리가 없어.'라거나 '나 같은 실패자가 어떻게 학생들의 성공을 이끌어주겠어?' 같은 생각을 했다. 이런 생각에 빠진 나머지 목표를 이루지 못했고 다시 대학에 다닐 기회가 남아 있다는 사실도 알아차리지 못했다. 수전처럼 한 번의 실패로 포기하면 앞으로 무궁무진한 기회를 놓칠 것이다. 실패는 훌륭한 경험이 될 수 있다. 단, 실패를 통해 배운 점을 간직하고 앞으로 나아갈 경우에만 해당되는 이야기다.

단 한 번도 실패하지 않고 성공하기는 어렵다. 닥터 수스Dr. Seuss라는 이름으로 더 유명한 시어도어 가이젤Theodor Geisel을 예로 들어보자. 그는 첫 번째 책을 출간할 때 스무 곳이 넘는 출판사로부터 거절을 당했다. 하지만 결국 많은 사랑을 받는 어린이 책 마흔여섯 권을 세상에 내놓았고 그중 몇 권은 텔레비전 특집 방송과 장편영화, 브로드웨이 뮤지컬로 재탄생했다. 닥터 수스가 처음 출간 계약에 실패했을 때 포기했다면 어땠을까? 우리는 수십 년이 지나도 아이들을 즐겁게 하는 그의 독창적인 문체를 감상하지 못했을 것이다.

한 번 실패했다고 포기하는 것은 자기 앞길을 자기가 막는 일이다. 그리고 포기할 때마다 실패가 나쁘다는 생각이 굳어져 다시 시도하지 않는다. 따라서 실패를 두려워하는 사람은 실패를 통해 배울 기회를 잡지 못한다.

1998년 〈성격사회심리학저널〉Journal of Personality and Social Psychology에 발표된 한 연구에서는 똑똑하다고 칭찬받은 5학년생 집단과 노력한다고 칭찬받은 5학년생 집단을 비교했다. 아이들은 아주 어려운 시험을 똑같이 치렀다. 연구진은 아이에게 점수를 확인한 후 자기보다 점수가 낮은 친구와 점수가 높은 친구의 시험지 중 하나를 선택하라고 했다. 똑똑하다고 칭찬받은 아이는 자존심을 높이려고 낮은 점수의 시험지를 선택하는 경우가 많았다. 노력한다고 칭찬받은 아이는 높은 점수의 시험지를 보고 싶어 했다. 이 집단은 다른 친구의 실수를 보고 배우고자 했다. 실패를 두려워한다면 실수를 겪으며 배울 가능성이 낮고, 따라서 다시 도전할 가능성도 낮다.

## 성공은 단거리 경주가 아니라 마라톤이다

수전은 한 번 실패했다고 다음에도 실패한다는 법이 없음을 깨달은 후

224

자신이 다닐 만한 학교를 더 적극적으로 알아봤다. 여러 대학을 조사하며 실패를 극복하려는 사람답게 행동하자 교사의 꿈을 이룰 수 있다는 희망이 더 커졌다.

## 실패를 어떻게 생각하는지 확인하라

토머스 에디슨Thomas Edison 은 역사상 가장 위대한 발명가다. 발명품 특허만 1,093개이고 발명품을 지원하는 장치들도 만들었다. 대표적인 발명품으로는 전구, 활동사진, 축음기가 있지만 에디슨의 발명품이 전부 성공하지는 않았다. 전자 펜이나 유령 탐지기를 들어본 사람은 얼마 없을 것이다. 그 밖에도 실패한 발명품은 많다.

에디슨은 모든 발명품이 성공할 수 없음을 알고 있었다. 발명품이 작동하지 않거나 시장에서 외면당해도 자신을 실패자로 여기지 않았다. 오히려 실패를 할 때마다 배울 수 있어 고마워했다. 1915년에 나온 토머스 에디슨의 전기를 보면 어느 날 젊은 조수가 몇 주 동안 노력했는데 아무 성과도 없다며 불평했다는 내용이 나온다. 에디슨은 이렇게 대답했다.

"성과라… 성과가 없다고? 이보게, 나는 많은 성과를 얻었다네! 작동하지 않는 물건을 수천 가지나 알게 되었지."

한 번의 실패로 도전을 포기하면 잘못된 믿음으로 실패를 바라보게 된다. 그러면 실패를 대하는 생각과 감정, 행동도 영향을 받는다. 실패와 인내심을 함께 연구한 결과, 다음의 사실들이 밝혀졌다.

• 타고난 재능보다는 꾸준한 연습이 중요하다. 일부 사람만 재능을

타고난다는 의견이 지배적이지만 대부분의 재능은 노력으로 기를 수 있다. 체스나 운동, 음악, 시각예술 등의 방면에서 10년간 매일 훈련한 사람은 재능을 타고난 사람을 능가하기도 한다. 타고난 재능 없이도 20년 동안 연습에 몰두해 세계적으로 성공한 사람이 많다. 하지만 우리는 재능을 타고나지 않으면 절대 성공하지 못한다고 생각한다. 그래서 성공에 필요한 능력을 키우기도 전에 포기하고 만다.

- 성공의 척도는 IQ보다 근성이다. IQ가 높다고 전부 성공하지는 않는다. 사실 사람의 IQ로는 그의 성공 여부를 제대로 예측할 수 없다. 근성이 있는 사람은 장기적인 목표를 끈질기고 열정적으로 이루려 한다. 이러한 근성이 높은 IQ보다 성공 가능성을 훨씬 높여준다는 연구 결과가 있다.

- 내가 부족해서 실패했다고 생각하면 무기력해진다. 내 능력이 부족해서 실패했고 능력을 키울 수 없다고 생각하면 후천적인 무력감이 몸에 밴다. 그래서 실패한 일에 다시 도전하지 않고 포기하거나 다른 사람이 대신 해주기를 기다린다. 발전할 수 없다고 지레짐작하니 발전할 시도도 하지 않는다.

자기 능력을 잘못 판단하면 성공하지 못한다. 내가 실패를 어떻게 생각하고 있는지 잠시 살펴보자. 성공에 이르는 과정은 단거리 경주가 아니라 마라톤이다. 실패는 성공으로 가는 하나의 관문이고 그 과정에서 배우고 성장할 수 있음을 받아들여야 한다.

## 실패를 다른 관점으로 보라

실패가 끔찍하다고 생각하는 사람은 한 번 그르친 일에 다시 도전하기 어렵다. 다음과 같이 실패를 생각하면 재도전할 의욕이 들지 않을 것이다.

- 실패는 용납할 수 없다.
- 완전히 성공하거나 완전히 실패하거나 둘 중 하나다.
- 실패는 항상 내 탓이다.
- 내가 부족해서 실패했다.
- 실패하면 사람들에게 사랑받지 못한다.
- 처음에 제대로 하지 못하면 두 번째도 마찬가지다.
- 나는 성공할 만큼 잘난 사람이 아니다.

실패를 비이성적으로 바라보면 한 번의 실패로 포기하고 만다. 그러지 말고 더 객관적으로 생각하려고 해야 한다. 실패가 상상만큼 끔찍하지는 않을 것이다. 결과보다는 노력을 중요하게 여기자. 어려운 일을 완수하려 할 때는 내가 무엇을 얻을지에 초점을 맞춘다. 새로운 것을 배울 수 있을까? 처음에 성공하지 않아도 능력을 기를 수 있을까? 실패를 통해 무엇을 배울지 생각하면 실패도 성공으로 가는 관문이라는 사실을 받아들일 수 있다.

진정한 잠재력에 이르려면 높은 자존심보다는 자기 위로가 필요하다. 나를 보는 잣대가 지나치게 엄격하면 내가 부족하다고 생각해 포기하고, 지나치게 너그러우면 실패한 이유를 변명한다. 그러나 자기 위로는 정확히 그 중간에 있다. 자기 위로는 나의 실패를 다정하면서도 현실적인 시각으로 바라본다는 뜻이다. 자기 위로를 할 줄 아는 사람은 모든 사람에게 약점이 있음을 알고 실패한다 해서 그 사람의 가치가 떨어지지 않는다는 사실을 이해한다. 자신의 약점을 따뜻하게 어루만진다면 한층 더 성장하고 발전할 수 있다는 확신이 생긴다.

2012년에 발표된 연구 〈자기 위로와 자기계발 욕구 증대의 상관관계〉Self-Compassion Increased Self-Improvement Motivation 는 학생들에게 망친 시험을 만회할 기회를 주었다. 한 집단은 실패를 자기 위로의 관점으로 보고 다른 집단은 자존심을 높이는 데 집중하게 했다. 실험 결과, 자기 위로를 연습한 학생은 자존심을 높이려 한 학생에 비해 공부 시간이 25퍼센트 길었고 두 번째 시험의 성적도 높았다.

성공해야 자기 가치가 높아진다고 판단하면 실패할 가능성이 있는 위험을 감수하지 않을 것이다. 이렇게 실패를 비이성적으로 보지 말고 다음과 같이 객관적으로 생각해야 한다.

- 실패는 성공으로 가는 관문 중 하나다.
- 나는 실패를 감당할 수 있다.
- 실패를 통해 배울 수 있다.
- 실패는 스스로 도전하고 있다는 증거이므로 얼마든지 다시 도전할 수 있다.
- 기회가 있다면 실패를 극복할 수 있다.

## 두려움과 마주하라

돌아가신 내 시아버지 롭은 사람들 앞에서 웃음거리가 되거나 실패담을 몇 번이고 늘어놓아도 부끄러워하는 법이 없었다. 사실 실패담이라고 말은 해도 진심으로 실패했다고 생각하지는 않았다. 재미있는 이야깃거리가 생긴 것만으로도 성공했다고 생각할 분이었다.

그 중에서도 1960년대에 비행기 조종사로 일하던 시절의 일화가 가장 기억에 남는다. 당시 아버님은 개인 비행기로 항공 택시 영업을 했다. 상업 비행기에서 항공 택시로 갈아탄 손님을 최종 목적지까지 데려다 주기도 했다. 한번은 부유한 사업가를 태울 일이 있었다. 그때는 공항 보안이 지금처럼 삼엄하지 않아서 비행기에서 활주로로 내리는 승객을 곧바로 마중할 수 있었다.

다른 개인 비행기 조종사라면 고객 이름이 적힌 팻말을 들고 기다렸겠지만 아버님은 아니었다. 비행기에서 내리는 승객에게 악수를 청하며 "반갑습니다, 스미스 씨. 제가 오늘 가시는 곳까지 모셔다드리겠습니다." 라고 말했다. 스미스는 한 눈에 알아봐줘서 기쁘다고 대답했다. 그러나 스미스가 모르는 사실이 있었다. 아버님은 비행기에서 내리는 모든 사람과 일일이 악수하며 "반갑습니다, 스미스 씨."라는 말을 반복했던 것이다. 만약 상대가 어리둥절한 표정이거나 스미스가 아니라고 말하면 스미스를 찾을 때까지 다음 사람으로 넘어가며 인사했다.

대부분의 사람들은 상대를 착각하고 인사하면 부끄러움을 느낀다. 앞으로는 절대 낯선 사람에게 대뜸 인사하지 않으려고 할 수 있다. 하지만 아버님은 달랐다. 언젠가는 스미스를 찾을 것을 알았기에 기꺼이 모르는 사람과 악수하고 다른 이름으로 불렀다. 성공할 때까지 실패를 반복해도 두려워하지 않았다.

실패에 익숙해지면 전보다 두렵지 않다. 실패하거나 거부당한다고 세상이 끝나지 않는다는 사실을 깨닫고 나면 더욱 그렇다.

## 성공 확률을 높일 계획을 세워라

첫 시도에 실패했다면 어떻게 해서 이런 결과가 나왔고 앞으로 어떻게 하고 싶은지 판단한다. 사소한 일에 실패했다면 시간과 노력을 허비할 가치가 없다고 판단해 다시 도전하지 않을 수 있다. 때로는 그렇게 판단해야 마땅하다. 예를 들어 나는 그림에 소질이 없다. 내가 그림을 그리면 기껏해야 작대기 모양 몇 개가 전부다. 나는 그림을 다 그리지 못해도 계속 그리는 데 시간과 노력을 들일 필요가 없다고 생각한다. 그럴 바에는 내가 좋아하는 일에 에너지를 쏟고 싶다.

그러나 실패를 극복해야 꿈을 이룰 수 있다면 다시 시도해야 옳다. 전과 똑같이 행동해서는 의미가 없다. 지금부터는 성공할 확률을 높일 계획을 세워야 한다. 실수를 통해 배워야 실수를 반복하지 않듯이, 실패를 통해 배워야 다음에 더 잘할 수 있다. 능력을 길러야 하는 경우도 있고, 내 능력이 인정받을 기회를 찾아야 하는 경우도 있다.

월트 디즈니Elias Walt Disney도 몇 번의 실패를 겪고 나서야 크게 성공할 수 있었다. 처음에 그는 래프 오 그램Laugh-O-Gram이라는 단편 애니메이션 제작사를 차렸다. 캔자스 시립극장과 계약을 맺고 실사와 애니메이션이 어우러진 7분짜리 만화를 상영했다. 만화는 인기를 끌었지만 그는 거액의 빚을 졌고 몇 년 못 가서 파산했다.

하지만 그는 굴하지 않았다. 그와 형 로이는 할리우드에서 디즈니 브라더스 스튜디오의 문을 열었고 한 배급사와 계약해 월트의 만화 캐릭터인 행운의 토끼 오스왈드의 배급을 맡았다. 그러나 몇 년 후 배급사는 오스왈드를 비롯해 그들이 만든 몇몇 만화 캐릭터의 저작권을 가로챘다. 디즈니 형제는 이번에도 월트가 만든 캐릭터 미키 마우스를 주인공으로 만화 세 편을 서둘러 만들었지만 배급사를 찾지 못했다. 그들은 유성 영화의 시대가 열리고 나서야 만화를 제작할 수 있었다.

그와 동시에 디즈니 형제는 성공 가도를 달렸다. 대공황 시기였지만 만화영화로 막대한 수익을 쓸어담았다. 디즈니 형제는 더 나아가 1,700만 달러짜리 테마파크인 디즈니랜드도 건설했다. 디즈니랜드도 큰 인기를 모았고 형제는 그 수익으로 디즈니월드를 짓기 시작했다. 안타깝게도 월트는 디즈니월드가 완공되기 전에 눈을 감았다.

월트는 만화 사업에 뛰어들었다 실패하고 파산한 지 몇 년 만에 대부호가 되었다. 절대 성공할 리 없다고 많은 사람들이 고개 돌렸던 만화로 누구보다 많은 아카데미상을 받았다. 월트는 거의 50년 전 세상을 떠났지만 디즈니는 10억 달러 기업으로 번창하고 있고 월트가 만든 미키 마우스는 지금까지도 디즈니를 대표하는 캐릭터다. 분명히 월트는 실패를 딛고 성공의 뜻을 키운 대표적인 인물이다.

# 실패한 후 다시 일어나면 강해진다

연예 에이전트였던 월리 아모스Wally Amos는 계약을 맺고 싶은 연예인에게 직접 만든 초콜릿칩 쿠키를 보내는 영업 전략으로 유명했지만 친구들의 조언에 따라 에이전트를 그만두고 쿠키에 남은 평생을 바쳤다. 그는 연예인 친구들의 자금 지원을 받아 첫 번째 고급 쿠키 전문점 '페이머스 아모스'를 열었다.

가게가 선풍적인 인기를 끌면서 눈 깜짝할 사이에 사업이 커졌다. 그 후로 10년 동안 아모스는 전국 곳곳에 더 많은 지점을 열었다. 전국적인 인물이 되고 로널드 레이건Ronald Raegan 대통령에게 최우수기업인상도 받았다.

그러나 고등학교를 자퇴하고 정식으로 사업을 배우지 않은 아모스는 사업을 잘 알지 못했다. 결국 100만 달러 규모이던 그의 기업은 휘청거리기 시작했다. 전문가에게 도움을 요청했지만 그들도 회사를 되살리지는 못했다. 아모스는 회사를 매각해야 했다. 재정난은 사업에서 끝나지 않고 가정으로도 이어졌다. 집이 경매에 넘어간 것이다.

몇 년 후 아모스는 월리 아모스 프리젠츠 칩 앤 쿠키라는 회사로 재기를 노렸다. 하지만 그는 자신의 이름을 썼다는 이유로 페이머스 아모스를 매수한 회사 경영진에게 고소를 당했다. 회사 이름을 '엉클 노네임'으로 바꾸었지만 이번에는 치열한 경쟁에 치여 성공하지 못했다. 빚이 100만 달러를 넘자 파산 신청이 불가피했다.

마지막으로 아모스는 머핀 회사를 열었고 이번만큼은 식품 유통 전문가를 파트너로 두고 경영을 맡겼다. 아모스는 이제까지 실패를 거듭하는 동안 경영에 도움을 받아야 한다는 사실을 배웠다. 그의 머핀 회사는 쿠키 회사처럼 정상에 오르지는 못했지만 지금까지도 명맥을 이어오고 있다.

마침내 아모스는 또 한 번의 행운을 잡았다. 페이머스 아모스 쿠키의 상표권을 취득한 키블러 사 경영진이 그를 페이머스 아모스 쿠키의 대변인으로 선택한 것이다. 그가 시작해 대성공을 거둔 회사가 이제 그의 소유가 아니라는 사실이 분할 수도 있었다. 그러나 아모스는 자신이 30년 전에 만든 쿠키를 사람들에게 홍보하는 일을 겸허히 감사하는 마음으로 다시 시작했다. 저자 겸 동기부여 연설가로도 우뚝 섰다.

실패를 겪으면 자신에게 새롭게 도전해 나를 바꿀 수도 있다. 삶의 어느 부분에 더 노력해야 하는지 깨닫고 내가 미처 알지 못했던 힘도 발견한다. 앞에서 말한 수전은 일단 대학에 들어가자 앞으로 어떤 어려움이 닥쳐도 헤쳐나갈 수 있다는 자신감을 얻었다. 수전은 더 이상 실패가 끝이라고 생각하지 않았다. 이제 그녀에게 실패란 성장으로 가는 과정이었다. 실패해도 끈질기게 다시 일어나는 법을 배우면 멘탈이 강해진다. 실패를 통해 어떻게 능력을 기를 수 있는지 깨닫기 때문이다.

몇 번이든 실패해도 괜찮다고 생각하는 사람은 삶이 훨씬 평온하고 만족스럽다. 최고가 되어야 한다고 걱정하거나 누구보다 인정받아야 한다는 조급함은 이제 없다. 실패를 극복하면서 더 나은 내가 된다는 확신이 있을 뿐이다.

여러 번 실패해도 아무렇지 않은 일이 있고 한 번의 실패로 인해 견딜 수 없을 만큼 힘든 일도 있다. 내가 어떤 경우에 포기하는지 살펴보고, 실패를 통해 배울 수 있다고 생각하자. 실패한 일에 다시 도전하지 않는 성격이라면 처음에는 두려움과 마주하기 어려울 것이다. 감정 기복이 심해지고 여기서 포기하자는 생각이 들 수 있지만 연습을 하면 왜 실패가 성공으로 가는 중요한 관문인지 깨닫게 될 것이다.

☺ 이렇게 해보자

▷ 실패를 배움의 기회로 본다.
▷ 첫 번째 시도에 성공하지 못하면 다시 도전하기로 결심한다.
▷ 실패가 두려운 이유를 찾는다.
▷ 성공 확률을 높일 계획을 세운다.
▷ 실패에 대한 비이성적인 생각을 찾아 바꾼다.
▷ 능력을 과시하기보다는 능력을 기른다.

☹ 이렇게 하지 말자

▷ 실패하면 목표를 포기한다.
▷ 한 번에 성공하지 못했다고 더 이상 시도하지 않는다.
▷ 불편한 상황이 싫어서 그만둔다.
▷ 처음에 성공하지 못했으니 불가능하다고 판단한다.
▷ 실패한 결과를 실제보다 더 나쁘게 본다.
▷ 남보다 뒤처질 것 같은 일에는 참여하지 않는다.

## 제11장
# 홀로 있는 시간을
# 두려워하지 마라

사막에 혼자 남는 상상을 한 적이 있다면 진작 혼자만의 시간을 보냈어야 한다는
뜻이다. 겁내지 말고 혼자만의 시간을 계획하자. 그렇다고 내가 이기적인 사람이 된
다거나 시간을 낭비한다는 뜻은 아니다. 시간을 내서 홀로 가만히 생각하면 목표를
더 빠르고 확실하게 이루는 데 도움이 된다.

인간이 불행한 이유는
홀로 조용한 방 안에 앉아 있지 못하기 때문이다.

_블레즈 파스칼 Blaise Pascal

바네사는 불면증 약을 처방 받으러 병원에 갔다가 심리치료부터 해보라는 의사의 권유를 받았다. 그녀는 심리치료가 과연 효과적인 방법일지 의심스러웠지만 일단 나를 만나기로 했다. 바네사는 밤이면 머릿속에서 생각을 떨쳐낼 수 없었다. 피곤해 죽을 지경이었지만 침대에 누워 몇 시간이나 이 생각 저 생각을 하며 뒤척였다. 그날 했던 말을 곱씹기도 했고 내일 해야 할 일을 걱정하기도 했다. 너무도 많은 생각이 머릿속을 채우는 바람에 정확히 무슨 생각을 하는지 모를 때도 있었다.

낮 동안은 걱정거리가 전혀 없다고 했다. 부동산 중개업자인 그녀는 긴 하루를 바쁘게 보냈다. 일을 하지 않을 때는 친구들과 식사를 하거나 다른 젊은 중개업자들과 교류했다. 소셜 미디어나 모임으로도 고객을 소개받았기 때문에 휴식 시간도 업무 시간이나 마찬가지였다. 바네사는 활동적인 삶이 좋아서 온종일 바빠도 즐거웠다. 일 때문에 스트레스를 많이 받았지만 성취감이 컸고 실적도 좋았다.

하루 몇 시간쯤 혼자 있거나 가만히 앉아서 생각하느냐고 질문하자 바네사는 "전혀 없죠. 일하는 시간은 단 1초도 낭비하고 싶지 않아요."라고 대답했다. 나는 낮에 있었던 일을 두뇌가 소화할 시간이 없으면 밤에 생각을 떨쳐내기 힘들다고 말했다. 바네사는 이렇게 말했다.

"저는 아니에요. 낮에 생각할 시간이 얼마나 많은데요. 여러 생각을 한꺼번에 하는 때도 있어요."

나는 두뇌가 긴장을 풀고 쉴 시간이 필요하다고 설명하며 낮에 혼자만의 시간을 계획해보라고 했다. 바네사는 설마 혼자 시간을 보낸다고 불면증이 나아질까 싶었지만 시험 삼아 내 제안을 받아들였다.

우리는 혼자 생각할 시간을 어떤 방법으로 보내면 좋을지 의논했다. 바네사는 잠들기 전에 적어도 10분 동안 텔레비전이나 휴대폰, 라디오처럼 주의를 산만하게 하는 소리 없이 일기를 쓰기로 했다. 다음 주에 돌아온 그녀는 고요한 분위기가 다소 불편했지만 일기 쓰기는 재미있었고 잠이 조금 빨리 드는 것 같다고 했다.

이후 몇 주 동안 바네사는 뒤에서 알아볼 명상이나 마음챙김 수행법처럼 여러 방법을 시도했다. 매일 아침 고작 몇 분간 명상을 할 때가 의외로 하루 중 가장 즐거웠다. 정신이 더 '조용하다'는 느낌이 들었다. 그녀는 하루 종일 머릿속을 맴도는 생각을 정리해 일기에 계속 적었고 명상을 하면서 번잡한 생각을 가라앉힐 수 있었다. 불면증에서 완전히 벗어나지는 못했지만 잠들기가 훨씬 수월해진 느낌이었다.


## 우리는 왜 혼자 있기를 두려워하는가

많은 사람들이 혼자 보내는 시간을 그리 중요하게 생각하지 않는다. 혼자 있다는 생각에 마음이 끌리는 사람은 별로 없을 것이다. 어떤 사람은 혼자만의 시간을 두려워하기도 한다. 다음 중 자신에게 해당하는 항목이 있는지 살펴보자.

☐ 아무리 시간이 남아도 가만히 앉아서 생각하지는 않는다.

☐ 혼자 있으면 지루하다.

☐ 집에서 일할 때 텔레비전이나 라디오를 배경음으로 켜놓는다.

☐ 침묵이 불편하다.

☐ 혼자 있으면 외롭다.

☐ 절대 혼자서 영화관이나 공연장에 가지 않는다.

☐ 무슨 일이든 나 혼자 하면 죄책감이 든다.

☐ 대기 중이거나 일하다가 짬이 나면 전화 통화를 하거나 문자 메시지를 보내거나 소셜 미디어를 사용한다.

☐ 혼자 운전하는 동안 심심할까 봐 라디오를 틀거나 전화를 한다.

☐ 일기 쓰기나 명상은 시간 낭비 같다.

☐ 혼자 있을 시간이나 기회가 없다.

시간을 내서 홀로 가만히 생각하면 목표를 더 빠르고 확실하게 이루는 데 도움이 된다. 강한 멘탈을 만들고 싶다면 바쁜 일상생활 속에서도 개인의 성장만 생각할 시간을 따로 마련해야 한다.

바네사는 혼자 있으면 일에 도움이 되지 않는다고 생각했다. 부동산 업계에서 출세하겠다는 목표만 보고 있었기에 사람들과 어울리거나 인맥을 쌓지 않을 때면 마음이 불편했다. 새로 계약을 딸 수 있는 기회를 놓치기는 싫었다.

예수와 마호메트, 붓다는 혼자 보내는 시간의 가치를 알았다고 한다. 이렇듯 종교에서는 혼자 있는 행위를 긍정적으로 여긴다. 그렇지만 현대 사회는 혼자 있는 사람을 이상한 시선으로 본다. '은둔형 외톨이'처럼 극단적인 유형은 만화나 동화, 영화에서 부정적으로 묘사된다. '고양이만 보고 사는 노처녀' 같은 농담은 '혼자 살다가는 미쳐버린다'라는 뜻을 담고 있다. 부모의 말을 듣지 않아 의자나 구석 등에 혼자 남겨지는 타임아웃을 경험한 아이는 혼자 있는 시간을 '벌'이라고 받아들인다. 교도소에서 가장 엄중한 징계는 '독방 감금'이라고 부른다. 물론 극단적인 고립은 해롭지만 이 사회에서는 혼자라는 개념에 대해 부정적인 인식이 팽배해 있다. 따라서 짧게라도 혼자 있는 시간을 불행하다고 생각할 수 있다.

우리는 '혼자 있으면 불행하다', '사람들에게 둘러싸여 있으면 행복하다' 같은 고정관념 때문에 끊임없이 다른 사람과 만날 약속을 잡으려 안달한다. 토요일 밤 혼자 집에 있는 사람을 비정상적이거나 패배자로 보기도 한다. 달력이 약속으로 가득하면 마치 내가 중요한 사람이 된 것 같다. 연락을 많이 받고 약속을 많이 잡을수록 내 가치가 더 올라간다고 생각한다.

바쁘게 지내면 근심거리를 속 편하게 잊을 수도 있다. 떠올리기 싫은 문제가 있다면 이웃을 저녁 식사에 초대하거나 친구들과 쇼핑을 가는 것이 어떨까? 머릿속에 즐거운 대화밖에 없는 동안은 근심거리가 생각나지 않는다. 다른 사람과 직접 만나지 못해도 이제는 기술의 발전 덕분에 혼자 있을 필요가 없다. 어느 곳에서든 전화 통화를 하고 소셜 미디어로 끊임없이 연락한다. 일하다 시간이 남으면 문자 메시지도 보낸다. 사실상 우리는 하루 종일 혼자 생각하는 시간을 피할 수 있다.

무조건 성과를 올려야 한다는 분위기도 사회 전반에 깔려 있다. 쉬지 않고 목표를 이루어야 한다는 사람은 '혼자 있는 시간'을 '시간 낭비'로 볼 수 있다. 그래서 시간이 남아도 일을 만들어 집 청소를 하거나 계획을 더 짠다. 가만히 앉아서 생각하는 시간의 가치는 피부에 와닿지 않는다. 눈에 보이는 결과가 즉시 나타나지 않기 때문이다. 이런 사람은 어떤 일이든 '완수'하지 못할 때 죄책감마저 느낀다.

혼자 있는 것이 마냥 불편한 사람도 있다. 이들은 끊임없는 소음 속에서 쉬지 않고 일을 하는 혼잡한 삶에 익숙하다. 휴식 시간이나 침묵, 자기반성은 남 이야기일 뿐이다. 혼자 가만히 앉아 있으면 마음이 불편해지는 생각이 들까 봐 두려워한다. 조금이라도 시간이 남으면 슬픈 기억이 떠오르거나 앞날을 걱정하게 된다고 생각한다. 결국 이들은 불편한 감정에 빠지기 싫어서 최대한 바쁘게 움직이며 생각을 쉬지 않는다.

혼자 있는 시간이 외롭다고 착각하는 경우도 많다. 외로움을 느끼면 불면증이나 고혈압이 생기고 면역력이 약해지며 스트레스 호르몬이 증가한다. 그러나 혼자 있다고 꼭 외로운 것은 아니다. 많은 사람과 함께 있어도 외로움은 찾아든다. 외로움이란 내 곁에 아무도 없다는 감정이다. 그러나 혼자만의 시간은 내 생각과 함께하기로 선택하는 것이다.

## 때론 삶의 속도를 늦추고 자신을 돌아보라

바네사가 온종일 바쁘게 움직일수록 그녀의 두뇌는 밤에 잠들지 못했다. 걷잡을 수 없이 늘어나는 잡념을 떨쳐내려 애를 쓸수록 생각이 꼬리에 꼬리를 물었다. 바네사는 밤에 쉽게 잠들지 못하면서 '조용한 시간'에 스트레스를 느끼기 시작했다. 소리가 있으면 생각이 묻힐까 하는 마음에 텔레비전을 틀어놓고 자는 날도 있었다.

쉴 새 없이 일을 하고 사람을 만날 경우, 잠깐이나마 시간을 내어 기운을 회복하지 않으면 몸과 마음에 무리가 간다. 하지만 안타깝게도 우리는 혼자 있을 때의 이점을 무시하거나 과소평가하는 경우가 많다. 한 연구 결과에 따르면 혼자 있기를 두려워하는 사람은 대표적으로 다음과 같은 이점을 놓치고 있다고 한다.

- 사무실에 혼자 있으면 일의 능률이 높아진다. 일반적인 사무실 환경은 작업 공간을 개방하고 대규모 브레인스토밍 회의를 장려하지만 2000년 발표된 〈브레인스토밍의 인지 자극〉Cognitive Stimulation in Brainstorming이라는 연구에 의하면 개인적인 자유가 있을 때 일의 능률이 높아진다는 사실을 확인할 수 있다. 일정 시간 동안 주변 사람과 거리를 유지하면 일의 능률이 높아진다.
- 혼자 있으면 측은지심이 커진다. 혼자 시간을 보내는 사람은 타인에게 측은지심을 더 보인다. 주변 사람과 많은 시간을 함께하면 '우리 대對 그들'이라는 사고방식이 굳어져 외부 사람에게 연민 없이

행동할 가능성이 높다.

- 혼자 있으면 창의력이 샘솟는다. 일류 예술가나 작가, 음악가 중에는 혼자만의 시간 덕분에 실력이 늘었다고 말하는 사람이 많다. 사회의 강요를 따르지 않고 시간을 보내면 창의력이 향상된다는 연구 결과도 있다.
- 혼자 있으면 정신 건강에 이롭다. 우리 사회는 원만한 인간관계 능력을 중요하게 여기지만 연구에 따르면 혼자만의 시간을 견디는 능력도 건강과 행복에 중요하다. 혼자서도 잘 지내는 사람은 행복과 삶의 만족도가 높고 스트레스를 쉽게 해소한다. 혼자만의 시간을 즐기는 사람은 우울증에 걸릴 확률도 낮다.
- 혼자 있으면 원기 회복이 된다. 혼자 있으면 에너지가 재충전된다. 자연에서 홀로 시간을 보내면 편하게 쉬면서 원기를 회복할 수 있다.

삶의 속도를 늦추고 혼자만의 시간을 만들기는 어렵다. 하지만 그렇게 하지 않으면 심각한 결과를 불러올 수 있다. 몇 년 전 내 친구 앨리샤도 그 덫에 걸린 적이 있다. 나는 그녀가 자기 관리를 소홀히 한 탓에 스트레스가 쌓이고 쌓여 위험에 빠진 적이 있다는 이야기를 듣고 깜짝 놀랐다.

당시 앨리샤는 막 첫 아이를 출산하고 매주 25~30시간 동안 좋아하지도 않는 일을 하고 있었다. 아직 대학 졸업장이 없는 것이 마음에 걸려 대학에 복학한 참이기도 했다. 그녀는 정신없이 바쁘게 사느라 아기를 돌볼 시간이 부족해 늘 가슴이 아팠다.

아이를 키우는 동시에 일도 하고 대학 공부도 해야 한다는 부담감은 몸과 마음을 뒤흔들어놓았다. 시도 때도 없이 불안했고 가끔은 숨 쉬기도 힘들었다. 두드러기가 돋아나고 식욕이 떨어졌다. 그러나 앨리샤는 위험할 정도로 스트레스가 치솟고 있다는 이런 적신호를 무시하고 하던 일을 꿋꿋이 계속했다. 마침내 스트레스가 폭발한 날은 평소와 별반 다르지 않게 시작했다고 한다. 앨리샤가 들은 바로는 그랬다. 그녀는 당시를 전혀 기억하지 못하기 때문이다. 병원에서 가족에게 둘러싸여 깨어나기 전의 기억은 하나도 없었다.

앨리샤는 놀랍게도 완전히 정신이 나간 상태로 주유소에서 발견되었다. 주유소 직원은 그녀의 공황 상태를 눈치 채고 구급차를 불렀다. 구급 대원이 이름과 주소를 물었지만 앨리샤는 대답할 수 없었다. 그녀의 입에서는 아기가 집에 있다는 말밖에 나오지 않았다.

경찰은 앨리샤의 차에서 지갑과 휴대폰 번호를 찾아 가족에게 연락했고 다행히 아기는 집에서 남편이 돌보고 있었다. 가족들은 그날 아침 앨리샤가 겉보기에 아무 문제도 없었다고 말했다. 남편과 대화하며 학교 갈 준비를 하고 아기에게 눈물을 글썽이며 작별 인사를 했다. 차 안에서 아버지와 통화도 했다. 그러나 학교로 운전하는 길 어딘가에서 그녀는 완전히 정신을 잃고 말았다.

의사는 약물이나 알코올 반응이 전혀 없다며 뇌졸중이나 두부 외상의 가능성을 제외했다. 모든 테스트 결과가 음성으로 나오자 앨리샤는 일과성 기억상실증 진단을 받았다. 즉, 심각한 정신적 스트레스 때문에 일시적으로 갑자기 나타날 수 있는 희귀성 기억상실증이었다. 천만다행으로 며칠 만에 증상은 사라졌고 후유증도 없었다.

앨리샤는 이 사건을 계기로 자기 관리의 중요성을 확실하게 배웠다. 과거에는 아침에 일어나면 그날 하루 '반드시' 해야 하는 일을 정하고 그 일들을 완수하느라 눈코 뜰 새 없이 바쁘게 보냈다. 이제는 강아지를 산책시키거나 정원을 가꾸며 하루하루 즐겁게 보낸다. 스트레스 수치에 촉각을 곤두세우고 자기 관리를 철저히 한다. 앨리샤의 이야기는 삶의 속도를 늦추고 우리 몸에서 보내는 스트레스 경고 신호를 무시하지 말아야 한다는 교훈을 전한다.


## 혼자 있는 시간은 내 생각과 함께하는 시간이다

바네사에게는 혼자 보내는 시간보다 훨씬 중요한 하루 일과가 수없이 많았다. 그녀가 바쁜 일상 속에 혼자 있는 시간을 끼워넣으려면 혼자만의 시간을 일정으로 정해놓고 다른 약속처럼 중요하게 대하는 수밖에 없었다. 또한 혼자 시간을 보내는 연습을 한다고 생각할 필요가 있었다. 꾸준히 명상과 마음챙김 같은 새로운 방법을 배우고 일기를 쓰는 습관을 들여야 했다. 바네사는 우선 책과 온라인 강의로 명상을 배웠다. 점차 명상에 재미가 붙으면서 명상 수업에도 나가보고 싶어졌다. 명상에 대해 더 많은 것을 배우게 되자 잠들지 못하게 하는 생각들을 가라앉힐 준비가 더 철저해진 기분이 들었다.

## 고요를 견디는 연습을 하라

우리는 하루 종일 다양한 소리로 가득한 삶에 익숙하다. 홀로 생각에 빠지기 싫어서 소란스러운 곳을 찾아 나서는 사람도 있다. 주변에 텔레비전이나 라디오를 켜놓고 잠드는 사람이 있지 않은가? 하지만 소음 공격으로 생각을 떨쳐내려는 것은 바람직하지 않다. 하루에 그저 몇 분이라도 조용한 시간을 보내면 원기 회복에 도움이 된다. 매일 적어도 10분은 혼자 앉아서 오로지 생각만 해보라. 처음에는 고요함이 불편할 수 있지만 연습하면 점점 익숙해지고 편안해진다. 다음의 방법으로 혼자 있는 시간을 활용해보자.

- 목표를 생각한다. 매일 몇 분씩 개인적인 목표나 업무상의 목표를 떠올리며 지금 잘하고 있는지 평가하고 어떤 부분을 바꾸고 싶은지 생각한다.
- 감정에 주의를 기울인다. 몸과 마음이 어떤 느낌이고 지금 스트레스 수치가 어느 정도인지 판단한다. 자기 관리를 제대로 하고 있는지, 어떻게 하면 삶을 개선할 수 있는지 생각한다.
- 미래의 목표를 세운다. 원하는 미래를 계속 꿈꿔라. 원하는 대로 살고 싶다면 우선 어떤 미래를 원하는지 결정해야 한다.
- 일기를 쓴다. 일기를 쓰면 자신의 감정을 더 잘 이해하고 배울 수 있다. 한 연구에 따르면 일기장에 하루의 경험과 그때 느낀 감정을 적었을 때 면역력이 강해지고 스트레스가 낮아지며 정신 건강이 증진되었다고 한다.

우리는 언제 어디서든 다른 사람과 교류가 가능한 세계에 살고 있다. 그러나 디지털 기술이 발전하며 혼자 생각에 잠길 기회는 줄어들었다. 휴대폰으로 문자나 소셜 미디어 계정을 확인하고 온라인 뉴스 기사를 읽다 보면 시간이 훌쩍 지나간다. 여기에 몇 분, 저기에 몇 분 보내는 시간을 합치면 하루에 몇 시간이나 될 수 있다. 끊임없이 타인과 소통을 하면 일상생활이 흐트러지고 스트레스와 불안감이 증가할 수 있다. 다음의 방법으로 첨단 기술에서 벗어나 일상에 더 조용한 시간을 추가해보자.

- 텔레비전을 보지 않으면 전원을 끈다.
- 라디오를 틀지 않고 운전한다.
- 휴대폰을 놓고 산책을 나간다.
- 가끔은 모든 전자 기기와 떨어져 휴식만 취한다.

**나 자신과 만날 시간을 가져라**

혼자 있는 시간은 스스로 선택해야 빛을 발한다. 사회와 단절된 독거노인들은 혼자 시간을 보낸다고 해도 얻을 것이 별로 없고 외로움만 더 느낀다. 그러나 많은 사람과 어울리며 바쁘게 사는 사람에게는 혼자만의 시간이 휴식과 재충전의 기회다. 혼자 있는 게 불편한 사람은 홀로 긍정적인 경험을 쌓으면 조금씩 불편한 마음을 줄일 수 있을 것이다. 혼자만의 시간을 몇 분이라도 하루 일정에 추가하고 적어도 한 달에 한 번은 나 자신과 만나는 시간을 만들어보자.

나 자신과 '만난다'라는 표현은 내가 직접 선택했다는 사실을 일깨워

준다. 사교성이 부족해서가 아니라 혼자만의 시간이 내게 바람직해서 선택한 것이다. 2011년에 발표된 연구 〈혼자 있는 시간의 심리학적 이점을 찾는 연습: 나 자신과의 만남〉An Exercise to Teach the Psychological Benefits of Solitude: The Date with the Self에 따르면 자신과의 만남을 계획하고 실행에 옮긴 사람은 대부분 마음이 평온하고 침착해졌다. 그들은 사회의 구속이나 기대 없이 내가 원하는 대로 할 수 있는 자유를 만끽했다. 참가자 소수는 혼자만의 시간이 아직 불편해 제대로 즐기지 못했지만 그들도 앞으로 혼자만의 시간을 늘려가며 익숙해진다면 즐거움을 더 느낄 것이다.

호수 한가운데 배를 띄워놓고 낚시를 하면 마음이 편안하고 재충전된다는 사람이 있고, 반대로 끔찍하다고 생각하는 사람도 있다. 지독히 싫어하는 일은 오래하지 못한다. 일상생활을 하면서 자연스럽게 혼자만의 시간을 보내려면 내가 즐겁게 할 수 있는 일을 찾아야 한다.

자연을 사랑한다면 숲에서 시간을 보내는 것도 좋다. 맛있는 음식을 먹는 걸 좋아한다면 가보고 싶었던 레스토랑에 가보자. 혼자 있는 시간의 진가는 굳이 집에 틀어박혀 있지 않아도 느낄 수 있다. 다만 평소 다른 사람과 어울릴 때는 하지 않을 일을 선택해야 한다. 절대 책만 보거나 문자 메시지를 보내지 말라. 나 자신과의 만남은 혼자서 내 생각과 함께하는 시간이다.


## 명상을 배워라

명상은 수도사나 히피족만 한다는 과거의 인식을 벗고 점점 대중화되고 있다. 의사와 CEO, 연예인, 정치인 중에는 명상을 하면서 정신적, 신체적, 영적 건강이 크게 좋아졌다는 사람이 많다. 명상이 뇌파를 바꾸고 명상을 오래 할수록 뇌의 형태가 달라진다고 증명하는 연구 결과도 있다. 명상을 시작하고 몇 달 만에 두뇌에서 학습, 기억, 감정 조절을 담당하는 부분이 실제로 두꺼워졌다고 한다.

명상을 하면 감정에도 여러 모로 이득이다. 예를 들어 부정적인 감정을 줄이려 하거나 스트레스 받는 상황을 다르게 보려고 노력할 때 명상의 효과는 그만이다. 명상을 하면 불안장애와 우울증이 줄어든다는 연구 결과도 있다. 영적으로 깨달음을 얻는다는 이점은 말할 것도 없다. 혹자는 명상만으로 깨달음을 얻을 수 있다고 주장하지만 기도와 명상을 병행하라고 하는 사람도 있다.

## 간단히 명상하는 법

몇 가지 쉬운 단계별 방법을 따라 하면 언제 어디서든 가장 간단한 형태의 명상을 할 수 있다.

- **편안한 자세로 앉는다** – 의자든 바닥이든 허리를 똑바로 펴는 자세를 찾는다.
- **호흡에 집중한다** – 천천히 숨을 깊이 들이마시고 내쉬면서 몸과 마음으로 호흡을 느낀다.
- **다시 호흡을 의식한다** – 앉아 있다 보면 마음이 산란해지고 이런저런 생각이 들 것이다. 그럴 때는 다시 호흡을 의식한다.

또 다른 연구를 보면 명상이 천식, 암, 불면증, 고통, 심장병을 비롯한 여러 가지 신체 건강 문제를 개선한다고 한다. 의학 전문가들이 이런 연구에 의문을 제기했지만 명상이 우리 몸을 크게 바꾼다는 사실을 확실히 부정하는 증거는 없다. 윔 호프Wim Hof를 보면 알 수 있다.

중년의 네덜란드 인인 호프는 명상으로 극한을 견뎌 '아이스맨'이라는 별명을 얻었다. 그는 얼음물에 한 시간 이상 몸을 담그는 등 놀라운 묘기로 20개가 넘는 세계 기록을 보유하고 있다. 킬리만자로 산을 등반했고 북극에서 마라톤을 했으며, 발을 다치기 전까지는 에베레스트 산도 절반가량 올랐다. 전부 반바지를 입은 채였다. 의심 많은 연구진은 호프의 묘기가 속임수라고 생각해 그에게 다양한 테스트를 했다. 하지만 극한의 온도에 노출되어도 명상으로 일정한 체온을 유지할 수 있다는 결론이 나왔다. 호프는 명상으로 체온을 조절하는 법을 다른 이들에게 전파하기까지 했다.

대부분의 사람은 얼음물에서 한 시간을 견디는 능력을 필요로 하지도, 원하지도 않을 것이다. 그러나 호프의 이야기는 사람의 몸과 정신이 놀라울 정도로 연결되어 있다는 사실을 분명히 보여준다. 명상에는 여러 종류가 있으므로 무엇이 내게 가장 잘 맞을지 알아보는 것이 좋다. 꼭 정식으로 길게 할 필요는 없다. 하루에 5분씩 마음을 가라앉히고 자의식을 키우는 활동으로도 충분하다.

# 온전히 지금 이 순간에 집중하라

흔히 마음챙김을 명상과 같은 뜻으로 사용하지만 엄밀히 말해 둘은 서로 다르다. 마음챙김은 현재 이 순간을 온전하게 알아차린다는 개념이다. 현대를 살아가는 우리는 하루 종일 멀티태스킹을 하려 한다. 개를 산책시키면서 문자를 보내고, 주방을 청소하면서 라디오를 듣는다. 노트북으로 타이핑을 하면서 다른 사람과 대화도 한다. 내가 지금 어떤 일을 하는지 인지하지 않고 무의식에 빠진다. 대화 중에도 마음을 종잡을 수 없다. 방금 자동차 열쇠를 집어들고도 무엇을 했는지 모르고, 샤워를 하면서 머리를 이미 감았는지 기억을 못 한다.

연구 결과, 마음챙김은 명상과 비슷한 장점이 많았다. 마음챙김을 하면 스트레스와 우울증이 줄어들고 기억력이 좋아지며 마음이 안정되고 인간관계도 만족스러워진다. 많은 연구를 통해 마음챙김으로 행복을 찾을 수 있다는 것이 증명되었다. 면역력이 증가하고 스트레스로 인한 분노가 줄어드는 등 신체 건강도 개선된다.

마음챙김은 무엇의 '옳고 그름'을 판단하거나 일이 어떻게 '되어야 한다'고 생각하지 않고 그 순간 자신의 행동을 있는 그대로 받아들이는 것이다. 마음챙김을 하면 의식이 명료해지고 각각의 일상생활에 '집중'할 수 있다. 혼자 생각을 하는 시간이 더욱 편해지고 지금 이 순간에 충실해진다.

마음챙김도 명상처럼 책이나 비디오, 워크숍, 피정(일상을 벗어나 성당이나 수도원에서 자기 성찰을 하는 일―옮긴이)을 통해 배울 수 있다. 가르치는 사람마다 방법이 다르니 한 가지가 맞지 않는다면 다른 방법을 찾아보자.

마음챙김 기술을 익히려면 마음을 진심으로 쏟으며 연습해야 한다. 하지만 일단 배우면 삶의 질을 높일 수 있고 혼자만의 시간을 새로운 관점으로 바라볼 수 있다.

**마음챙김을 연습하는 법**

마음챙김을 연습하는 방법은 여러 가지다. 연습을 더 많이 할수록 맑은 정신으로 일상의 모든 활동을 온전히 의식하게 될 것이다. 다음의 몇 가지 방법으로 마음챙김 기술을 터득해보자.

- 몸을 탐색한다. 머리 꼭대기부터 발가락 끝까지 몸 구석구석에 관심을 기울인다. 긴장으로 뭉쳐 있는 부분을 찾아 긴장을 풀고 근육을 이완한다.
- 열까지 센다. 눈을 감고 천천히 숫자를 열까지 세는 연습을 한다. 숫자가 커질수록 마음이 흐트러질 것이다. 다시 천천히 숫자를 세는 일에 주의를 집중한다.
- 의식적으로 관찰한다. 펜이나 컵같이 일상적으로 집에 뒹굴어다니는 물건을 찾는다. 그 물건을 손에 들고 모든 신경을 집중해 모습과 촉감을 관찰한다. 그 물건을 평가하거나 판단하려 하지 말고 지금 이 순간에 집중한다.
- 음식을 의식하며 베어먹는다. 건포도나 견과류처럼 크기가 작은 음식을 들고 최대한 많은 감각으로 뜯어본다. 관찰하며 질감과 색깔을 확인한 후 어떤 감촉인지 느껴본다. 그런 다음 냄새에 신경을 집

중한다. 이제 입에 넣고 맛을 본다. 적어도 20초 동안 천천히 씹으며 입 안에서 느껴지는 감촉과 맛을 음미한다.

## 혼자만의 시간을 받아들이면 강해진다

바네사는 번잡한 생각을 줄일 방법을 배우자 불면증 약이 필요 없어졌다. 잠들기 전에 명상과 마음챙김으로 마음을 진정시킬 수 있었다. 일을 할 때도 전과 달랐다. 온종일 집중력이 더 높아졌다. 여전히 스케줄이 바빴지만 일의 능률이 더 올랐고 예전만큼 혼란스럽지 않았다.

마음을 가라앉히고 혼자 생각하는 방법을 배우면 삶을 크게 바꿀 수 있다. ABC 〈나이트라인〉의 공동 앵커이자 〈굿모닝 아메리카〉의 주말 앵커인 댄 해리스Dan Harris 는 저서 《10% 행복 플러스》10% Happier 에서 명상으로 삶이 어떻게 바뀌었는지 이야기한다. 해리스는 날마다 생방송으로 최상의 모습을 보여야 했다. 하지만 어느 날 뉴스 원고를 읽던 그에게 공황 발작이 일어났다. 갑자기 불안감에 휩싸여 말을 하지 못하고 숨이 가빠져 뉴스를 진행하지 못했다. 그가 살면서 가장 부끄러운 순간이라고 고백한 이 공황 발작의 원인은 그 무렵 우울한 마음을 스스로 치료하려 손을 댄 엑스터시와 코카인으로 밝혀졌다. 몇 주 전부터 약을 하지 않았지만 뇌에 약효가 남아 있던 것이다. 해리스는 공황 발작을 계기로 자가 치료를 끊고 스트레스를 다스릴 새로운 방법을 찾아야겠다고 마음먹었다.

비슷한 시기에 해리스는 종교와 관련해 연속 보도를 진행하고 있었다. 그때 접한 것이 명상이었다. 처음에는 명상이 절대 그의 관심사가 아니라고 생각했지만 배울수록 마음이 열렸다. 해리스는 명상이 머릿속의 불안한 생각을 가라앉혀준다는 것을 직접 체험했다.

처음에는 명상을 한다고 말하기 쑥스러웠지만 이제는 자신의 이야기를 널리 전해 다른 사람들을 돕고 싶다고 생각한다. 해리스는 명상이 마법처럼 삶의 모든 문제를 해결해주지는 않지만 자신의 행복을 10퍼센트 높여주었다고 말한다. 그는 책에 이렇게 썼다.

"내 마음을 직접 들여다보기 전까지는 삶의 진정한 의미를 결코 깨닫지 못한다."

명상을 해도 좋고 조용한 시간을 활용해 목표를 생각해도 좋다. 어떤 일을 하든 혼자만의 시간은 나 자신을 진심으로 이해하는 최고의 방법이다. 사랑하는 사람을 알아가려면 둘만의 시간을 보내야 하듯 나 자신을 알아가는 시간도 필요하다. 자의식을 예리하게 갈고닦으면 내가 잠재력을 완전히 발휘하지 못하는 이유를 계속해서 확인할 수 있다.

사막에 혼자 남는 상상을 한다면 진작 혼자만의 시간을 보냈어야 한다는 뜻이다. 겁내지 말고 혼자만의 시간을 계획하라. 그렇다고 내가 이기적인 사람이 된다거나 시간을 낭비한다는 뜻은 아니다. 혼자만의 시간은 그 무엇보다도 이롭다. 다양한 방법으로 삶을 개선할 수 있다. 이제는 주변 상황을 건성으로 보고 서둘러 다음 일로 넘어가는 대신, 매 순간을 즐기며 살아갈 수 있다.

☺ 이 렇 게  해 보 자

▷ 침묵을 음미하는 법을 배운다.
▷ 하루에 몇 분간 혼자만의 생각을 한다.
▷ 한 달에 한 번은 나 자신과 만나는 시간을 마련한다.
▷ 마음을 가라앉히기 위해 명상을 배운다.
▷ 온전히 지금 이 순간에 집중하는 마음챙김을 연습한다.
▷ 감정을 정리하기 위해 일기를 쓴다.
▷ 날마다 오늘의 경과와 목표를 생각한다.

☹ 이 렇 게  하 지  말 자

▷ 언제나 배경음을 켜둔다.
▷ 한 가지 일에서 다음 일로 서둘러 넘어가고 계속해서 성과를 내야 한다는
　생각에 사로잡힌다.
▷ 끊임없이 사람들과 약속을 잡는다.
▷ 명상은 아무 소용이 없다고 생각한다.
▷ 하루 종일 멀티태스킹을 하고 집중하지 않는다.
▷ 일기 쓰기는 시간 낭비라고 생각한다.
▷ 해야 할 일의 목록을 보며 목표를 많이 달성해야 발전이 있었다고 판단한다.

# 제12장

# 세상이 불공평하다고
# 말하지 마라

우리는 권리와 특권이라는 말을 자주 혼동한다. 원하는 바를 얻기 위해 타인의 권리를 침해해야 해도 내가 '행복할 권리'나 '대접받을 권리'가 있다고 생각한다. 노력해서 얻으려 하지 않고 사회로부터 마땅히 보답을 받아야 하는 것처럼 군다.

세상이 불공평하다고 말하지 말라.
세상은 내게 무엇도 빚지지 않았다.
세상이 있고 그 다음에 내가 있는 것이다.

_로버트 존스 버데트Robert Jones Burdette

루카스는 요즘 그가 겪고 있는 문제를 회사의 복지제도를 이용해 해결해 보라는 인사팀의 권유에 심리치료를 시작했다. 회사의 제도 덕분에 그는 전액 무료로 상담을 받을 수 있었다.

루카스는 경영대학원을 졸업하고 버젓한 회사에 입사했다. 그는 맡은 일에 패기가 넘쳤고 회사에 진심으로 충성했다. 하지만 동료들은 그를 반기지 않는 눈치였다. 루카스는 어떻게 하면 회사의 수익을 높일 수 있을지 사장에게 자주 제안했고, 동료들이 더 효율적으로 일을 하게 도와주려 했다. 팀별 주간 회의에서도 아이디어를 내놓았지만 아무도 그의 말을 귀담아 듣지 않는 듯했다. 루카스는 사장과 면담해 요직으로 승진을 시켜달라고 했다. 회사 내에서 권한이 더 생기면 다른 직원들이 자신의 조언을 잘 받아들이리라 생각한 것이다.

실망스럽게도 루카스의 승진 요청은 묵살되었다. 오히려 사장은 계속 회사를 다니고 싶으면 "너무 나서지 말라."고 말했다. 동료들이 벌써부터 루카스의 태도를 문제 삼고 있다고 했다. 면담을 마친 루카스는 항의하러 인사팀으로 갔고 그곳에서 심리치료를 권유받았다.

루카스는 자신이 승진할 자격이 있다고 말했다. 아직 신입이지만 회사의 수익을 높이는 데 도움이 될 기발한 아이디어가 많았고 연봉도 더 올라야 한다고 확신했다. 우리는 루카스가 스스로 능력 있는 직원이라고 생각하는 이유를 알아보았고, 동료들도 그렇게 생각하는지 이야기를 나눴다. 그토록 대담한 생각이 어떤 역효과를 불러왔는지도 논의했다. 루카스는 다른 사람의 업무를 간섭하고 다니면서 사무실의 골칫덩어리가 되었음이 분명했다. 동료들은 물론이고 사장도 그에게 짜증을 느꼈다.

루카스는 자신의 '잘난 척'하는 태도가 어떻게 다른 사람의 심기를 불편하게 했는지 깨달은 다음, 동료 입장에서 그와 일하면 어떤 기분일지 생각해보았다. 직원들 중에는 회사에 수십 년 근속하고 천천히 승진 기회를 잡아가는 사람도 있다. 루카스는 대학을 갓 졸업한 신참이 나서서 훈수를 두면 그들 입장에서 불쾌할 수 있다는 사실을 이해했다. 전에는 동료들을 '멍청하다'고 생각하는 때가 많았고, 그런 생각은 권위적으로 행동하려는 루카스의 욕구에 불을 지피고 있었다. 루카스는 장기 근속자가 회사에 얼마나 중요한지 깨달을 수 있게 생각의 틀을 바꾸기로 했다. 동료를 '멍청하다'고 생각하지 않고 서로 일하는 방식이 다를 뿐이라고 받아들였다. 자기가 더 유능하다는 생각이 든다면 나는 이제 갓 대학을 졸업했고 아직 많이 배워야 한다는 사실을 스스로 일깨웠다.

우선 고용주가 원하는 우수한 직원의 행동을 목록으로 만들어보기로 했다. 우리는 목록을 완성한 후 루카스가 몇 개의 행동에 해당하는지 살펴봤다. 루카스는 그 중 하나도 해당되지 않는다고 인정했다. 그는 다른 직원을 격려하고 존중하지 않았다. 자기를 과시하고 무언가를 요구하는 데에만 몰두하고 있었다.

루카스는 상담을 하며 생각을 바꿨으니 사무실에서 행동을 바꿔보겠다고 했다. 몇 주 후 다시 상담실을 찾은 루카스는 그동안 어떻게 변했는지 이야기했다. 그는 다른 사람에게 불필요하게 조언하고 다니지 않았다. 그가 자신의 의견만 강요하지 않고 한발 물러서자 동료들이 루카스에게 다가와 질문을 하고 의견을 구했다. 루카스는 자신이 올바른 방향으로 한걸음 발전했다고 생각했다. 상담 전에는 스스로 유능한 인재라고 믿었지만 이제는 가치 있는 직원이 되기 위해 노력했다.

## 우리는 왜 세상이 불공평하다고 하는가

모든 사람은 인생이 공평하기를 원한다. 하지만 내가 어떤 사람이고 어떤 일을 겪었으니 마땅히 보상을 받아야 한다는 생각은 이로울 것이 하나 없다. 다음 중 자신에게 해당하는 항목이 있는지 살펴보자.

- ☐ 운전이나 다른 사람과의 소통 등 평균 이상의 능력이 있다고 생각한다.
- ☐ 문제가 생기면 결과를 인정하지 않고 변명으로 모면하려 한다.
- ☐ 나는 성공할 운명이다.
- ☐ 물질적으로 부유해야 내 가치가 높아진다.
- ☐ 나는 행복할 자격이 있다.
- ☐ 내 인생에 닥친 문제를 극복했으니 이제는 좋은 일이 일어날 차례다.
- ☐ 다른 사람의 말을 듣기보다는 나서서 말하기를 좋아한다.

- ☐ 나는 현명하기 때문에 열심히 노력하지 않고도 성공할 수 있다.
- ☐ 지금 형편이 되지 않으면서도 그걸 가질 자격이 있다며 물건을 구매한다.
- ☐ 나는 잘하는 일이 많다.

나는 특별하기 때문에 열심히 일하지 않아도 된다거나 다른 사람과 같은 과정을 거칠 필요가 없다는 생각은 바람직하지 않다. 우리는 이러한 특권 의식을 버릴 수 있다. 내게 당연한 몫을 받지 못했다고 불평하지 말고 강한 멘탈을 키울 방법에만 집중하자.

외아들인 루카스는 지도자가 되기 위해 태어났고 커서 성공할 사람이라는 부모님의 말을 들으며 자랐다. 그래서 대학을 졸업하면 반드시 중요한 사람이 되리라 굳게 믿었다. 모든 회사가 한눈에 자신의 재능을 알아보고 그와 함께 일하는 것을 행운으로 여기리라 생각했다.

루카스 같은 사람은 어디에나 있다. 어떤 사람은 불행을 견뎠으니 보답을 받아야 한다고 생각하고, 어떤 사람은 자기가 다른 사람보다 우월하므로 상을 받아야 한다고 생각한다. 우리는 다른 사람의 이런 성격은 금세 간파하지만 나도 한번쯤은 그런 특권 의식을 느낀다는 사실은 쉽게 자각하지 못한다.

사실 우리는 권리와 특권이라는 말을 자주 혼동한다. 원하는 바를 얻기 위해 타인의 권리를 침해해야 해도 내가 '행복할 권리'나 '대접받을 권리'가 있다고 생각한다. 노력해서 얻으려 하지 않고 사회로부터 마땅히 보답을 받아야 하는 것처럼 군다. 광고는 자기만족과 물질주의를 조장

해 물건을 사라고 유혹한다. 살 돈이 없는 사람도 "당신은 자격이 있습니다."라는 말에 현혹되어 빚더미에 오른다.

이런 생각은 우월감으로 끝나지 않고 '불공평하다'는 감정까지 불러온다. 어린 시절 불우했던 사람은 그때 가지지 못했던 물건을 전부 사들여 신용카드 한도를 초과하기도 한다. 그는 어렸을 때 좋은 물건을 가질 기회를 놓쳤으니 세상이 그 기회를 보상해야 한다고 믿는다. 이런 종류의 특권 의식은 우월감만큼이나 해롭다.

《자기중심주의 세대》Generation Me와 《나는 왜 나를 사랑하는가》The Narcissism Epidemic의 저자인 심리학자 진 트웬지Jean Twenge는 나르시시즘과 특권 의식에 대해 많은 연구를 했다. 그녀는 젊은 세대에서 물질적인 부를 누리려는 욕구는 증가하고 땀 흘려 일하려는 욕구는 감소했다는 사실을 발견했다. 트웬지는 이렇게 앞뒤가 맞지 않는 현상의 원인을 몇 가지로 추측한다.

- 아이에게 지나친 관심을 쏟는다. 학교에서는 자존감을 키워주기 위해 모든 아이에게 특별하다고 가르친다. 아이에게 "내가 세상의 중심이다." 같은 문구가 적힌 셔츠를 입히거나 "네가 최고야."라는 말만 계속하면 자만심만 더 키울 뿐이다.
- 제멋대로 자란 아이는 자기 행동에 책임을 지지 못한다. 원하는 것을 모두 갖고 잘못을 해도 벌을 받지 않는 아이는 자기 힘으로 버는 것의 가치를 배우지 못한다. 그저 어떤 행동을 하든 물질적인 부와 칭찬만 과도하게 받는다.

- 소셜 미디어는 잘못된 자기중심적 믿음을 부추긴다. 요즘 젊은 세대는 '셀카'나 블로그 없는 세상을 상상하지 못한다. 소셜 미디어가 정말로 나르시시즘을 부추기는지, 혹은 인간의 잠재적인 우월감을 배출하는 통로일 뿐인지는 분명하지 않다. 그러나 사람들이 자존심을 높이기 위해 소셜 미디어에 기댄다는 증거는 분명하다.

## 세상이 당신에게 줄 당연한 몫이란 존재하지 않는다

루카스는 특권 의식 때문에 동료와 가까워질 수 없었다. 빠른 시일 내에 승진할 리도 없었다.

특권 의식에 사로잡히면 무언가를 제 가치에 맞게 획득하지 못한다. 내게 당연한 몫이 주어지지 않는다고 투덜대느라 열심히 노력하지 않는다. 내가 어떤 사람이고 어떤 일들을 겪었으니 당연히 얻어야 한다고 기대할 뿐이다. 이렇게 세상이 불공평하다고 생각하며 권리만 주장하면 자기 행동을 책임감 있게 받아들이지 못한다. 또한 이런 사람은 타인에게 비현실적인 요구를 하거나 내 몫만 신경 쓰기 때문에 의미 있는 인간관계를 맺지 못한다. 언제나 "나는 관심과 대접을 받을 자격이 있다."고 생각하는 사람은 타인에게 사랑과 존중을 베풀지 못하기 때문에 다른 사람도 그에게 친절한 태도를 보이기 힘들다.

자기중심적인 사람은 다른 사람에게 인정을 베풀지 못한다. 항상 '나는 좋은 것을 살 자격이 있어.' 같은 생각만 하는 사람이 무슨 이유로 타인에게 시간과 돈을 바치겠는가? 베풀면서 기쁨을 느끼지 않고 내가 가지지 못한 것에만 과도하게 집착한다.

특권 의식이 있는 사람은 원하는 것을 얻지 못하면 부당하게 손해를 봤다는 생각으로 괴로워할 것이다. 지금 내 손에 있는 물건과 자유를 즐기지 못하고, 내게 없는 물건과 할 수 없는 것에만 온 신경을 곤두세운다. 그러다 보면 삶에서 가장 소중한 것들을 놓치고 만다.


## 자신만이 특별하다는 생각을 버려라

루카스는 다른 사람이 자신을 어떻게 생각하는지 깨닫자 동료들을 다르게 생각하고 이전과는 다르게 대하기 시작했다. 열심히 일하려는 의지에 겸손한 태도가 더해지면서 루카스는 회사에 계속 남을 수 있었다.

### 자신의 특권 의식을 자각하라
항상 대중매체 속에서 부유한 사람이나 연예인, 정치인은 특별하다는 이유로 일반적인 법과 규칙이 자신에게 적용되지 않는 것처럼 행동한다. 텍사스 주에서 음주운전 사고를 일으켜 네 명을 죽이고 살인죄로 법정에 선 십대 소년을 생각해보자. 변호인단은 소년이 '부자병'affluenza (어려서부터 돈이면 다 된다는 사고방식이 굳어져 현실을 인식하지 못하는 정신 질환 — 옮긴이)에 걸려 자신이 법보다 위에 있다고 생각한다고 변론했다. 부유한 가정에서 부모가 오냐오냐 하며 키운 소년은 자기 행동에 책임을 지는 법을 배우지 못했으니 책임을 질 필요가 없다는 주장이었다. 결과적으로 소년은 수감되지 않고 약물남용 재활 프로그램과 보호관찰 처분만 받았다. 이런 이야기를 들으면 우리 사회가 정말로 특별한 사람들에게 빚을 지고 있다는 말이 맞는 것은 아닌지 의문이 생긴다.

그보다는 약하지만 갈수록 흔해지는 유형의 특권 의식도 있다. 꿈꾸던 직업을 얻지 못한 친구에게는 대개 "더 좋은 일이 찾아올 거야."라거나 "이 고비만 넘기면 분명히 보답을 받을 거야."와 비슷한 말로 반응한다. 좋은 의도로 하는 말이지만 세상은 그렇게 돌아가지 않는다. 이 세상에서 가장 머리가 좋은 사람도, 인생의 가장 힘든 상황을 이겨낸 사람도 다른 이보다 더 행복할 자격은 없다.

내가 언제 이처럼 은연중에 특권 의식을 느끼는지 더 주의 깊게 살피자. 다음과 같이 세상이 내게 빚졌다는 믿음을 내포하는 생각들을 찾는다.

- 나는 더 많은 것을 받을 자격이 있다.
- 시시한 법 따위는 따르지 않겠다.
- 나는 이보다 더 가치 있는 사람이다.
- 나는 크게 성공할 운명이다.
- 반드시 좋은 일이 나를 찾아온다.
- 내게는 언제나 특별한 면이 있다.

특권 의식을 느끼는 사람의 대부분은 자기 인식 능력이 떨어진다. 이들은 모든 사람이 나와 같은 시선으로 나를 본다고 생각한다. 내 생각에 주의를 기울이고 다음과 같은 사실을 염두에 두자.

- 인생은 공평하지 않다. 모두에게 공평하거나 동등한 행운을 보장할 신이나 인간은 없다. 상대적으로 더 행복하게 사는 사람은 있다. 그것이 인생이다. 하지만 불행이 닥쳤다고 당연히 보답을 받아야 한다는 뜻은 아니다.
- 내 문제만 특별하지 않다. 저마다 삶은 다르지만 타인도 나와 같은 고민이나 슬픔, 불행을 경험한다. 이 세상에는 나보다 더 힘든 일을 이겨낸 사람이 많다. 쉬운 인생을 약속받은 사람은 아무도 없다.
- 상심했을 때의 반응을 선택할 수 있다. 상황을 바꿀 수는 없지만 어떻게 반응할지는 선택할 수 있다. 피해 의식을 키우지 않고 내게 닥친 문제나 상황, 비극에 대처하기로 결심하자.
- 더 많은 것을 받을 자격은 없다. 나는 다른 사람과 다르지만 그보다 더 나은 사람은 아니다. 행운을 타고난다거나 시간과 노력을 투자하지 않아도 이득을 볼 이유는 없다.

**받기보다는 베풀어라**

나는 기금 모금 행사를 소개하는 라디오 광고를 통해 '사라의 집'을 처음 알게 되었다. 나중에 알고 보니 사라는 나와 같은 마을 출신이었고 전에 만난 적도 있었다. 엄마가 돌아가시기 전날 밤 관람했던 농구경기에는 쌍둥이 선수가 뛰고 있었다. 그 중 하나가 사라 로빈슨Sarah Robinson이었다.

이후 나는 다른 쌍둥이인 린지 터너Lindsay Turner를 만나 사라의 이야기를 들었다. 사라는 스물네 살에 뇌종양 판정을 받았다. 수술을 하고 1년 반 동안 항암 치료를 받았지만 결국 암을 이기지 못했다. 사라는 치료를 받는 동안 암에 걸려 불공평하다는 생각에 집착하지 않았다. 그녀는 다른 사람을 돕는 일에 온 관심을 쏟느라 바빴다.

사라는 치료센터에서 만난 다른 암 환자들이 치료를 받으러 머나먼 거리를 운전해 와야 한다는 사실을 알고 놀라움을 금치 못했다. 메인의 시골 지역에 사는 환자 중에는 호텔비를 낼 수 없어 6주 동안 매주 닷새를 왕복 다섯 시간씩 운전해 오는 사람도 있었다. 어떤 환자는 대형마트 주차장에 자동차를 세워놓고 쪽잠을 자기도 했다. 목숨 걸고 병마와 싸우는 사람에게는 너무도 힘든 일이었다.

사라는 그들을 돕고 싶었다. 처음에는 2층 침대를 여러 개 사서 다들 그녀의 집에서 자자는 농담으로 시작했다. 하지만 그건 장기적인 해결책이 될 수 없었다. 그래서 사라는 치료센터 근처에 게스트하우스를 만든다는 아이디어를 떠올렸다. 몇 년 전부터 사라는 봉사단체 로터리클럽의 회원이었고 로터리클럽의 모토인 '초아超我의 봉사'(자신보다는 남을 먼저 생각하는 봉사)를 마음에 깊이 새기고 있었다. 그녀는 클럽에 자기 생각을 이야기했고 회원들은 게스트하우스를 만드는 데 힘을 보태기로 했다.

사라는 그 아이디어를 어서 빨리 현실로 이루고 싶어 지칠 새 없이 열정적으로 일했다. 가족은 사라가 항암 치료를 받으면서도 밤에 자지 않고 이 일에 전념했다고 한다. 사라는 날이 갈수록 건강이 나빠졌지만 긍정적인 자세를 버리지 않았다. 그녀는 가족에게 "나는 일찍 떠나는 게 아냐. 그곳에 먼저 가는 거지."라고 말했다. 신앙도 굳건했고 게스트하우스를 현실로 만들겠다는 의지도 사라지지 않았다.

사라는 2011년 12월에 눈을 감았다. 향년 스물여섯 살이었다. 그리고 사라의 부탁대로 가족과 친구들은 '사라의 집'을 현실화하기 위해 노력하고 있다. 1년 반 사이에 모금한 액수만 100만 달러에 달했다. 사라의 딸도 '엄마'를 위해 레모네이드를 팔아 번 돈을 '사라의 집'이라고 쓰인 저금통에 모아 모금 활동에 참여한다. 무보수인 모든 자원봉사자가 가구점이었던 곳을 방 아홉 개짜리 게스트하우스로 개조하려 끊임없이 노력한다. 그리고 여기서는 어떤 환자도 외면하지 않을 것이다.

보통 사람이면 불치병 판정을 받았을 때 "왜 나야?"라고 항의하겠지만 사라의 사고방식은 달랐다. 그녀는 스스로 잠옷을 입지 못해 남편이 입혀줘야 할 만큼 건강이 악화되었을 때도 일기에 이렇게 썼다.

"이 세상에서 나보다 운 좋은 여자 있으면 나와보라고 그래!"

일기장의 다른 날에는 이렇게 쓰여 있었다. "나는 인생이라는 이번 경기에 모든 힘을 쏟아부었다고 자신 있게 말할 수 있다.", "나는 망설이지 않았고 후회하지도 않는다. 내가 살면서 만난 사람들은 그들이 내게 어떤 의미인지 알 것이다. 나도 그 사실을 언제나 솔직하게 표현해야지." 사라는 가진 모든 것을 삶에 바쳤고, 그랬기에 그토록 어린 나이에도 용기 있게 죽음과 마주할 수 있었다. 사라는 세상을 뜨기 얼마 전 그것이 '사는 의미'라며 자신의 이야기를 듣고 더 많은 사람이 지역 봉사단체에 가입하기를 바란다는 소망 하나를 털어놓았다. 죽어가는 사람은 또 하루를 직장에서 보내고 싶지 않을 것이라고 사라는 똑똑히 말했다. 그보다는 남을 돕는 일에 더 많은 시간을 보내기를 바란다고 했다.

사라는 자신이 암에 걸렸으니 세상이 불공평하다는 생각에 빠져 단 1초도 시간을 낭비하지 않았다. 반대로 세상에 무엇을 줄 수 있는지만 생각했다. 그녀는 어떤 보답도 기대하지 않고 타인을 돕고자 했다.

## 팀 플레이어가 되어라

팀 플레이어가 아니라면 동료와 잘 지낼 수도, 친구와 진정한 우정을 나눌 수도, 연인과 더 가까워질 수도 없다. 상대와 공평해질 방법만 생각하지 말고 다음과 같이 해보자.

- 내 능력이 아니라 노력에 초점을 맞춘다. 내 능력이 얼마나 넘치는지 생각하지 말고 내가 얼마나 노력하는지에 관심을 집중한다. 발전할 기회는 언제든지 있다.
- 비판을 겸허히 받아들인다. 누군가에게 비판을 들으면 "그 사람이 뭘 알겠어."라고 성급하게 말하지 말라. 타인은 나를 보는 관점을 바탕으로 반응한다. 물론 그 사람의 관점은 나와 다를 것이다. 비판을 겸허히 평가하고 그에 따라 행동을 바꾸고 싶은지 생각한다.
- 단점과 약점을 인정한다. 모든 사람에게는 인정하고 싶지 않아도 단점과 약점이 있다. 내게 자신감이 부족하고 매력적이지 않은 성격이나 문제가 있다고 인정하면 우쭐해지지 않을 수 있다. 다만 그 약점 때문에 세상의 보상을 받아야 한다는 핑계를 대지는 말라.
- 다른 사람의 감정을 생각한다. 내가 어떤 인생을 누려야 한다고 생

각하지 말고 잠시 시간을 내서 다른 사람의 감정을 생각한다. 다른 사람에게 감정을 더 이입하다 보면 하늘로 솟은 자기중심적 사고가 줄어들 수 있다.

- 점수를 매기지 않는다. 마약을 완전히 끊은 사람이든, 길 건너는 노인을 도운 사람이든 세상의 보답을 받을 이유는 없다. 잘한 일에 점수를 매기지 말고, 부당함을 느낀 이유도 기록하지 말라. 내가 받아야 한다고 생각하는 것을 받지 못할 때 실망이 커질 뿐이다.

## 겸허함을 연습하면 강해진다

1940년 윌마 루돌프Wilma Rudolph는 미숙아로 태어났다. 태어날 당시 체중이 800그램밖에 나가지 않았던 그녀는 병치레가 잦았고 네 살이 되던 해 소아마비에 걸렸다. 그 결과 왼쪽 다리가 틀어져 아홉 살까지 다리 보조 기구를 착용해야 했다. 그 후로도 2년은 교정용 신발 신세를 졌다. 루돌프는 물리 치료의 힘으로 마침내 열두 살에 걸을 수 있었고 난생 처음으로 학교 운동부에 가입했다.

루돌프는 달리기에 대한 열정과 재능을 발견하고 훈련을 시작했다. 열여섯 살에 1956년 올림픽 육상 대표팀에 선발되었고 400미터 계주에서 대표팀 최연소 선수로 동메달을 땄다. 집에 돌아와서는 다음 올림픽을 대비한 훈련에 돌입했다. 테네시 주립대학교에 입학해서도 달리기를 멈추지 않았다. 1960년 올림픽에 나간 루돌프는 단일 올림픽 대회에서 금메달 세 개를 획득한 최초의 미국 선수가 되었다. '역사상 가장 빠른 여성'이라고 찬사를 받았던 그녀는 스물두 살에 트랙을 떠났다.

성인이 되어 문제를 겪으면 사람들은 대개 어린 시절을 탓한다. 그러나 루돌프는 그러지 않았다. 어쩌면 자신의 약점을 어린 시절 앓은 중병이나 아프리카계 미국인으로서 당한 인종차별 때문이라고 할 수 있었다. 도시 빈민가에서 자랐기 때문이라고 탓할 수도 있었다. 그러나 루돌프는 세상이 불공평하다고 생각하지 않았다. 언젠가 그녀는 이렇게 말했다.

"목표는 중요하지 않아요. 확고한 의지가 가장 중요하죠. 저는 도시 빈민가를 벗어나면 어떤 삶이 펼쳐져 있을지 찾기로 결심했습니다."

그렇게 다리 보조기구를 차고 걷던 소녀가 5년 후 올림픽 메달리스트로 성장했다. 루돌프는 1994년에 세상을 떴지만 그녀의 정신은 지금까지 남아 후대 운동선수들에게 용기를 주고 있다.

내가 가진 몫보다 더 많이 받아야 한다고 고집하면 인생에 아무런 도움이 되지 않는다. 시간과 에너지를 허비하고 실의에 빠질 뿐이다. 루카스는 더 이상 과시하지 않고 열린 마음으로 일을 배우려 하자 직장에서 더 많은 성과를 낼 수 있었다.

더 많은 것을 받아야 한다고 요구하지 않고 가진 몫에 만족할 때 우리의 삶은 풍요로워진다. 괴로운 마음이나 이기적인 마음은 사라지고 평온한 삶을 만끽하며 미래를 향해 나아갈 것이다.

SOLUTION *12*

강한 멘탈을 만들려면 남보다 더 많은 것을 받아야 한다고 불평하지 말고 세상이 내게 주는 몫을 받아들여야 한다. 어떤 식으로든 세상으로부터 보상을 받아야 한다는 생각에 사로잡히는 순간이 언제인지 유심히 지켜보고 나를 망칠 수 있는 생각을 찾아 없애자.

☺ 이 렇 게 해 보 자

▷ 적당한 자존감을 키운다.
▷ 내가 어느 방면에 뛰어나다고 생각하는지 확인한다.
▷ 받고 싶은 것보다는 주고 싶은 것에 관심을 둔다.
▷ 자신보다 어려운 사람들에게 베푼다.
▷ 팀 플레이어가 된다.
▷ 다른 사람의 감정을 생각한다.

☹ 이 렇 게 하 지 말 자

▷ 자신의 능력을 지나치게 자신한다.
▷ 거의 모든 면에서 다른 사람보다 내가 더 낫다고 우긴다.
▷ 살면서 받아야 할 모든 것을 기록해둔다.
▷ 내가 받아 마땅한 것을 받지 못했으니 다른 사람에게 베풀지 않는다.
▷ 언제나 내게 가장 이로운 것만 찾는다.
▷ 내 감정만을 생각한다.

## 제13장

# 즉각적인 결과를
# 기대하지 마라

멘탈이 강한 사람은 빠른 해결책이 언제나 최선은 아니라는 사실을 안다. 잠재력을
온전히 발휘하려면 현실적인 기대치를 정하고 성공은 하룻밤에 이루어지지 않는다
는 사실을 이해해야 한다.

인내와 끈기, 피나는 노력이 모이면
반드시 성공한다.

_나폴레온 힐Napoleon Hill

마시는 자신의 인생이 왜 불행한지 꼬집어 설명하지 못했지만 전반적으로 만족스럽지 않다는 느낌이 든다고 했다. 부부 사이도 '그럭저럭' 괜찮고 두 아이와도 문제가 없었다. 직장도 싫지 않았다. 그러나 분명 꿈에 그리던 일은 아니었다. 마시는 기대만큼 행복하지 않았고 남들보다 스트레스를 많이 받았지만 구체적인 이유는 댈 수 없었다.

몇 년이나 열심히 자기계발서를 읽었지만 그것만으로는 삶이 바뀌지 않았다. 상담도 세 번 정도 받아봤지만 매한가지였다. 마시는 상담을 더 받아봐야 아무런 의미가 없다고 확신했지만 몇 번 시도하는 척이라도 하면 의사가 항우울제를 처방해주리라 생각했다. 그녀는 지금 이 시점에서 상담에 쏟을 시간과 에너지는 전혀 없다고 솔직히 이야기했다.

나는 그 말이 맞다고 인정했다. 노력할 마음이 없다면 상담은 아무 소용이 없다. 하지만 나는 약을 먹는다고 곧바로 문제가 해결되지는 않는다는 말을 덧붙였다. 사실 항우울제는 대부분 최소 4주에서 6주는 복용해야 변화를 느낀다. 자기에게 맞는 약과 복용량을 찾기까지 몇 달씩 걸리기도 한다. 약을 먹어도 기분이 전혀 나아지지 않는 사람도 있다.

나는 마시에게 장기적인 상담보다는 단기 상담이 효과적일 수 있으며 상담 횟수는 중요하지 않다고, 열심히 노력하기만 한다면 빠른 시일 안에 큰 효과를 볼 수 있다고 얘기해주었다. 마시는 어떻게 할지 생각할 시간을 달라고 했다. 며칠 뒤 그녀는 다시 도전하고 싶다고 연락했고, 이번에는 상담을 인생 최우선 과제로 삼을 각오가 돼 있었다.

몇 차례 상담을 하며 분명히 드러난 사실이 있었다. 마시는 삶의 많은 부분에서 즉각적인 결과를 기대하는 사람이었다. 운동이든 취미든 새로운 일에 도전할 때마다 원하는 결과가 나오지 않으면 금방 포기했다. 마시는 남편과 '더없이 다정한' 관계를 진심으로 원했기 때문에 남편과 가까워지려 노력한 적도 있었다. 최고의 아내가 되려 애를 썼지만 몇 주가 지나도 결혼 생활이 기대만큼 행복해지지 않자 깨끗이 포기했다.

우리는 즉각적인 만족을 기대하는 성격이 가정뿐만 아니라 직장 생활에도 어떠한 악영향을 미쳤는지 이야기했다. 마시는 직장에서 더 높은 자리에 올라가기 위해 석사 학위를 따고 싶었지만 시간을 너무 뺏긴다며 도전하지 않았다. 2년짜리 대학원 과정을 미루다 10년이 지난 지금, 마시는 여느 때보다 대학원 문제로 스트레스를 받고 있었다.

마시는 몇 달간 상담을 받으면서 짜증을 삼키고 인내심을 기르는 방법을 배웠다. 우선 공부를 더 하고 결혼 생활을 개선하는 등의 몇 가지 목표를 세웠다. 조금씩 단계별로 할 수 있는 행동을 정한 후에는 잘하고 있는지 평가할 방법을 알아보았다. 마시는 새로운 마음가짐으로 새로운 목표에 임했다. 눈에 보이는 성과를 얻으려면 시간이 걸린다는 사실을 알았기에 마음을 단단히 먹었다. 변하겠다고 다짐하자 삶이 즐거워졌다. 미래를 희망적으로 바라보고 한 걸음씩 성장할 수 있었기 때문이다.

# 우리는 왜 즉각적인 결과를 기대하는가

우리는 빠르게 변해가는 세상에 살고 있지만 원하는 모든 것을 당장 가질 수는 없다. 부부 관계를 개선하려는 사람도, 자기 사업을 시작하려는 사람도 즉각적인 결과를 기대하면 어김없이 인생의 쓴맛을 본다. 다음 중 자신에게 해당하는 항목이 있는지 살펴보자.

☐ 기다리는 자에게 복이 온다는 말은 사실이 아니다.

☐ 시간은 금이므로 1초도 낭비하기 싫다.

☐ 나는 인내심이 약하다.

☐ 결과가 바로 나타나지 않으면 그 일은 효과가 없다고 생각한다.

☐ 지금 당장 성취하기를 바란다.

☐ 원하는 것을 얻으려는 노력과 에너지가 아까워 지름길을 찾는다.

☐ 다른 사람이 내 속도와 맞지 않으면 짜증이 난다.

☐ 성과가 빨리 나오지 않으면 포기한다.

☐ 목표를 고수하기 어렵다.

☐ 모든 일이 빠르게 이루어져야 한다고 생각한다.

☐ 목표를 달성하거나 무언가를 성취하는 데 걸리는 시간을 짧게 잡는다.

멘탈이 강한 사람은 빠른 해결책이 언제나 최선은 아니라는 사실을 안다. 잠재력을 온전히 발휘하려면 현실적인 기대치를 정하고 성공은 하룻밤에 이루어지지 않는다는 사실을 명심해야 한다.

마시는 나이가 들수록 인내심이 바닥나는 것만 같았다. 그녀는 어떤 일이든 기대보다 느리게 돌아가면 불만을 품었다. 언제부턴가 "나는 어려지지 않는다."라는 말을 날마다 주문처럼 되뇌기도 했다. 살면서 그녀의 공격적인 성격이 잘 먹혀드는 부분도 있었다. 아이들이나 직장 동료는 마시가 날카로워지면 그녀의 말에 설설 기었다. 하지만 그 외에는 조급한 성격 때문에 이득을 보기는커녕 인간관계를 망치는 일이 잦았다.

걱정거리에서 당장 벗어나고 싶은 사람은 마시만이 아니다. 미국인의 10분의 1이 항우울제를 복용한다. 우울증 환자에게는 도움이 되는 약이지만 한 연구에 따르면 항우울제를 복용하는 대다수는 전문의에게 우울증 진단을 받은 적도 없다고 한다. 그럼에도 많은 사람은 삶을 개선할 지름길로 약을 먹으려 한다. 어린 아이라 해도 예외는 아니다. 부모는 행동장애가 있는 아이를 통제하기 위해 '약'을 원한다. 주의력결핍 과잉행동장애ADHD 아동이라면 약으로 증상을 완화할 수 있지만 모든 아이가 말을 잘 듣게 할 마법 같은 약은 없다.

우리가 사는 세상은 '줄 서서 기다릴 필요가 없다'고 할 만큼 빠르게 움직이고 있다. 이제는 편지를 보낸 후 도착할 때까지 며칠씩 기다리지 않아도 된다. 전 세계 어디서든 몇 초 만에 이메일로 편지를 보낼 수 있다. 좋아하는 텔레비전 프로그램을 다시 보기 위해 광고를 참고 견디지 않아도 된다. VOD 서비스(통신망 연결을 통해 사용자가 원하는 영상을 제공하는 서비스—옮긴이)를 이용해 거의 모든 영화를 원하는 즉시 볼 수 있다. 전자레인지와 패스트푸드 덕분에 음식을 몇 분 만에 먹을 수도 있다. 원하는 물건이 있으면 온라인으로 주문해 24시간 안에 배달받기도 한다.

세상이 빠르게 돌아가면 기다림만 사라지는 것이 아니다. '자고 일어났더니 성공했다'는 사람들의 이야기도 떠돌아다닌다. 유튜브 영상으로 주목을 받은 뮤지션이 있고, 리얼리티 쇼에 출연해 일약 스타덤에 오른 사람도 있다. 창업과 동시에 몇 백만 달러를 번 회사도 있다. 그러니 우리가 어떤 일에든 곧바로 결과를 얻고 싶다고 생각하는 것이 당연하다.

결과만 놓고 보자면 즉각적인 결과물을 거머쥔 듯 보이는 사람이나 회사도 속사정을 알고 보면 곧바로 성공하는 경우가 드물다. 트위터 Twitter의 창업자는 그 전까지 8년간 모바일 및 소셜 소프트웨어를 개발했다. 애플의 첫 번째 아이팟은 3년에 걸쳐 네 가지 버전이 나오고서야 판매량이 폭발적으로 증가했다. 아마존은 처음 7년 동안 아예 수익을 내지 못했다. 이런 기업이 하루아침에 성공했다고 이야기하는 사람은 그 자리까지 오르기 위한 노력이 아니라 최종 결과만 보고 말할 뿐이다.

사회가 이렇다 보니 우리도 당연히 즉각적인 결과를 기대하게 된다. 과식이나 과음처럼 나쁜 습관을 당장 떨쳐내고 싶고, 빚 청산이나 대학 졸업 같은 목표를 하루 빨리 이루고 싶어 한다. 이 외에도 지금 당장 결과를 얻으려 하는 이유는 몇 가지 더 있다.

- 인내심이 부족하다. 성과를 곧바로 얻고 싶은 기대감은 일상생활에도 존재한다. 우리는 성과를 거두지 못하면 그 즉시 손을 들어버린다. 매사추세츠 대학교 애머스트캠퍼스 컴퓨터공학과의 라메시 시타라만Ramesh Sitaraman 교수는 컴퓨터를 사용할 때의 인내심은 2초면 바닥난다는 사실을 밝혀냈다. 사람들은 2초 안에 온라인 비디오가

재생되지 않으면 웹사이트를 나간다. 이처럼 사람은 인내심이 부족하고, 원하는 결과를 바로 얻지 못하면 기존의 행동을 포기한다.

- 자기 능력을 과대평가한다. 때로는 내가 어떤 일을 정말 잘하기 때문에 시작만 하면 당장 성과를 낼 것이라고 기대한다. 입사 첫 달에 실적이 가장 높은 영원사원이 될 것이라는 사람도 있고, 2주 만에 10킬로그램을 뺄 수 있다고 자신하는 사람도 있다. 자기 능력을 과대평가하면 예상대로 성과가 나오지 않을 때 실망 또한 커진다.

- 변화 속도를 실제보다 빠르게 예상한다. 기술의 발전으로 결과물을 빠르게 얻는 생활에 익숙해지면 그 밖의 모든 삶에서도 성과가 빨리 나타난다고 착각한다. 한 사람의 변화나 사업체 운영은 과학 기술만큼 빠르게 움직이지 않는다는 사실을 망각하는 것이다.

## 지나친 조급함은 실패를 부른다

마시는 그저 쉽고 빠르게 살고 싶었기 때문에 새로운 기회를 놓치고 있었다. 많은 시간을 바쳐 자기계발서를 읽었지만 책 속의 내용을 삶에 적용하지는 않았다. 상담을 금방 그만두고 마법처럼 삶을 바꿔줄 약만 찾으려 했다. 즉각적인 결과만 기대하고 있으니 삶을 개선할 기회가 아무리 많아도 그녀에겐 보이지 않았다.

쉽게 변하고 쉽게 결과를 얻을 것이라는 비현실적인 기대를 가지면 실패할 수밖에 없다. 1997년에 발표된 연구 〈치료 종료 후의 자기 효능

감: 금주를 예측하다〉End-of-Treatment Self-Efficacy: A Predictor of Abstinence 에서는 재활 시설을 퇴원할 때 술을 끊을 수 있다고 과하게 자신감을 보이는 환자가 그렇지 않은 환자에 비해 다시 중독에 빠질 가능성이 높다는 사실이 드러났다. 자만하는 사람은 목표를 쉽게 달성할 것이라 지레짐작하기 때문에 결과를 곧바로 얻지 못하면 목표를 고수하지 못한다.

즉각적인 결과를 기대하면 지금까지 들인 노력도 성급하게 포기한다. 결과가 즉시 나오지 않자 노력해도 아무 소용없다고 잘못 판단하기 때문이다. 새로운 마케팅 전략에 돈을 쏟아부은 어느 사업가는 매출이 금세 올라가지 않자 헛수고를 했다고 생각한다. 그러나 광고에 투자를 하면 브랜드 인지도가 높아져 장기적으로 매출이 꾸준하게 늘어날 수 있다. 다른 예로 한 달 동안 체육관을 나간 사람은 거울을 봐도 근육이 크게 드러나지 않자 운동한 효과가 없다고 생각한다. 하지만 사실 그는 조금씩 발전하고 있으며, 겨우 몇 주가 아니라 몇 달이 지나야 성과가 나타날 것이다. 과거에 비해 현대인이 목표를 더 빠르게 포기한다고 밝혀낸 연구도 있다. 1972년 발표된 〈자기 주도적인 행동 변화 시도: 신년 계획에 관한 연구〉Self-Initiated Attempts to Change Behavior: A Study of New Year's Resolutions 에서는 참가자의 25퍼센트가 신년 계획을 15주 만에 포기한다는 사실이 밝혀졌다. 그런데 세월이 흘러 1989년에는 25퍼센트가 고작 1주 만에 계획을 포기하고 있었다. 즉각적인 결과를 기대하면 그 밖에도 다음과 같은 부정적인 효과가 나타난다.

- 지름길로 가고 싶은 유혹에 빠진다. 결과물이 빨리 나타나지 않으

면 비정상적인 방법으로 서두르려는 함정에 빠진다. 살을 빼다가 몇 주가 지나도 원하는 결과를 얻지 못하자, 속성 다이어트를 시작한다. 더 강하고 빨라지고 싶은 운동선수는 경기력 향상 약물을 복용한다. 이러한 지름길은 위험한 결과를 불러올 수 있다.

- 미래를 준비하지 않는다. 모든 것을 당장 원하는 사람은 인생을 큰 그림으로 보지 못한다. 즉각적인 결과를 얻고 싶은 기대감은 투자를 할 때도 고스란히 드러난다. 사람은 30년 후가 아니라 지금 당장 투자 수익을 얻고 싶어 한다. 2014년 실시한 노후안정도조사 결과, 미국인의 36퍼센트는 저축금이나 투자액이 1,000달러도 되지 않았다. 은퇴 자금을 모으지 않는 데는 경제적 요인도 있겠지만 즉각적인 만족을 원하는 욕구도 작용할 것이다. 지금 돈을 쓰고 싶기 때문에 장기적인 투자로 돈을 묶어두기를 바라지 않는다.

- 비현실적인 기대는 잘못된 결론을 낳는다. 즉각적인 결과를 기대할 경우, 자신은 심사숙고 끝에 결정했다고 생각하고 싶겠지만 정확히 판단하기에는 시간이 부족했을지 모른다. 어떤 사람은 사업이 1년 안에 자리 잡지 못하면 수익을 내지 못했으니 사업가로서 실패했다고 판단할 수 있다. 하지만 알고 보면 신생 회사가 탄탄한 기업으로 발전할 시간을 충분히 갖지 않았을 뿐이다.

- 마음이 불편하고 불행해진다. 기대감이 충족되지 않으니 실망을 하고 조바심이 들며 좌절에 빠진다. 부정적인 감정이 늘어날 경우에는 발전 속도가 더디고, 더 큰 성과를 얻어야 한다는 생각에 모든 것을 포기하고 싶어진다.

- **목표를 무너뜨릴 행동을 한다.** 비현실적으로 기대하면 행동에도 영향을 미쳐서 원하는 결과와 더 멀어진다. 케이크를 빨리 굽기 바라는 사람은 계속해서 오븐을 열고 확인한다. 오븐을 열 때마다 열이 빠져나가고 결국 케이크를 굽는 시간은 늘어난다. 이렇듯 결과물을 빨리 얻고 싶을 때 자기도 모르게 노력을 방해하는 행동을 하게 된다.

## 장기적인 과제에 전념하라

마시는 지금 당장 결과를 얻을 수 없다는 사실을 받아들인 후, 변하기 위한 방법으로 상담에 전념할 것인지 말 것인지 결정해야 했다. 그녀는 다른 방법은 질릴 만큼 해봤다며 상담에 도전하기로 했고, 이번에는 완전히 매진하지 않으면 소용없으리라는 것을 알았다. 심리치료가 끝날 무렵, 마시는 삶이 다 그렇듯 자기계발도 시작하자마자 성과를 보이지 않는다는 사실을 깨달았다. 더 나은 내가 되려면 앞으로 살아가는 동안에도 멈추지 않고 시간과 노력을 쏟아야 한다는 것을 알았다.

### 현실적인 기대치를 정하라

5만 달러의 연봉으로는 6개월 안에 10만 달러의 빚을 갚지 못한다. 5월까지 기다렸다가 운동을 시작하면 휴가철 전까지 10킬로그램을 빼기 어렵다. 입사한 첫 해에 높은 직위까지 승진할 리도 없다. 오래 걸려도 열정이 꺼지지 않을 현실적인 기대치를 설정해야 한다. 다음 방법을 참고

해 자신의 목표에 현실적인 기대치를 정해보자.

- 변화를 쉽게 보지 않는다. 목표를 달성하려 하든, 나쁜 습관을 고치려 하든 지금과 다르게 행동하기는 어렵다는 사실을 인정한다.
- 목표 달성 기간을 확실히 정하지 않는다. 언제까지 성과를 내야 하는지 추정하면 도움이 되지만 확실한 기간을 정하지는 말라. 어떤 사람들은 특정한 날짜에 맞춰 좋은 습관을 들이거나 나쁜 습관을 깨뜨릴 수 있다고 주장한다(그 날짜는 연구에 따라 다르지만 21일 혹은 38일인 듯하다). 그러나 한발 물러서서 생각해보면 현실은 전혀 그렇지 않다. 나만 해도 매일 디저트로 아이스크림을 먹는 습관은 이틀이면 익숙해지고 아침에 커피를 마시는 습관을 버리려면 6개월쯤 걸린다. 따라서 '그래야 한다'는 생각에 맞춰 기간을 설정하지는 말자. 그보다는 융통성 있게 생각하고 목표를 달성하기까지 영향을 주는 변수가 많다는 사실을 이해해야 한다.
- 노력으로 삶이 얼마나 달라질지 과대평가하지 않는다. 어떤 사람은 '10킬로그램을 빼면 인생이 달라지겠지.'라고 생각한다. 그러나 막상 살을 빼기 시작해도 상상만큼 기적적인 변화는 나타나지 않는다. 결과를 과대평가한 만큼 실망은 크다.

## 눈에 보이지 않는 중간 과정도 받아들여라

동료 심리치료사들과 함께 자녀 교육에 대해 한 그룹의 부모를 도운 일이 있었다. 대체로 미취학 아동의 부모였던 그들은 무엇보다 아이가 떼쓰는 문제를 바로잡기를 원했다. 어린 아이는 원하는 것을 얻지 못하면 바닥에 드러누워 비명을 지르며 몸부림치는 행동으로 악명이 높다. 우리는 아이가 그렇게 관심을 끌려고 하면 무시하라고 권했다. 다만 아이의 행동이 나아지기 전에 악화될 수 있다고 미리 경고했지만 참가한 부모들은 그 방법이 통하지 않는다고 굳게 믿었다. 어떤 이유에서 그렇게 생각하는지 묻자 그들은 "목이 터져라 소리만 더 지르던데요."라거나 "일어나서 달려오더니 제 앞에 누워 다시 떼를 쓰지 뭡니까!"라고 말했다.

이들은 무시하는 방법이 효과를 보이고 있다는 사실을 미처 알지 못하고 있었다. 영악한 네 살 꼬마들은 부모가 더 이상 뜻을 받아주지 않는다는 메시지를 알아듣고는 판을 뒤집어 주도권을 잡으려 하고 있었다. 소리를 조금 지를 때 부모가 뜻을 받아주지 않으면 소리를 더 크게 질러서 원하는 것을 얻어낸다. 그리고 부모가 굽히고 들어갈 때마다 아이의 떼쓰기는 심해진다. 그러나 이렇게 주의를 끌려는 행동을 부모가 계속 무시할 수 있다면 아이는 떼를 써도 원하는 바를 얻지 못한다는 사실을 배운다. 우리는 아이의 행동이 더 심해지는 것 같아도 그 방법이 틀렸다는 뜻은 아니라고 부모들을 재차 안심시켜야 했다.

목표를 향해 가는 길이 항상 똑바르지만은 않다. 상황이 좋아지기 전에 더 나빠질 때도 있다. 두 걸음 나갔다가 한 걸음 후퇴하는 기분이 들지도 모른다. 하지만 장기적인 목표를 잊지 말고 전진한다면 중간에 차질이 생겨도 앞날을 큰 그림으로 바라볼 수 있다. 사업을 시작하든, 명상을 배우든 목표를 달성하려 하기 전에 다음의 질문을 스스로에게 던지며 목표로 가는 과정을 앞으로 어떻게 평가할지 생각해보자.

- 지금 하는 방법이 효과적인지 어떻게 알 수 있나?
- 초기의 성과를 얻을 현실적인 기간은 얼마쯤인가?
- 1주와 1개월, 6개월, 1년 안에 현실적으로 기대할 수 있는 성과는 무엇인가?
- 목표를 고수하고 있는지 어떻게 알 수 있나?

## 즉각적인 만족을 참는 연습을 하라

상대적으로 만족감을 잘 참는 사람이 따로 있는 듯 보이지만 알고 보면 모든 사람은 지금 당장 만족감을 얻고 싶은 유혹에 빠질 수 있다. 즉각적인 만족은 신체 및 정신 건강 악화, 재정난, 약물 중독을 비롯한 많은 문제의 중심에 있다. 어떤 사람은 다이어트 식단에 없는 군것질을 거부하지 못할 뿐이지만, 다른 누군가는 술을 끊지 못해 더 심각한 문제에 빠진다. 삶의 어느 부분에서는 만족을 잘 참는 사람이라도 다른 부분에서는 의지가 약해질 수 있다.

대니얼 루디 루티거Daniel Rudy Ruettiger의 사례를 살펴보자. 많은 사람에게 용기를 주는 루디의 이야기는 1990년대 초반 영화로도 나왔다. 실패에 익숙한 사람이 열심히 노력하고 헌신해 어려움을 이겨낸 멋진 이야기다. 루디는 언젠가 노터데임 대학교에 들어가고 싶다는 꿈이 있었지만 난독증을 앓고 있어 학교 성적이 썩 좋지 않았다. 결국 세 번이나 낙방해 근처의 홀리크로스 대학에 입학했다. 그러나 포기하지 않고 2년간 열심히 공부한 끝에 루디는 1974년 노터데임에 합격했다.

그에게는 우등생이 되겠다는 열망이 전부는 아니었다. 루디는 미식축구 선수도 되고 싶었다. 키 170센티미터, 몸무게 75킬로그램으로는 선수로서 경쟁력이 없었다. 그러나 노터데임 대학교 미식축구팀은 모든 학생이 후보 선수로 지원할 수 있었다. 따라서 루디는 대회를 앞둔 학교 대표팀의 훈련을 돕는 연습팀에 자리를 얻었다. 루디는 열심히 훈련했고 연습 경기를 할 때마다 전력을 다했다. 그가 진심으로 노력하자 감독과 동료 선수들도 루디를 인정하기 시작했다. 4학년 마지막 경기에서 루디는 마지막 몇 분 동안 수비팀으로 뛸 수 있었다. 연습 경기와 마찬가지로 경기에 혼신의 힘을 쏟았고 쿼터백을 멋지게 태클해냈다. 동료 선수들은 루디를 들쳐 업고 "루디! 루디! 루디!"라고 자랑스럽게 외치며 축하했다.

이 이야기를 들으면 루디는 즉각적인 만족을 잘 참는 사람이다. 목표를 이루려고 몇 년 동안 열심히 노력했고 당장의 결과를 기대하지 않았다. 결과라고 해도 한 번의 미식축구 경기에서 겨우 몇 분 실제로 뛰어봤을 뿐이다.

그러나 루디가 삶의 한 부분에서 열심히 노력하고 견딜 수 있었다 해서 즉각적인 만족의 유혹에 절대 빠지지 않는 사람은 아니었다. 2011년 증권거래위원회는 루디가 주식을 '부풀려 파는' 사기에 가담했다고 발표했고 그는 증권사기 혐의로 기소되었다. 스포츠 음료 제조사를 차린 루디가 다른 경영진과 함께 회사가 성공했다는 거짓 정보를 흘리는 방법으로 주가를 올려 비싼 값에 주식을 팔았다는 혐의였다. 루디는 죄를 인정하지는 않았지만 합의를 했고 결국 벌금으로 30만 달러를 내야 했다.

한때 노력과 인내의 영웅으로 칭송받았던 남자가 몇십 년 만에 일확천금을 노리는 음모의 덫에 걸린 것이다. 루디의 이야기는 인생의 어떤 시기에는 오로지 한 길을 고수했던 사람도 다른 시기에는 누구보다 목표를 빠르게 포기할 수 있음을 보여준다. 즉각적인 만족의 유혹을 떨쳐내려면 끊임없이 주위를 경계해야 한다. 다음의 방법을 활용하면 즉각적인 결과를 기대하지 않고 당장의 만족을 참을 수 있다.

- 목표에서 눈을 떼지 않는다. 최종 목표를 잊지 않으면 포기하고 싶은 순간이 찾아와도 의욕이 꺾이지 않는다. 창의적인 방법으로 자신의 목표를 떠올려보자. 성취하고 싶은 목표를 컴퓨터 배경화면에 띄워놓거나 노트에 적어 벽에 건다. 목표를 달성하는 모습을 매일 상상하는 방법도 도움이 된다.

- 중간 보상을 해준다. 목표를 끝까지 달성하고 나서야 기념하지 않아도 된다. 단기적인 목표를 세워서 중간 성과를 이룰 때마다 자축하자. 가족 외식처럼 사소한 보상이라도 목표에 한걸음 더 다가갔다고 확인할 수 있다.

- 유혹을 물리칠 계획을 짠다. 즉각적인 만족감의 유혹은 어디에나 도사리고 있다. 달콤한 간식은 살을 빼려는 사람이 다이어트를 포기하게 유혹한다. 예산대로 소비하려는 사람은 갖고 싶은 물건과 사치품의 유혹에 언제나 시달릴 것이다. 포기하지 않고 목표를 성취하려면 목표를 방해하는 유혹을 피할 계획부터 세워야 한다.

- 짜증나고 조급한 마음을 건강하게 다스린다. 계속해야 할지 의심스럽고 포기하고 싶을 때도 있다. 하지만 분노와 짜증을 느끼고 실망했다고 해서 포기하라는 법은 없다. 그보다는 목표를 향해 가는 과

정에서 그런 감정을 한번쯤은 겪을 것이라 예상하고 어떻게 하면 잘 대처할지 현명한 방법을 찾는다.

* **속도를 조절한다.** 어떤 일이든 즉각적인 결과를 기대하면 에너지를 소진하고 만다. 목표를 향해 신중하게 다가갈 수 있도록 속도를 조절하자. 느리고 꾸준한 발걸음이 얼마나 중요한지 배우면 인내심이 늘어난다. 그리고 원하는 것을 빨리 얻으려 서두르지 않고 올바른 방향으로 계속 나아갈 수도 있다.


## 당장의 만족을 참으면 강해진다

제임스 다이슨James Dyson의 이야기는 1979년부터 시작된다. 다이슨은 흡입력이 약해진 진공청소기에 짜증을 느끼던 중, 먼지 봉투가 아니라 원심력을 이용해 공기와 먼지를 분리하는 더 우수한 진공청소기를 만들겠다고 결심했다. 그는 5년 동안 5,000개가 넘는 시제품을 만족할 때까지 만들고 또 만들었다.

결국 마음에 드는 진공청소기를 만들었어도 그의 여정은 끝나지 않았다. 그가 만든 제품의 라이선스를 살 만한 제조사를 몇 년 동안 찾아다녔지만 단 한 곳도 그의 발명품에 관심을 보이지 않자 다이슨은 직접 제조사를 차리기로 결심한다. 다이슨의 첫 번째 진공청소기는 첫 시제품을 만들기 시작한 지 14년 후인 1993년에 출시되었다. 하지만 그의 노력은 확실한 보상을 받았다. 다이슨의 청소기는 영국에서 가장 많이 팔린 진공청소기가 되었고, 2002년 무렵에는 영국 가정의 4분의 1이 다이슨 진공청소기를 쓰게 되었다.

만약 제임스 다이슨이 하루아침에 성공하리라 기대했다면 진작 포기했을 것이다. 그러나 다이슨의 인내와 끈기는 결실을 맺었다. 이후 30여 년 동안 그는 24개국에 진공청소기를 판매했고 그의 회사는 연간 100억 달러가 넘는 매출을 올리고 있다.

잠재력을 제대로 발휘하려면 찰나의 유혹을 거부할 의지가 있어야 한다. 나중에 더 큰 만족을 느낄 수 있도록 지금의 만족을 참아야 성공한다. 연구 결과에 따르면 당장의 만족을 참으면 다음과 같은 이점이 있다.

- IQ보다는 자제력이 높은 사람의 학업 성적이 더 좋다.
- 자제력이 높은 대학생은 자존감과 성적이 더 높고 폭식이나 알코올 중독에 시달릴 가능성이 낮으며 대인관계에 더 능숙하다.
- 즉각적인 만족을 참으면 우울증과 불안장애에 걸릴 확률이 낮아진다.
- 자제력이 높은 아이는 성인이 되었을 때 정신 및 신체 건강 문제와 약물중독 문제에 시달릴 확률이 낮다. 범죄를 저지를 확률도 낮고 경제적으로 안정된다.

내년 휴가를 위해 돈을 모으든, 아이를 책임감 있는 어른으로 키우려 노력하든 자신의 목표에 현실적인 기대치를 설정하자. 당장 내일 결과를 보겠다고 기대하지는 말아야 한다. 목표에 장기적으로 전념할 각오가 있을 때, 목표를 달성할 가능성은 더 높아진다.

인생의 어느 부분에서는 현실적인 기대치를 세우기 쉽다. 어떤 사람은 졸업하고 돈을 벌기까지 몇 년을 더 기다려야 한다는 사실을 알고도 다시 대학에 다니기로 결심한다. 또 지금보다 30년 후 돈이 불어난다 생각하고 퇴직연금에 투자하는 사람도 있다.

우리는 자신의 인생에서 발전할 여지가 있는 부분을 찾아야 한다. 그리고 어떻게 해야 느리지만 꾸준하게 성장할 수 있는지 생각을 집중해보자.

😊 이 렇 게 해 보 자

▷ 목표를 달성하기까지의 기간과 어려움을 현실적으로 예측한다.

▷ 얼마나 잘하고 있는지 정확히 평가할 방법을 찾는다.

▷ 중간 보상을 준다.

▷ 부정적인 감정을 건강하게 다스린다.

▷ 유혹을 뿌리칠 계획을 짠다.

▷ 장기적으로 속도를 조절한다.

☹ 이 렇 게 하 지 말 자

▷ 즉각적인 결과를 기대한다.

▷ 변화를 곧바로 체감하지 않으면 아무 발전이 없다고 단정한다.

▷ 목표를 완전히 달성할 때까지 기다렸다가 기념한다.

▷ 조급하고 짜증스러운 마음에 이끌려 행동한다.

▷ 나는 자제력이 높아서 어떤 유혹이라도 거부할 수 있다고 믿는다.

▷ 노력 없이 목표를 달성할 수 있는 지름길을 찾는다.

# 강한 멘탈을
# 유지하는 법

단순히 이 책을 읽는다거나 나는 강인한 사람이라고 아무리 소리 높여 외쳐도 멘탈이 강해지지는 않는다. 멘탈을 강화하려면 잠재력을 온전히 발휘할 수 있는 방법을 찾아 일상생활 속에서 녹여내야 한다. 건강한 신체를 유지하려고 노력하듯 건강한 멘탈을 위해서도 꾸준한 관리가 필요하다. 멘탈은 언제든지 더 계발할 수 있지만 강한 멘탈을 유지하기 위해 노력하지 않는다면 이내 약해지고 말 것이다.

실수를 하거나 운이 나쁜 하루를 보내고 아무렇지도 않은 사람은 없다. 살다 보면 감정이 이성보다 앞서기도 하고 진실이 아닌 생각을 믿기도 한다. 자기 인생을 자기가 망치는 때도 있고, 아무짝에도 쓸모없는 행동을 하는 때도 있다. 그러나 멘탈을 강하게 키우려고 적극적으로 노력한다면 그런 순간들은 차츰차츰 줄어들 것이다.

# 나만의 코치가 되자

좋은 코치는 지도받는 사람이 성장하도록 조언을 아끼지 않고 힘을 보태는 사람이다. 나 자신에게 그런 코치가 되어야 한다. 내가 잘하는 일을 찾아 힘을 기르고, 내게 부족한 부분을 확인해서 더 나은 내가 되도록 도전하자. 성장할 기회를 마련하되 절대 완벽해질 수 없다는 사실을 받아들여야 한다. 다음 방법에 따라 매일 조금씩 발전하려 노력해보기 바란다.

- 행동을 관찰한다. 같은 실수를 되풀이하거나 변화를 두려워하는가? 한 번의 실패로 포기한 적이 있는가? 언제 이런 행동으로 멘탈을 키우려는 노력에 찬물을 끼얹었는지 찾는다. 그런 다음 어떻게 행동해야 목표에 더 가까워질 수 있는지 확인한다.
- 감정을 조절한다. 나는 언제 자기 연민을 느끼거나 예상할 수 있는 위험을 회피할까? 세상이 불공평하다고 느끼거나 혼자만의 시간을 두려워하는 때는 언제인가? 다른 사람의 성공을 시기하거나 모든 사람을 만족시키려 애쓰지 않는가? 그 순간을 철저히 경계하자. 이런 감정에 사로잡히면 잠재력을 제대로 발휘하지 못한다. 이 점을 기억하라. 감정을 바꾸고 싶다면 생각과 행동도 바꿔야 한다.
- 생각을 헤아린다. 내 생각을 제대로 평가하려면 더 노력하고 더 많은 에너지를 쏟아부어야 한다. 그러나 생각이 지나치게 긍정적이거나 부정적이면 감정과 행동에 악영향을 미쳐 강한 멘탈이라는 목표를 방해할 수 있다. 행동 방침을 결정하기 전에 과연 내 생각이 객

관적인지 아닌지 확인해야 최선의 결정을 내릴 수 있다. 남에게 휘둘리거나 통제할 수 없는 일에 에너지를 낭비하고 있는 것은 아닌가? 과거에 연연하거나 즉각적인 결과를 기대하지는 않는가? 이렇듯 나를 방해하는 믿음과 생각을 확인한다. 그리고 더 객관적이고 효과적인 생각으로 대체한다.

좋은 트레이너는 체육관 밖에서도 건강한 생활 습관을 유지하라고 권하는 것처럼 좋은 코치로서 우리도 강한 멘탈을 만드는 데 도움이 될 생활 습관을 만들어야 한다. 자기 몸을 돌보지 않으면 멘탈을 강화할 수 없다. 제대로 먹지 않거나 충분히 자지 않는 사람은 감정을 다스리거나 명료하게 생각하기 어렵고 목표에 도움이 되는 행동을 잘하지 못한다. 그러므로 어떻게 하면 목표를 이룰 환경을 확실히 만들 수 있는지 강구하자.

강한 멘탈을 만드는 과정은 오로지 당사자의 몫이지만 그것을 온전히 혼자만의 힘으로 해낼 필요는 없다. 다른 사람들의 도움 없이 자기 혼자만의 힘으로는 최상의 자아를 찾기 힘들다. 필요할 때는 도와달라고 요청하고 주변 사람들을 든든한 지원군으로 만들자. 그들은 어떤 방법으로 효과를 봤는지 조언을 들을 수도 있다. 그 방법을 배워 내 삶에 적용한다면 목표에 한층 더 가까워질 것이다. 가족이나 친구들의 도움이 여의치 않다면 전문가에게 상담을 요청한다. 더 나은 내가 되기 위한 길을 전문 심리치료사가 안내해줄 것이다.

일단 멘탈이 강해지면 멘탈의 힘에 관심 없는 사람들이 전보다 더 눈에 띌 것이다. 물론 그들에게 인생을 바꾸라고 강요하지는 못한다. 그것은 각자 알아서 선택해야 한다. 하지만 다른 사람의 멘탈이 약하다고 불평하는 대신, 그들에게 건강한 롤모델이 되기로 다짐할 수는 있다.


## 강한 멘탈이 최상의 자아를 만든다

로렌스 르뮤Lawrence Lemieux는 올림픽에 두 번 출전한 캐나다 요트 선수다. 어린 시절부터 요트를 탄 그는 1970년대에 들어서 1인승 경주의 매력에 빠졌다. 그는 실력 향상을 위해 부단히 노력했고 선수로 활동하기 시작했다. 그가 1988년 서울 올림픽에 출전했을 때 메달 획득 가능성은 제법 높아 보였다.

경기 당일, 여러모로 상황이 좋지 않았다. 경기 장소인 부산에 칼바람이 불고 해류가 강해져 보기 드물게 높은 파도가 일었다. 이런 악조건 속에서도 르뮤는 초반부터 선두로 치고 나갔다. 그러나 2.5미터 높이의 파도 때문에 코스를 표시하는 형광색 부표가 보이지 않아 마크 하나를 돌지 않고 그냥 지나쳤다. 그는 경주를 계속하려면 놓친 마크로 돌아가서 다시 시작해야 했다. 시간이 지체되었지만 아직 르뮤는 2위였고 강력한 메달 후보였다.

그러나 다시 코스에 들어온 르뮤는 저쪽에서 싱가포르 2인승팀의 요트가 뒤집힌 것을 발견했다. 한 선수는 심한 부상을 입고 선체에 매달려 있었고 다른 선수는 배에서 멀어지고 있었다. 바다의 상태로 봤을 때 구조보트가 도착하기도 전에 멀리 떠내려갈 위험도 있었다. 그렇게 판단한

르뮤는 망설임 없이 방향을 틀어 싱가포르 선수들을 구조했고 한국 해군이 그들을 태우고 갈 때까지 함께 기다려주었다.

르뮤는 경기를 재개했지만 메달을 따기에는 너무 늦었다. 최종 순위는 22위였다. 하지만 메달 수여식에서 국제올림픽위원회IOC 위원장은 자신을 희생하고 용기를 보인 스포츠맨십을 높이 사 르뮤에게 진정한 스포츠 정신을 기리는 피에르 드 쿠베르탱 메달을 수여했다.

르뮤는 금메달을 따서 성취감을 느껴야 자기 가치가 높아지는 사람이 아니었다. 그는 자신이 노력했으니 이 세상이나 올림픽이 자신에게 보상을 줘야 한다고 생각하지 않았다. 원래의 목표를 달성하지 못해도 자신의 가치관에 따라 옳다고 판단하는 일을 할 만큼 멘탈이 강했다.

멘탈이 강하다고 모든 방면에서 최고가 되어야 한다는 뜻은 아니다. 누구보다 돈을 많이 벌거나 성공해야 한다는 뜻도 아니다. 멘탈이 강하다는 것은 어떤 일이 닥쳐도 언젠가는 괜찮아질 것을 안다는 의미다. 멘탈이 강한 사람은 심각한 고민거리가 있어도, 금전 문제에 시달려도, 가정에 위기가 닥쳐도 만반의 준비를 갖췄기 때문에 흔들리지 않는다. 당당히 현실과 마주할 뿐만 아니라 살면서 어떤 시련을 맞아도 자신의 가치관에 따라 살아간다.

강한 멘탈이 최상의 자아를 만든다. 멘탈이 강해지면 옳은 일을 할 용기가 생길 것이다. 더 이상 불안해하지 않아도 된다. 내가 누구이며 무엇을 이룰 수 있는지 알기에 진정으로 마음이 편해질 것이다.

# 참고문헌

## 제1장 자기 연민에 빠져 시간을 낭비하지 마라

- Denton, Jeremiah. *When Hell Was in Session*. Washington, DC: WND Books, 2009.
- Emmons, Robert, and Michael McCullough. "Counting Blessings Versus Burdens: An Experimental Investigation of Gratitude and Subjective Well-Being in Daily Life." *Journal of Personality and Social Psychology* 84, no. 2 (2003): 377–389.
- Milanovic, Branko. *The Have and the Have-Nots: A Brief and Idiosyncrative History of Global Inequality*. New York, NY: Basic Books, 2012.
- Runyan, Marla. *No Finish Line: My Life as I See It*. New York, NY: Berkley, 2002.
- Stober, J. "Self-pity: Exploring the Links to Personality, Control Beliefs, and Anger." *Journal of Personality* 71 (2003): 183–221.
- United Nations Development Programme (2013). *Human Development Report 2013*. New York, NY.

## 제2장 타인에게 휘둘리지 마라

- Arnold, Johann Christoph. *Why Forgive?* Walden, NY: Plough Publishing House, 2014.
- Carson, J., F. Keefe, V. Goli, A. Fras, T. Lynch, S. Thorp, and J. Buechler. "Forgiveness and Chronic Low Back Pain: A Preliminary Study Examining the Relationship of orgiveness to Pain, Anger, and Psychological Distress." *Journal of Pain,* no. 6 (2005): 84–91.
- Kelley, Kitty. *Oprah: A Biography*. New York, NY: Three Rivers Press, 2011.
- Lawler, K. A., J. W. Younger, R. L. Piferi, E. Billington, R. Jobe, K. Edmondson, et al. "A Change of Heart: Cardiovascular Correlates of Forgiveness in Response to Interpersonal Conflict." *Journal of Behavioral Medicine*, no. 26 (2003): 373–393.
- Moss, Corey. "Letter Saying Madonna 'Not Ready' for Superstardom for Sale." MTV. July 17, 2001. http://www.mtv.com/news/1445215/letter-saying-madonna-not-ready-for-superstardom-for-sale/.
- Ng, David. "MoMA Owns Up to Warhol Rejection Letter from 1956." LA Times. October 29, 2009. http://latimesblogs.latimes.com/culturemonster/2009/10/moma-owns-up-to-warhol-rejection-letter-from-1956.html.
- Toussaint, L. L., A. D. Owen, and A. Cheadle. "Forgive to Live: Forgiveness, Health, and Longevity." *Journal of Behavioral Medicine* 35, no. 4 (2012): 375–386.

## 제3장 변화를 두려워하지 마라

– Lally, P., C.H.M. van Jaarsveld, H.W.W. Potts, and J. Wardle. "How Are Habits Formed: Modelling Habit Formation in the Real World." *European Journal of Social Psychology*, no. 40 (2010): 998–1009.
– Mathis, Greg, and Blair S. Walker. *Inner City Miracle*. New York, NY: Ballantine, 2002.
– Prochaska, J. O., C. C. DiClemente, and J. C. Norcross. "In Search of How People Change: Applications to Addictive Behaviors." *American Psychologist*, no. 47 (1992): 1102–1114.

## 제4장 통제할 수 없는 일에 매달리지 마라

– April, K., B. Dharani, and B.K.G. Peters. "Leader Career Success and Locus of Control Expectancy." *Academy of Taiwan Business Management Review 7*, no. 3 (2011): 28–40.
– April, K., B. Dharani, and B.K.G. Peters. "Impact of Locus of Control Expectancy on Level of Well-Being." *Review of European Studies* 4, no. 2 (2012): 124–137.
– Krause, Neal, and Sheldon Stryker. "Stress and Well-Being: The Buffering Role of Locus of Control Beliefs." *Social Science and Medicine* 18, no. 9 (1984): 783–790.
– Scrivener, Leslie. *Terry Fox: His Story*. Toronto: McClelland and Stewart, 2000.
– Stocks, A., K. A. April, and N. Lynton. "Locus of Control and Subjective Well-Being: A Cross-Cultural Study in China and Southern Africa." *Problems and Perspectives in Management* 10, no. 1 (2012): 17–25.

## 제5장 모두를 만족시키려 애쓰지 마라

– Exline, J. J., A. L. Zell, E. Bratslavsky, M. Hamilton, and A. Swenson. "People-Pleasing Through Eating: Sociotropy Predicts Greater Eating in Response to Perceived Social Pressure." *Journal of Social and Clinical Psychology*, no. 31 (2012): 169–193.
– "Jim Buckmaster." Craigslist. August 12, 2014. http://www.craigslist.org/ about/jim_buckmaster.
– Muraven, M., M. Gagne, and H. Rosman. "Helpful Self-Control: Autonomy Support, Vitality, and Depletion." *Journal of Experimental Social Psychology*, no. 44 (2008): 573–585.
– Ware, Bronnie. *The Top Five Regrets of the Dying: A Life Transformed by the Dearly Departing*. Carlsbad, CA: Hay House, 2012.

## 제6장 예측 가능한 위험은 피하지 마라

– "Albert Ellis and Rational Emotive Behavior Therapy." REBT Network. May 16, 2014. http://www.rebtnetwork.org/ask/may06.html.
– Branson, Richard. "Richard Branson on Taking Risks." *Entrepreneur*. June 10, 2013. http://www.entrepreneur.com/article/226942.
– Harris, A.J.L, and U. Hahn. "Unrealistic Optimism About Future Life Events: A Cautionary Note." *Psychological Review*, no. 118 (2011): 135–154.

– Kasperson, R., O. Renn, P. Slovic, H. Brown, and J. Emel. "Social Amplification of Risk: A Conceptual Framework." *Risk Analysis* 8, no. 2 (1988): 177–187.

– Kramer, T., and L. Block. "Conscious and Non-Conscious Components of Superstitious Beliefs in Judgment and Decision Making." *Journal of Consumer Research*, no. 34 (2008): 783–793.

– "Newborns Exposed to Dirt, Dander and Germs May Have Lower Allergy and Asthma Risk." *Johns Hopkins Medicine*, September 25, 2014. http://www.hopkinsmedicine.org/news/media/releases/newborns_exposed_to_dirt_dander_and_germs_may_have_lower_allergy_and_asthma_risk

– Rastorfer, Darl. *Six Bridges: The Legacy of Othmar H. Ammann*. New Haven, CT: Yale University Press, 2000.

– Ropeik, David. "How Risky is Flying?" PBS. October 17, 2006. http://www.pbs.org/wgbh/nova/space/how-risky-is-flying.html.

– Thompson, Suzanne C. "Illusions of Control: How We Overestimate Our Personal Influence." *Current Directions in Psychological Science*, no. 6 (1999): 187–190.

– Thompson, Suzanne C., Wade Armstrong, and Craig Thomas. "Illusions of Control, Underestimations, and Accuracy: A Control Heuristic Explanation." *Psychological Bulletin* 123, no. 2 (1998): 143–161.

– Trimpop, R. M. *The Psychology of Risk Taking Behavior (Advances in Psychology)*. Amsterdam: North Holland, 1994.

– Yip, J. A., and S. Cote. "The Emotionally Intelligent Decision Maker: Emotion-Understanding Ability Reduces the Effect of Incidental Anxiety on Risk Taking." *Psychological Science*, no. 24 (2013): 48–55.

제7장 과거에 연연하지 마라

– Birkin, Andrew. *J. M. Barrie and the Lost Boys: The Real Story Behind Peter Pan*. Hartford, CT: Yale University Press, 2003.

– Brown, Allie. "From Sex Abuse Victim to Legal Advocate." CNN. January 7, 2010. http://www.cnn.com/2010/LIVING/01/07/cnnheroes.ward/.

– Denkova, E., S. Dolcos, and F. Dolcos. "Neural Correlates of 'Distracting' from Emotion During Autobiographical Recollection." *Social Cognitive and Affective Neuroscience* 9, no. 4. (2014): doi: 10.1093/scan/nsu039.

– "Dwelling on Stressful Events Can Cause Inflammation in the Body, Study Finds." Ohio University. March 13, 2013. http://www.ohio.edu/research/communications/zoccola.cfm.

– Kinderman, P., M. Schwannauer, E. Pontin, and S. Tai. "Psychological Processes Mediate the Impact of Familial Risk, Social Circumstances and Life Events on Mental Health." *PLoS ONE* 8, no. 10 (2013): e76564.

– Watkins, E. R. "Constructive and Unconstructive Repetitive Thought." *Psychological Bulletin* 134, no. 2 (2008): 163–206.

## 제8장 실수를 되풀이하지 마라

- Ariely, D., and K. Wertenbroch. "Procrastination, Deadlines, and Performance: Self-Control by Precommitment." *Psychological Science* 13, no. 3 (2002): 219–224.
- D'Antonio, Michael. *Hershey: Milton S. Hershey's Extraordinary Life of Wealth, Empire, and Utopian Dreams.* New York, NY: Simon and Schuster, 2006.
- Grippo, Robert. *Macy's: The Store, The Star, The Story.* Garden City Park, NY: Square One Publishers, 2008.
- Hassin, Ran, Kevin Ochsner, and Yaacov Trope. *Self Control in Society, Mind, and Brain.* New York, NY: Oxford University Press, 2010.
- Hays, M. J., N. Kornell, and R. A. Bjork. "When and Why a Failed Test Potentiates the Effectiveness of Subsequent Study." *Journal of Experimental Psychology: Learning, Memory, and Cognition* 39, no.1 (2012): 290–296.
- Moser, Jason, Hans Schroder, Carrie Heeter, Tim Moran, and Yu-Hao Lee. "Mind Your Errors. Evidence for a Neural Mechanism Linking Growth Mind-Set to Adaptive Posterror Adjustments." *Psychological Science* 22, no. 12 (2011): 1484–89.
- Trope, Yaacov, and Ayelet Fishbach. "Counteractive Self-Control in Overcoming Temptation." *Journal of Personality and Social Psychology* 79, no. 4 (2000): 493–506.

## 제9장 다른 사람의 성공을 시기하지 마라

- Bernstein, Ross. *America's Coach: Life Lessons and Wisdom for Gold Medal Success: A Biographical Journey of the Late Hockey Icon Herb Brooks.* Eagan, MN: Bernstein Books, 2006.
- Chou, H.T.G., and N. Edge. "They Are Happier and Having Better Lives than I Am: The Impact of Using Facebook on Perceptions of Others' Lives." *Cyberpsychology, Behavior, and Social Networking* 15, no. 2 (2012): 117.
- Cikara, Mina, and Susan Fiske. "Their Pain, Our Pleasure: Stereotype Content and Shadenfreude." *Sociability, Responsibility, and Criminality: From Lab to Law* 1299 (2013): 52–59.
- "Hershey's Story." The Hershey Company. June 2, 2014. http://www.thehersheycompany. com/about-hershey/our-story/hersheys-history.aspx.
- Krasnova, H., H. Wenninger, T. Widjaja, and P. Buxmann. (2013) "Envy on Facebook: A Hidden Threat to Users' Life Satisfaction?" 11th International Conference on Wirtschaftsinformatik (WI), Leipzig, Germany.
- "Reese's Peanut Butter Cups." *Hershey Community Archives.* June 2, 2014. http://www. hersheyarchives.org/essay/details.aspx?EssayId=29.

## 제10장 한 번의 실패로 포기하지 마라

- Barrier, Michael. *The Animated Man: A Life of Walt Disney.* Oakland, CA: University of

California Press, 2008.

- Breines, Juliana, and Serena Chen. "Self-Compassion Increases Self-Improvement Motivation." *Personality and Social Psychology Bulletin* 38, no. 9 (2012): 1133–1143.

- Dweck, C. "Self-Theories: Their Role in Motivation, Personality and Development." Philadelphia, PA: Psychology Press, 2000.

- Mueller, Claudia, and Carol Dweck. "Praise for Intelligence Can Undermine Children's Motivation and Performance." *Journal of Personality and Social Psychology* 75, no. 1 (1998): 33–52.

- Pease, Donald. *Theodor SUESS Geisel (Lives and Legacies Series)*. New York, NY: Oxford University Press, 2010.

- Rolt-Wheeler, Francis. *Thomas Alva Edison*. Ulan Press, 2012.

- "Wally Amos." Bio. June 1, 2014. http://www.biography.com/people/wally-amos-9542382#awesm=~oHt3n9O15sGvOD.

## 제11장 홀로 있는 시간을 두려워하지 마라

- Doane, L. D., and E. K. Adam. "Loneliness and Cortisol: Momentary, Day-to-Day, and Trait Associations." *Psychoneuroendocrinology* 35, no. 3 (2010): 430–441.

- Dugosh, K. L., P. B. Paulus, E. J. Roland, et al. Department of Psychology, University of Texas at Arlington. "Cognitive Stimulation in Brainstorming." *Journal of Personality and Social Psychology* 79, no. 5 (2000): 722–35.

- Harris, Dan. *10% Happier: How I Tamed the Voice in My Head, Reduced Stress Without Losing My Edge and Found Self-Help That Actually Works—A True Story*. New York, NY: It Books, 2014.

- Hof, Wim, and Justin Rosales. *Becoming the Iceman*. Minneapolis, MN: Mill City Press, 2011.

- Kabat-Zinn, Jon, and Thich Nhat Hanh. *Full Catastrophe Living (Revised Edition): Using the Wisdom of Your Body and Mind to Face Stress, Pain, and Illness*. New York, NY: Bantam, 2013.

- Larson, R. W. "The Emergence of Solitude as a Constructive Domain of Experience in Early Adolescence." *Child Development*, no 68 (1997): 80–93.

- Long, C. R., and J. R. Averill. "Solitude: An Exploration of the Benefits of Being Alone." *Journal for the Theory of Social Behaviour*, no. 33 (2003): 21–44.

- Manalastas, Eric. "The Exercise to Teach the Psychological Benefits of Solitude: The Date with the Self." *Philippine Journal of Psychology* 44, no. 1 (2010): 94–106.

## 제12장 세상이 불공평하다고 말하지 마라

- Cross, P. "Not Can but Will College Teachers Be Improved?" *New Directions for Higher Education*, no. 17 (1977): 1–15.

- Smith, Maureen Margaret. *Wilma Rudolph: A Biography*. Westport, CT: Greenwood, 2006.

- Twenge, Jean. *Generation Me: Why Today's Young Americans Are More Confident, Assertive, Entitled–and More Miserable Than Ever Before.* New York, NY: Atria Books, 2014.
- Twenge, Jean, and Keith Campbell. *The Narcissism Epidemic: Living in the Age of Entitlement.* New York, NY: Atria Books, 2009.
- Zuckerma, Esra W., and John T. Jost. "It's Academic." *Stanford GSB Reporter* (April 24, 2000): 14–15.

## 제13장 즉각적인 결과를 기대하지 마라

- Duckworth, A., and M. Seligman. "Self-Discipline Outdoes IQ in Predicting Academic Performance in Adolescents." *Psychological Science,* no. 16 (2005): 939–944.
- Dyson, James. *Against the Odds: An Autobiography.* New York, NY: Texere, 2000.
- Goldbeck, R., P. Myatt, and T. Aitchison. "End-of-Treatment Self-Efficacy: A Predictor of Abstinence." *Addiction,* no. 92 (1997): 313–324.
- Marlatt, G. A., and B. E. Kaplan. "Self-Initiated Attempts to Change Behavior: A Study of New Year's Resolutions." *Psychological Reports,* no. 30 (1972): 123–131.
- Moffitt, T., et al. "A Gradient of Childhood Self-Control Predicts Health, Wealth, and Public Safety." *Proceedings of the National Academy of Sciences,* 108 (2011): 2693–2698.
- Mojtabai, R. "Clinician-Identified Depression in Community Settings: Concordance with Structured-Interview Diagnoses." *Psychotherapy and Psychosomatics* 82, no. 3 (2013): 161–169.
- Norcross, J. C., A. C. Ratzin, and D. Payne. "Ringing in the New Year: The Change Processes and Reported Outcomes of Resolutions." *Addictive Behaviors,* no. 14 (1989): 205–212.
- Polivy, J., and C. P. Herman. "If at First You Don't Succeed. False Hopes of Self-Change." *The American Psychologist* 57, no. 9 (2002): 677–689.
- "Ramesh Sitaraman's Research Shows How Poor Online Video Quality Impacts Viewers." UMassAmherst. February 4, 2013. https://www.cs.umass.edu/news/latest-news/research-online-videos.
- Ruettiger, Rudy, and Mark Dagostino. *Rudy: My Story.* Nashville, TN: Thomas Nelson, 2012.
- Tangney, J., R. Baumeister, and A. L. Boone. "High Self-Control Predicts Good Adjustment, Less Pathology, Better Grades, and Interpersonal Success." *Journal of Personality,* no. 72 (2004): 271–324.
- "2014 Retirement Confidence Survey." *EBRI.* March 2014. http://www.ebri.org/pdf/briefspdf/EBRI_IB_397_Mar14.RCS.pdf.
- Vardi, Nathan. "Rudy Ruettiger: I Shouldn't Have Been Chasing the Money." *Forbes.* June 11, 2012. http://www.forbes.com/sites/nathanvardi/2012/06/11/rudy-ruettiger-i-shouldnt-have-been-chasing-the-money/.